KU-263-492

Storm at Galesburg
& other stories & poems

Rowan Fortune-Wood
(editor)

Central Library
Y Llyfrgell Ganolog
☎ 02920 382116

Cinnamon Press
independent innovative international

ACC. No: 02765448

821.92
STO

Published by Cinnamon Press
Meirion House
Glan yr afon
Tanygrisiau
Blaenau Ffestiniog
Gwynedd LL41 3SU
www.cinnamonpress.com

The right of the contributors to be identified as the authors of this
work has been asserted by them in accordance with the Copyright,
Designs and Patent Act, 1988. © 2009
ISBN 978-1-905614-87-5
British Library Cataloguing in Publication Data. A CIP record for
this book can be obtained from the British Library

*All rights reserved. No part of this publication may be reproduced, stored in a
retrieval system, or transmitted in any form or by any means, electronic,
mechanical, photocopying, recording or otherwise without the prior written
permission of the publishers. This book may not be lent, hired out, resold or
otherwise disposed of by way of trade in any form of binding or cover other than
that in which it is published, without the prior consent of the publishers.*

Designed and typeset in Palatino & Garamond by Cinnamon Press
Cover design by Mike Fortune-Wood from original artwork:
Snowstorm on Road by Lorna, supplied by agency: dreamstime.com

Printed in Great Britain by the MPG Books Group,
Bodmin and King's Lynn

Introduction

Storm at Galesburg and Other Stories & Poems collects the best work submitted to the eighth Cinnamon Press short story and poetry competitions. With impressive quality of work to choose from this anthology is marked by its variety. Each author has a style and thematic concerns not only individual to them; difficult to compare. However, but resulting in an anthology that I am proud to have a part in.

Jeremy Worman's work particularly stood out and consequently three of his stories were chosen for this anthology, including the title story *Storm at Galesburg*: a car journey and conversation between two strangers, full of subtext, nuance and humour and drawing on themes like nationality, culture, presumption and sexuality. Visually detailed and atmospheric it draws the reader into the characters' worlds. The anthology is full of examples of superb prose, from Patrick Riordan's subtle and metaphoric *Parabola* to Jane McLaughlin's comic and clever story of a dispute in a train, *Emergency Action*.

David Underdown's *A Small Holding* demonstrates that the poetry in the anthology is equally impressive; a long first person narrative poem evoking a farm in beautiful and visceral visual detail, Will Kemp's restrained *Thinking of Holland* similarly conjures a sense of place, but this time with minimalism and a sense of lingering memory that ends with the haunting lines, 'where the cries/ from long ago/ are still feared/ and still heard' Aisling Tempany's incisive 'Scars' shares this minimalism and remembrance, but with a more introspective focus recalling 'a scar on my ankle,/ where a dog bit me/ when I was four.' and moving to a bike accident before concluding, 'I've learned quite a bit/ about scars.' And Ben Parker's chaptered sequence of poems again shows poetry's potential for narrative.

It has been a pleasure and privilege to edit all of this work.

Rowan Fortune-Wood
Tŷ Meirion, August 2009

Contents

Storm at Galesburg
& other stories & poems

Emergency Action
Jane McLaughlin

January afternoon, suburban dusk falling over streets and parks, the train rolling away from the city centre.

Dazzer kept up the monologue without pause on his mobile phone. His journey to town, the encounter with his sister's ex-boyfriend—supposed to result in a deal concerning furniture but not come to anything, the dodgy pub he had spent the afternoon in. He sat sprawled against the window support, faded baseball cap over his eyes, unshaven, orange fleece revealing an ancient Levis sweatshirt.

'Yea babe, I miss ya, I'm comin home right now. I'll get us something from the chippy when I get off the train, but listen, babe, I am not having that machine again while I'm eating me dinner, it does my head in the noise it makes, if you wanna dry clothes you can do it when I'm not at home—yea of course I love you babe but it does my head in, no way are you doing that again… yea I said, I'll get something, yea of course I love ya, I missed you all day…'

The woman and child pushed with the crowd through the open doors of the train carriage, spilling out onto the platform with the late afternoon throng. She wore a long brown skirt with a yellow design around the hem, a black shawl and a flowered headscarf. Short and fairly stocky, she was around thirty years of age with olive skin and a face that suggested journeys and loss.

Behind her, another child, a boy of about six, struggled with a pink plastic trolley case that was caught on one of the supports of the seats. He tugged at it frantically, trying to follow his mother, panic growing on his face.

Finally he tugged it free, and flung himself towards the doors. But he was too late and they closed in front of him, between him and his mother. As the train pulled out of the station, the child howled in pain at the closed doors.

The train was now moving faster, but had not yet passed the end of the platform.

The child pushed his face up against the join of the doors and began to beat his fists on either side of it as he howled.

Dazzer pulled the emergency handle.

There was a general noise, indeterminate in its meaning,

exclamations that could have been fear, or surprise, or annoyance. Then a silence.

A man sitting with an open brief case full of papers on his lap, striped-suited, receding dark hair, looked over the top of his spectacles.

'Oh, for goodness sake, could you not leave it until the next station!'

The child's sobs could still be heard clearly.

Dazzer advanced on the seated man and bent over so that his face looked into his.

'Can't you see this little kid? Doesn't even speak English, does he? Where's his mum gone, then? Are you going to get her back? What are you going to do, sitting there with your poncy papers in your poncy case? Think you can get him out of the train without stopping it, eh, throw him out on the track, is that what you would do?'

Dazzer's voice was getting louder and louder. The man he was talking to sat further upright in his seat, still holding his brief case on his lap.

He tried to ignore Dazzer but failed. He began to arch his neck and turn his head like a turkey getting upset.

'You have just caused problems for everyone. There was no need to pull the handle then. We could have gone on to the next station and contacted the child's mother.'

The child, still holding on to his pink case, had subsided into a sniffing grizzle. He too had olive skin and dark hair. His dark eyes were now puffy and reddened. He wore a navy quilted parka and jeans. His shoes were scuffed and looked too big for him.

Outside in the fading light the embankment dropped away from the train and vistas of row upon row of semi-detached houses stretched away into indistinctness.

'No need?' Dazzer's voice began to rise in volume and he was clearly on the verge of a major set piece when the guard arrived. A small white man in the royal blue uniform of the railway company, with a cap that made him look as if he should have been in the Foreign Legion.

'Now what's all this about? You know there's a penalty. Five hundred pounds. I've seen you before, haven't I?'

'No you ain't. I ain't never been on this train ever before.'

He danced from one of his trainers to the other.

The guard looked at him unconvinced. There were some

passengers who always seemed to have some fracas going on in their wake, and he had an idea Dazzer was one of them.

The boy broke into muted howls.

'See, this kid, his mum got off without him. Door shut before he could get his bag out. Well is that an emergency or ain't it?'

The guard looked at the boy.

He did not look sympathetic but seemed resigned to the fact that he was not going to get Dazzer charged for unnecessary use.

'All right son. Come along to the back of the train with me and we'll try and get your mum on the phone. We'll get someone to pick you up at the next station.'

The howls continued unabated.

The man with the brief case leapt to his feet and addressed the guard:

'This is completely unacceptable. There was no need to stop here at all. I knew we would have to go on to the next station, but this—person—insisted on taking this stupid action. We're all being inconvenienced and it's quite unnecessary.'

There was a murmured ripple of support from some of the seated passengers.

'Well sir I am sorry you have been inconvenienced, but there's nothing we can do about it now. It may not have been the best thing to do but where children are concerned you can't be too careful.'

Meanwhile the child continued howling, and Dazzer paced up and down the gangway scowling at the guard and the man with the briefcase, now in his seat again.

'He don't understand a word, don't you understand nothing, how would you like to be a little kid on a train in a foreign country and lost your mum... you would let him go on to the end of the line, would you, then some pervert might pick him up and his mum would never see him again...would you care you...'

The guard took the child by the shoulder and began to steer him towards the rear of the train. The sound of his wails grew fainter and then disappeared as they passed through several sets of doors.

It was now dark. The passengers in the carriage where Dazzer was tried to get on with their newspapers or mobile telephone conversations, but had clearly been jolted out of their routine. Most of them kept darting glances at Dazzer as he still paced up and down the gangway.

The public address system beeped and the train began to pull slowly away into the darkness. There was an audible settling as the group in the carriage began to focus on what they were meant to be doing: going home.

Dazzer began to utter short sentences. 'What can you do—what can you do eh with people like that? Who does he think he is, anyway? Is he the king of the railways? Is he Mr Poncy Know-it-all boss of the carriage? What's he got in that bag that he thinks so important? Secret papers?'

The man with the briefcase and the rest of the passengers in the carriage ignored him, but the tension had notched up again a degree or two.

Finally Dazzer stopped by the seat of the man in the suit.

'You sir! You are a....'

There was a long pause in which the listeners seemed to be hanging on Dazzer's word, waiting for the next one, wondering what obscenity it might be.

'You are a... politician!'

The word was uttered as if it was indeed obscene.

The man in the suit simply glared over his spectacles at Dazzer and returned to his papers.

Dazzer seemed extremely pleased with his missile.

He turned and walked towards a corner seat at the end of the carriage.

'Yeah—politician. That's it. What do you expect? Politician.'

This subsided into an ostinato from the corner seat. There was then a pause as he got out his mobile phone.

'Yeah doll love ya, listen this politician—I just told him, well what do you expect? No, here, on the train, I'm on the train. How can you be so heartless to a little kid? Do these people have any humanity, that's what it is, just humanity. What he doesn't have— no, like I said I told him...'

After some time he ended the call. For a little while he sat quietly in the corner seat, baseball cap over his eyes, feet sticking out into the gangway. Then he started to rumble intermittently like a small volcano off the coast of Iceland.

Fragments of these rumblings drifted into the ears of the commuters seeking a peaceful return home. They began to shift and twitch uneasily again.

'Yeah, I told him—politician—no humanity—poor little kid. I told him!'

The rumblings began to increase in volume and began to be

abusive.

A middle-aged woman in a trouser suit sitting just in front of Dazzer turned round:

'Look, you did a good job. Don't spoil it by insulting people.'

Dazzer was silent.

'Yeah, you're right, lady. I shouldn't spoil it. You're right. What do these people know about it? Yeah.'

He now began to hold a dialogue with himself about the righteousness of his actions and the inability of the world in general to appreciate them. However, at times the pressure within the volcano would build up and then a small eruption would take place.

The woman sitting in front of him would then turn round and smile encouragingly.

'Yeah lady, you're right. Don't spoil it. I done a good thing there. Not like some tossers what don't have any heart...'

The train rumbled on into the darkness, stopping at country and small town stations where at each one some of the company disembarked into the darkness, some wrapping their coats gratefully around them as if shaking off the inconvenient man sitting in the corner, still fulminating from time to time.

He dialled on his phone again.

'Eh babe, love you lots, you done my jeans yet? Nah the Calvin Kleins, you said you'd do em today. No I ain't wearing the Levis, they're crap, don't fit proper anywhere and I'm going out with Robbo and Scott, yeah I did tell ya. Yeah I am going to the chippy on me way home. No way am I staying in tonight, that's why I want me jeans, and not in that machine that does me head in while I'm having me dinner...'

As he spoke the train pulled into a station. Beyond the platform a dimly lit high street was visible and beyond that a small town of desirable houses set in large gardens. The man in the suit had put away his papers and pulled on a khaki raincoat. He made his way to the door, hurriedly, as if hoping that Dazzer would not observe his departure.

Dazzer rose to his feet and stabbed the air with his finger.

'Hope you're pleased with what you've done. We can all sleep in our beds tonight because of Mr. arsehole boss-of-the-railways politician what don't care if little kids...'

The doors closed and the train pulled on.

There were only three people left now, Dazzer and two men further down the carriage who carefully avoided looking in his direction. The train reached the last station.

Dazzer got to his feet and jumped off the train onto the orange-lit platform. He ran over the bridge and through the barrier. Then into the pedestrian underpass that led out into the road.

In the underpass he shouted 'fucking politician' and punched the air. Then danced off into the night.

Bridget Thomasin

Survival

I need the cold sting
of fine rain
on the back of my hands,

the white blowing of lilac
an elusive sweetness
across the damp morning.

I need the oblivion
of a wet garden to feel
withering slow and cease.

I need to realise
the strange uncurling
of hart's tongue,

the rising mist of forget-me-nots
and wild garlic.

David Underdown

Some Saints Are Prayer Born

Some saints are prayer born
slipping into life as we pause
and across the street a hand draws the curtain
or as tired thoughts drift on the back road home.

So we listen for sound outside the window,
or hope for forgiveness from strangers.
In winter low sun squints through railings,
fills room walls with short-lived light.

Wait in the shadows:
headlamps set trees dancing
gulls ride air above the underpass
and later, a sudden translation of passing footsteps.

You can see the Brocken spectre's mad halo,
taste fresh blood,
scent the bud that has burst after nightfall.
You can touch blind tendrils of mycelium.

Hear the bat suckle in the cavernous dark.
You can know light,
read the indecipherable,
reckon dead thoughts.

How All Our Making's Made

The swallows had long gone south again
down their old ley lines when I found their nest tight
against the transom of the byre door. Bound
together: grass, dross, feathers, shit, perched light
as light on the top shelf out of harm's way
while on a different continent the code
for its design, location, usage, lay
lodged deep in a bird's brain, an unknown lode.
Such rough perfection.
                           What was found, hidden
neatly within the double helix called
deoxyribonucleic acid
wasn't just why eyes are blue: warrens, walled
cities, motorways lie there. Its charmed braid
transmits and stores how all our making's made.

A Small Holding

It crouches from prevailing winds
below a roll of land.
High on the flank of a hill,
teased by seasons,
buoyed up by growing things,
we will make a life.
And here out of nowhere come lapwings
that swoop and tumble for the madness of it,
and cry, wheezy and slurred,
soft and wild, joyful and grieving.
They are the sound of spring,
hurled against heaven in pied handfuls
like sky calligraphy.

A March morning to sing for:
snow's abandoned laundry draped beneath the dykes,
but winter's tension has snapped back.
In Jeannie's garden snowdrops extrude through matted grass
and I have the job of a lifetime,
to walk across the field and fetch the milk
with three-year-old and one-year-old
and not-forgetting-the-bucket.
Past the gate in the bouldered dyke
where sun has left half moons of last night's frost,
where an early beetle clambers up the spikes of last year's docks,
where furrows crack the field's crust.
The collies dog our steps
through bouquets of fresh dung
on this morning to die for.

See the coos there lined companionably side by side
multi-tasking with fresh hay and dairy nuts
as the pumps work their swollen teats.
See that's where the milk comes from,
makes us big and strong.
Yes, Mummy had milk too.
But not as much as them.
The beasts swish their tails.
They low half heartedly and roll their eyes.
Yes we get our milk from Willie's cows.
Yes, from that one there.

And beneath it all the sweet sense of milkiness
as I pour, and for a full second
bridge the air with a white arc
tinged with the veiled blue of veined places.
The children peep at its foaming richness,
while I clasp the bucket
and feel its weight swing with gravity,
my motion and the Earth's
held from spilling by my one free hand.

Home through the gate
clutching my treasures snugly in each arm
and the milk between them
they want to stop and count the chickens.
Yet I am counting seconds, and years
and who's the wiser?

When the grass has been cut and sweetened in the sun,
and arranged in rippled rows,
tedded and turned and baled,
the bales stacked, pitched up snug at the back of the byre;
when all this is done, you know you'll be allowed,
with your dollies or baskets or kittens,
to ride the swaying trailer as high as emperors
and roll and lurch in triumph
down from the topmost field
at the end of the golden afternoon.

Into a fertile world of cows and kittens,
lambs and ducks, hens and babies,
comes a dog, out of nowhere, male, stray, dark
and of unknown antecedents.
It is quite possibly unruly, even malevolent.
Word goes round from farm to farm
to watch out, for it could worry sheep.

And sure enough, next morning
the brute's there, loping easily across our park,
skirting the dung heap,
sniffing at the clumps of grass beside our byre.
Ten minutes after making my report
my neighbour's truck has headed off
and by my dung heap is a four foot dog
with a .22 hole in its head.

To bury a dog is harder than you'd think.
Even after breaking sweat I feel fastidious
and look for gloves to drag him by his unferocious tail
into the pit.

His head lolls, jaws set in a pointy, toothy grin.

Later, on the telly news, pictures of Greenham Common
and from America a floodlit Galaxy
bringing, it is said, the first cruise missiles.

We are shucking broad beans,
my wife, my wife's mother and I,
great baskets of fleece lined olive pods,
rust spotted, contoured to their contents.
They spit out, round and stout, into the pan
to be blanched and frozen and wait for winter.
The women work together silently,
bathed in spangled Indian summer sun
while I fetch and carry from garden to kitchen steps.
We are steeped in thoughts beyond words.

Broad beans are the first planting of the year,
Green Windsor, Aquadulce, Bunyards Exhibition.
You thumb them deep in over-wintered earth,
await the first furled leaf.
When they are finished their fluty stalks
have stubby roots with pale ganglions.
A few are left to stand for next year's seed
and dried and hoarded and planted
in double rows nine inches apart
once the time is right.

*

Imagine
each morning
an egg
as big
as your head
has formed
and then pops out—
kook kook kook kook kook kerr-ook.

You'd be pleased too.

In the kitchen the smells are these:
fragrance of cinnamon, ripe apples, boiled cabbage,
yeast and the reek of anthracite, the scent of babies,
aroma of bacon, and fruitcake, and hints of hidden webs.

In the kitchen the surfaces are these:
shininess of plates, sleekness of fur, syrup's stickiness,
the stove that can't be touched, grit on the floor,
the crumbliness of cake,
and the wet slither of fingers on misted glass—I LOVE YOU.

In the kitchen the sounds are these:
the scratch of the cat, the wind in the keyhole,
crockery clatter, the grumble of pipes,
the Archers in the next-door room, the ticking of time.

Peeping through curtains just before dawn
I see that last night's maelstrom of flakes has ceased.
Thin perpendiculars of poles are lined along the road.
For half an hour light gathers. The sky is heavy,
a monochromic wash over the billowed land.
Only later does the penny drop

opening the kitchen door to a waist high wall.
And then it is scurry and bustle for wellies and leggings
and jackets and mittens and scarves and hats
and out-loud laughter at our giant steps.
I wade across the yard to feed the calves
leaving behind snow caves and canyons.

Coming back I am my own Wenceslas.
We meet halfway for a bundled hug,
laugh at our legless torsos
planted like two chessmen on the same white square.
You say *Where's the car?* and only then I see
it isn't there: pick-up, trailer, henhouse
all subsumed in one long undulating drift
that merges gardens, fields, valleys and distant moors,
a world made new
as sun rises over Tinto hill
and everything is illuminated.

Under it all, abandoned tools,
cowpats, barbed wire, tarmac
and a road-kill rabbit half-consumed by crows.
But now all is made immaculate
and we, arm in arm in the snow,
are children in an icy eden.

Lapwings are the sign of lengthening days:
they roller-coaster over open skies,
above the secrets of ploughed fields,
and I pause and rest on my spade
and open my heart to their wing-music
and watch their looping sky-dance
and how they play with the wind.

Storm at Galesburg
Jeremy Worman

The steel-sharp Chicago wind scattered Richard's thoughts and memories to all quarters. Cold air tore through his dark blue Aquascutum overcoat as he followed Eugene to the Oldsmobile station wagon. When Richard stroked the lines of his face he believed they had grown in number. He rubbed his hand across his cheeks and eyes in order to check his perceptions.

The car was parked a few blocks away from the Union League Club, Chicago, where Richard had been staying during the conference. The tall, quietly grand buildings reassured him about something he could not define.

'It's a very comfortable car,' Eugene said and the sentence entered Richard's consciousness in staccato bursts, as if each word had to struggle through the maelstrom.

The passenger seat was strewn with papers, cigarette packets. Dogs' hairs stuck to the material. With a theatrical flourish Eugene tidied up, and grabbed some packages from the floor. 'Samples,' he explained, 'cattle feed is a scientific business—"Try Before You Buy!" is my catchphrase—and it works most of the time. Guess I should retire soon.' His chunky face puckered up.

Richard smiled thinly as he held his suitcase and wished he had taken the plane. But the secretary to the academic conference had arranged for Eugene, her brother, to give Richard a lift. 'How lucky you're going to the same place,' she had said through her super-bright smile, and told him, with that unsullied innocence he admired in Americans, about her two children, a boy and a girl, who were both at college and doing so well.

When Eugene spoke his head moved quickly, like a boxer determined to get his punches across. His white-grey hair was in crew-cut style. I'm probably envious, Richard chastened himself, and imagined Eugene in a world of families and American football games, hot dogs and manicured lawns.

'My cell phone's not working,' Eugene said, 'got one?'

'In England, of course…'

'Oh well, let's keep our fingers crossed.'

Razorblade wind cut through the iron grey sky. The car veered a little.

Richard's spirits rallied when he thought of yesterday's accolades after his talk. And a preppy, darkly attractive young man, a PhD student at Princeton, had said to him: 'Professor Woodward, I so enjoyed your lecture yesterday.' Richard recalled his smile, and the eyes that had blinked knowingly. He wished he had pursued the brief encounter.

No, life was good, if a bit lonely, but could he bear it any other way? The car's heater thawed him out. He folded his overcoat and placed it carefully on the back seat.

'I'm going to Galesburg on business,' Eugene said from out of the car's darkness, 'glad to be of help.'

'I'm very grateful.'

Richard felt guilty about his reservations and smiled too eagerly. This encouraged Eugene to share his views about American kids having it too easy and how it wasn't like that for him when he was a boy in Des Plaines. As an adult, Eugene had lived all over, Cincinnati, Denver, Chicago, and now had almost retired 'to a little place in Thedford, Nebraska, near where my wife's family came from, Norwegians originally, cattle farmers—you got to keep moving, you know, stay young!'

'I dare say.'

Richard locked his hands together. How big America felt, how rootless, while his own life was a sort of English B road existence, but that's what he liked, the quiet, private connoisseurship of studying ancient things. Richard made an effort to be sociable, talked about history and identity, 'What it was to be English' and how 'history has been largely forgotten'. Eugene, with American enthusiasm, embraced the idea: 'You never said a truer word. Kids don't understand. You say "Second World War" to them—I said to my son, "It's you, it's your history. Remember"—he stared at me like I was goofy.'

The rhythm of the roads soothed them and they sank into their own reflections.

'Crackers in the glove compartment if you're hungry,' Eugene said.

The confident architecture gave way to areas where paint was flaking off the dingy houses. Soon they reached the suburbs: every house with a large front garden, every lawn green and trimmed.

'Live in London, Richard?'

'Flat near the British Museum,' he said, but his visual recollection of his home was weak, as if he was telling a scene from a novel he didn't much like. He pinched his hand, touched his top pocket, the handkerchief had gone, the one that Tom had given him.

'You okay?' Eugene asked.

'Forgot something, not important.' His heart raced and America felt vast and unknown, as if the car was adrift on a sheet of ice at the North Pole.

Eugene whistled, tapped the steering-wheel, fiddled with the radio, 'it's really crackly, the weather's bad, but we'll get through.'

Richard envied that American spirit, the confidence of moving forward, of getting there, but he wanted some peace now, time to think.

Eugene burbled on, about his children, both grown up: Sandie who lived in Normal, Illinois and was a teacher, she married an electrician who's got his own business… Christ, Richard thought, I could have written the script myself, he's going to tell me about his homemade apple pie soon. Richard yawned. Eugene's son, Lee, was in Chicago, ran a bar, bit of a bum. 'But Jodie, that was my wife… she died last year, cancer… together for thirty-seven years.' He blew his nose.

'I'm sorry.' Richard looked distractedly out of the passenger window and his reflection dissolved into a trickle of rust over snow. He sucked hard on a mint, and tried to bring back an image of himself in the glass.

Eugene had quarrelled with both his children, but Sandie was a nice girl. 'I want to apologise to Sandie, life's too short.'

The long freeway opened up. Snow fell hard and giant bright trucks seared like silver ghosts across America. Where did they come from, these lithe, roaring spectres? Where were they were going? Richard patted his racing heart.

'You married?' Eugene asked.

'Confirmed bachelor, I was an only child, I grew to prefer my own company.'

'Jesus, why can't you Brits just spit it out?'

'I don't know what you mean.'

'If you're fuckin' gay, say so,—who cares these days?'

'I beg your pardon.'

'You heard.'

'I've no idea why you make that assumption. It's of no interest to anyone, nor is it true.'

'It's true. My sister told me. Everyone in the organisation knows. No one cares. Only you.'

'I should have gone by plane.'

'You think I don't know you're treating me like some kind of low life,' Eugene jerked his head at Richard, 'I'm direct, that's all.'

The car snaked into another lane.

'Watch out!' Richard screamed.

'Screw you.'

From under the seat Eugene drew out a revolver, held it in the air. With the other hand he straightened the car.

'Stop!' Richard squealed.

'I'm direct, that's all.' Eugene laughed and replaced the gun beneath the seat.

They drove in silence until Eugene started crooning a Johnny Cash song, 'On the Evening Train', and after a while, without pausing, he told Richard about his poor Polish parents, his father, a baker, three shops, and that his mom ran one of them, as if those facts were an extension of the song's elegy.

Richard pretended not to listen. 'I suppose you think your rude violence has scared me? Perhaps that's how America always wins her wars.'

'I meant no harm. Life's not been easy just now. I'm not always truthful with myself, and… If you just said, "Sure, I'm gay" '

'A moment ago you were trying to kill me.'

'Don't exaggerate. Pass me that Hershey's bar from the glove compartment.'

They stopped at a diner for lunch. Snow was thick in the parking area.

Half an hour later Eugene returned excitedly from the gents, 'We'd better push on. A trucker told me the electricity is down in Galesburg, the storm just blew it all out.'

Eugene put the heater up to high. The windscreen was almost blanked-out white as if they were alone and estranged in an igloo. All the cars headlights were on, like a thousand double spears of light probing the dark. Eugene hummed and then talked about his dead wife, Jodie, and her pink bath cap, which he found behind the shower-room door, 'Been there over a year, never noticed it until that moment.'

'It's not that I'm gay, you see. I simply don't have relations, period, as you would put it.'

'If that's how you want it.'

'I live quietly. I'm a natural solitary. Strange, I know.' And Tom probably won't be in touch again, he thought.

'I need people, I feel old and lonely these days.'

'May I have a cracker?'

Richard nibbled loudly and had no wish to listen to a stranger's confessions. He tightened the knot of his tie.

All the trucks and cars slowed. A blast of snow covered the windscreen, which intensified the hushed rumble from the world outside. A few miles on and the police were busily directing the traffic. Eugene's eyes scanned a bigger darkness, beyond the shopping malls, McDonalds, TVs and American football. 'Business isn't what it was. I really must retire early, settle in Nebraska.'

Nebraska, Richard whispered, Nebraska, Nebraska, Nebraska...

'Look, no more road lights. That trucker was right, the power's gone.'

Vehicles moved forward like a long trail of settlers seeking somewhere new to start again. Ten minutes later the traffic stopped. Eugene felt beneath his seat because this was America and the lights were out.

Richard's clammy fingers instinctively checked his top pocket, but there was no handkerchief.

'We'll be there soon,' Eugene said. 'Someone picking you up?'

'I have to phone from the call-box on the corner of Broad Street, the dean will send someone for me.'

At the outskirts of Galesburg, the radio said that the bad weather was coming down all the way from Canada. They reached the middle of town. Eugene stopped the car but kept the engine running.

His warm eyes looked into Richard's: 'Some beautiful old trains in Galesburg, used to connect America, right down to Santa Fe.' Eugene held out his thick hand. 'Maybe the lights will come back soon. We had a disagreement. I'm sorry. Let's move on.'

'I'll be fine, thank you. Very interesting drive.'

As Richard stood on the pavement he tugged his overcoat collar tight against the blizzard. The passenger door shut with a thud and Eugene set off. The tail-lights bobbed into the distance like illuminated buoys amidst the drifts of swirling snow.

Rays of light from the candlelit bars showed the name 'Broad Street'. He could just make out a line of wood-panelled shops. At the end of the road an organ was booming from a large church. Wind chopped at him from all sides. His fingers dug into his empty top pocket. From the call-box he dialled quickly as snow covered everything.

Aisling Tempany

Learning

I pinned the alphabet on my wall.
I learnt the sounds,
and all the mutations:
Treiglad Meddal, Trwynol ac Llaes.
I didn't think it was hard,
but it brought me no closer to you.

I'm standing here now,
with nothing to say.
You walk straight past me
talking to someone else.
I only wanted
to speak to you.
But I didn't know what to say.

After he left

For an hour or so
I didn't do anything.
I sat picking at the wallpaper.

The carpet was dirty.
I got the vacuum cleaner out
And that took half an hour.

There was a pile of laundry,
I put it on to wash,
Then I went to the shop for milk.

I made coffee,
And watched the news,
Richey Edwards was now dead.

I put the laundry out,
I made the bed.
I cleaned the bathroom sink.

Then, for an hour or so
I didn't do anything
I sat picking at the wallpaper.

Scars

There's a scar on my ankle,
where a dog bit me
when I was four.

There's a scar on my knee
from when I was eight.
I fell off my bike and cried.

I'm scratching my arm
with a razor today.
In a week you won't be able to tell.

In four and sixteen years,
I've learned quite a bit
about scars.

Carolyn Waudby

Dawn

On the horizon a cruise liner
drags a sooty train
across the broad back of the bay.

El Morro's beam dissolves
as the square-toothed towers of Vedado
reveal their uneven grin.

Below the wall, a crab, albino,
scuttles over naked sand
with a speed shared by nothing

else. A proposition
tossed across the *avenida*
by *jineteros* huddled on El Prado

drifts off, unmet.

Quitrín

A clothing workshop in Santiago de Cuba used to train former prostitutes as seamstresses, based in a house donated by Raul Castro's wife.

a glass chandelier   rails of white cotton

seed pearls   scallops

hems   half-moons

lines   white   pristine

open wooden doors — a courtyard

the sun's flame

car-
       ill-
             on of laughter

the-stammerof   machines

33

Fields of Fiction

Miceál Kearney

I

Oh dawn, how I have longed for thee.

Obverses a bard, who is standing in a field, beside a weeping willow tree—whose leaves, not to gravity but instead, bow to Autumn.

In the other empty trees growing alongside the wall of this triangular-ish shaped field, crows are still sleeping, snoring beneath their black blanket. Some of the cows are grazing.

Not far from this field the Bard lives, and is employed by the same patron as the other artists living in this particular part of the world. Including a certain harpist. And she is the soul reason as to why he is, now, in this field. Waiting.

For underneath the willow's dangling branches, there is a poreen—stones of the wall placed: that it gives access to the next field. Allowing only the sheep to wander in and out—without having to keep the gate open. Though, under certain conditions, it is further than the next field they lead.

Providing it is either dawn or dusk, when day and night—the keepers of the bridge—are distracted, busy changing. The in-between time, the exact moment this night becomes today. The bard enters, as murmurs of murders begin to stir.

And he emerges out, into a place where as far as the horizon—who is in constant gallop, away form such a mean milieu—is bleak and foreboding. The only season is Desolate. There is music: but the tone is right and raw, as the permanent snow lying on the rocks; that are as dead as cold razors.

The bard's reason for this destination: to climb a mountain. Which towers so high that at its peak, you can simultaneously see sun and moon, day and night and all four seasons—the entire world: everything that is known. A sight the blind would see.

There is no known way up, you just chance your luck.

II

In the same mountain range, will you find Hope? In a secret hiding place, between two jagged peaks. Huge holly and hawthorn trees carpet on the slopes, red and purple canopy the slow meandering trails leading down to the valley below.

Near the bottom, the branches intertwine and cave in an arch. Through the ivy and honeysuckle dangling shafts of sunlight and beams of moonlight enchant, and make bright every corner of this place. Here is where dreams used to grow, now it is a graveyard where unicorns are buried.

Everything growing on the valley floor is dead. Now just shadows in the Night. All the trees are rotted. Ghosts.

In the dead centre is a pool which is formed by a single cloud. Perched and constantly weeping in the same spot. Eventually the river runs off with the horizon to lands away away.

And here, at this river's source you will find Hope. All alone: her only joy, the music she plays from her Feadog Stain; a wind instrument, carved from a branch of a tree that grew and fell long before any star twinkled. Sadly, it is only the seasons that dance around her ... hear her music. Time taught her the notes. The wind her breath.

But Hope is everywhere, and not just here—the bushes, briar's and nettles in the fields. Even in the cities and towns, the concrete jungles all over our tiny world: the weeds growing through the pavements and driveways; those are hers too.

A little bit of Hope...

III

But, there are no weeds here, not at this altitude. On reaching the top the bard is standing... before Nature and Time. Throned upon the tangled roots of the first tree that ever grew. They turn to the bard—

What do you seek?

To hear every note of Music ever known.

Speaks the bard, for he knew that in the heart of the harpist there are only notes and not words like his.

Nature calls the wind and she speaks softly into her ear. She also whispers with a butterfly. The wind is long gone when the butterfly returns, whereupon she flaps her wings: creating an image

CARDIFF
CAERDYDD

in the air.

Do you know this Tree? The two speak in unison.

Yes, speaks the bard, *it is the evergreen growing outside of my village.*

Be there every Night.

The two turn away and resume doing whatever is was they were doing. The bard thanks them, then he begins the perilous journey back down.

Timing it just right, on arrival, he enters the poreen and emerges back out into the same field. And goes off, away home.

IV

In another part of this field, where the wall angles right, is a vegetable garden. Where the farmer plants seeds to be, hopefully, eaten later. Potatoes, cabbages, onions—all growing, living.

C'mon, you know well we could die tomorrow.

—I don't know... it's a long way off.

No problem, we'll fly down.

And three caterpillars crawl off a cabbage leaf, wriggle through the earth, between the rows of onions, the forest of carrots—where the green fly hides from the slugs. And make their way up the wall that separates the vegetables from cows and sheep, but not from crows.

What shall be the outcome of tonight's events? Will our childish splashing ripple into storms or tornadoes that will sink our little boat into the unforgiving night's sea.

—Ah, ask the rain and she will tell you. They are no sooner on top, when a dragonfly passes and shouts out—

Give it up, ye losers!

—What purpose do they serve? Asks one of the caterpillars.

Lies and bad breath.

Having composed themselves. Under shaving-foam clouds the three unfurl their wings and take-off into the midnight air, fizzling with electricity. Below in the field owls congregate in the trees— hoo's neon-green leaves guide the three safely down to the weeping willow tree.

But dawn and dusk are enjoying each others company elsewhere so the three wait, talking and nibbling on the blades of grass, as some of the cows and sheep are sleeping, others are grazing.

But things still happen even if your absence is present.

V

There is a river, whose source is said to be a secret hiding place and along its way, the river forks, moats around a tiny lake isle—in an otherwise completely flat, featureless plain—which towers and tapers high above its environs, then plateaus on top.

The slopes of this mound, of earth and clay are lined rotting roots of hallow trunks. Growing in-between them are poppies, and nobody knows why. Along the trails leading up: wool—from the few animals that graze—snatched by the teeth of thorns.

Here: is where the fog lives, with constant random rain—cold and dark, sun and moon barely penetrate but seldom do.

Tonight, on top of this mound is a scarecrow. Blank as a virgin canvas. Emotionless. Expressionless, looking out at the wilderness, below.

Surrounding this lighthouse feature are the broken lines belonging to the walls of fields that grew here before the fog moved in.

Whatever ... it's a stupid question.

—How?

How ... If a fish in a pond sees a reflection of a wall mirrored in the water, does the fish think it is stuck there?

—Well?...

Arguing the logic of logic, somewhere in the fog are the caterpillars, each with a candle and each cup the flame for fear of the light being lost as they journey out, into the unknown.

—Well?

Well what?... it is only a reflection of the wall.

—Ah... but the fish does not know this. The fish perceives the wall to be real... so?

Perception is a dirty mirror and reality is the vanity gleamed. So, logically perception is the error of logic.

—Really, and where does interpretation come into your equation?

I solve for X. Plus, it's a fish... they're dumber than dragonflies.

Yes, yes, yes... logic is king and reality is regent. Now shut-up the pair of ye, we need to find shelter. This fog and rain is not doing wonders for my skin.

—Any of ye notice that the scarecrow was missing.

No!

Who cares. And shelter the three found in a stump of tree.

A fire we will need, if we want to be warm and dry.

...oh joyless irony, even this fire must survive to be.

—But that is not up to the fire.

As the three busied themselves doing that... the bard is busy doing something else. As instructed, every night, to the evergreen he would go and listen as wind would whistle every note of music ever known and he would listen to the depth of emotion each note brought. Slowly... slowly he tries to match note for word.

But the bard is not the only one trying in-vain to translate another language.

On a cliff-top jutting eerily out, over onto the angry sea the harpist is sitting under a rotted tree. She, like the bard, braved the same mountain and entered into a similar arrangement with Nature and Time. And like the bard, every night under this tree, she would play every note of music she knew and the wind would listen to the depth of emotion each note brought, and interpret with a word. For she knew that in the heart of the bard there are words and not notes like in hers.

VI

Why did I leave? I wasn't exactly happy, though not as miserable as I am now! Laments the scarecrow.

Oh sorry, I didn't see you there —

and Autumn bends down to pick-up the baton she has just dropped.

I know you, you're the scarecrow from the triangular field. What has you here tonight?

Left in the ground so long, roots grew—which grew itchy to roam. So I would sneak away during the night. Fear of being labelled a burglar I kept to the shadows where I would gaze up at the stars and wonder what lay out there, in the unknown—more crows or nothing.

But morning blue, I would hate to see. Time for the day to be born—where I stand between drills and rows of this and that. The caterpillars laugh at me, I am helpless to stop them—but this is somebody else's job. However crows, my speciality, you might say the reason for my existence.

One day this magpie nested in my chest. I am jealous of her. To be able to fly at will, up to the clouds. And my shadow has always been there, silent— rotating around. Now I even question that. Need and want lassoed, and every horse pulled both ways. So yesterday I decided to see what was out there. Now I am lost and worried. Have I been missed or have I been replaced? What am I to do? My soul is broken.

Baby steps—Autumn replies—*I took at first, but I'm still a student of the future teaching in the moments, in-between the steps. Every ship has an anchor but also a sail. I must go now, Winter is waiting for this baton...*

—Oh I am sorry, mumbles the scarecrow, *for having delayed you in the race.*

It is not a race. Smiles Autumn.

The scarecrow resumes staring blankly... when a sound in the night scares so much that it causes the scarecrow to trip and tumble down the mound, through the briar's and thorns, that tear and hurt.

Before the bottom is reached—the scarecrow wakes and is back, rooted, in the vegetable garden between the spuds and onions. The magpie squawks and flies from the nest as the shadow rotates and revolves around... It starts to rain.

What is real when my dreams are not? An orphan of divorced time.

VII

Autumn grows into Spring, the bard and the harpist, under trees that do not change, are still trying to compose for the other. As notes and words—like numbers—are also infinite.

However, on this particular today, chaos herself saw to it that these two would meet—a request from two, perched on-high.

She speaks first—*The Wind taught me these words.*

He replies—*This is played in the key of the Wind.*

Thereafter, under the horse chestnut tree, the two marry each other. The wind cries, as caterpillars crawl on cabbages elsewhere.

Patsy Dyer

Audrey's Pool

Here is the pool I had pictured for her
Brackish, shallow — brown
Memories lie in the silt, deep.
Rushes javelin the surface
Like stork beaks
And silent shadows of the flying-skittering
Break the surface of the meniscus
While air with water froths
Like frog spit.
As sunlight soaks to rise
Like dough
The life within
Seeking more
And more — so silent is the day.

Derek Sellen

A Guide to the Prado

1. The Forge of Vulcan
after the painting by Velazquez

He'd been in the steelworks and the yards. That's what
made his sweat better than mine, he thought—'man's work.'
Those words followed me into the repair shop, smithy-hot;
power tools stopped and men lifted their visors to look:
Who's that ponce from the office upstairs…? Hard
not to crow as I fed my news to the grey-bearded wiry one
in words I knew would hit home: *The boss had her in bed,
old man, I saw it with my own eyes.* That dimmed his fire.

I went off sick, stood, sat, paced the room, waited,
tried to sleep, began a migraine, waited, found grease
on my sleeve, scrubbed it, phoned a number but didn't speak,
rode the fever, waited, listened to voices in my head,
knew what I was waiting for, bought a paper… There it was:
wife held in house, lover killed with a wrench. Man's work.

2. The Firing Squad
after the painting by Goya

I am the third soldier from the left, tan boots, a tall hat,
ducking my head to squint along the gun. What else?
A bare hillside, a black sky, a man in the sulphur light.
He and I have faced each other before in this place,
I know the way his white shirt billows into wings
when he spreads his arms in a martyr's welcome,
twists his mouth and shouts one of the usual things:
I die for Christ, I die for freedom, I die for Islam…

His face has all the passion a human face can bear
but when I turn, you'll see a face no different from yours.
I wait for the order, so we can all get out of here
and spend our pay—the town has bars and whores
but now our job's to dig the graves. You know the drill.
At first I pitied, then I envied, the men like him I have to kill.

3. Saint Caselda

after the painting by Zurbaran

Charity's her middle name. The more she gives,
the more that she receives. It all began with bread,
sweet-smelling, cumin-sprinkled, crusty loaves
she'd baked and hidden beneath her clothes to feed
the prisoners on the far side of the lines.
                              But checkpoint
guards stopped her and took her to their draughty hut
and, starving on their rations, tore the bread apart
with nails and teeth while she stood sobbing in her petticoat.

Next time, an officer detained her. These silks
and velvets come from him, the rings from a gentleman,
and these jewel-studded shoes, she hints, from the Pope.
Daily at her door, she gives the poor milk and cakes,
accepts their kisses on her hem, now the princes' courtesan
but once the girl who, bleeding through her clothes,
carried roses in her lap.

4. Apollo Flaying Marsyas

after the painting by Ribera

Hang this in the interrogators' restroom, or where the
                                                torturers
go to smoke and chat. Apollo's such a god! Laurel-crowned,
tender-featured, more like an artist than a murderer,
loosening furls of skin, baring sinew, he works the wound.
Marsyas is grey with pain, his mouth the gateway of a scream,
as knife-slice by knife-slice he loses the layers of his epidermis.
He's tied upside down, so that you have to twist your head to
                                                look at him.
Poor slaughterhouse creature. What did he do to deserve this?

How do you face such a painting? Having seen it, can you
                                                look away?
There are things you can do to contain it. Go to a lecture
on symbolism of the myth or the rise of mannerism in Ribera's
                                                day,
admire the brush strokes, crack jokes about more ways than one
                                                to skin a satyr.
Best of all, go to the shop and buy the image—mug or place mat.
A masochist-to-sadist gift. The art is exorcised. A piece of tat.

5. Still Life

after the painting by Melendez

No more or less than it seems. A side of salmon.
As large and weighty as a ham, as convoluted as a rose,
it sits on its own shadow, a presence not a pose,
between a bowl, a pot, and the obligatory lemon.
Rimmed with silver, veined white, blotched with fat,
with an inner frill of purplish black which makes you wish
that you knew more (or perhaps less) about the secret
                                    anatomy of a fish.
At any moment the cook will enter, the kitchen cat will
                                    salivate;

but when you approach, it turns to paint. Some trick!
The palette outfoxes the palate, art puns on reality.
How long did it take to give this slab of fish its gravity?
Today, we gain a pass to virtual worlds at a mouse-click,
    but look what Luis Melendez places on the shelf—
    a stillness, and in that stillness a thing caught unawares,
                                    reflecting on itself

To Love or Be Haunted
Brigita Pavsic

I could tell at first glance she would be a demanding customer because she knew what she wanted. I respect that. She's sharp, but not in a rude way. Confident, but not full of herself.

Her name is Rose and today she has an appointment for her second fitting. She chose an olive green halter dress with a low backline so that it will go with her dark green pumps she's already bought. She needs it for a wedding; two of her girlfriends are getting hitched in a month.

I'm finishing the basting on a red blouse when the door opens and closes. I don't turn right away, I know it's her. At the chiming sound of the bell above the door I feel the crawling sensation in my lower back creep up my spine. I'm surprised at my reaction and prefer to ascribe it to the soft breeze that entered the shop with her rather than to the real reason.

Her hair is wildly curly; her face with her up-turned nose is nearly tame in comparison to that bush that is pulled into a wide elastic band today.

'Hello.'

My light tunic gets snagged in the pins and needles as I try to get up. When I try to pry it free, I overturn the whole sewing kit off my desk.

I hear her chuckle behind my back, but I ignore her.

'Want me to help?'

'No, I'm fine,' I wave my hand and nearly topple the half empty coffee mug.

When I finally look at her, her face is still amused and she stands patiently in the middle of the sunlit room like a black hole that's drawing all the light towards it with its daunting cosmic strength.

'Sorry, I'm awful.'

She shakes her head. 'I came for the fitting,' she says. Her skin looks like it's glazed with the warm sunshine; the freckles on her nose stand out even more than last time.

'I have it back here,' I say and point through a curtain that separates the main shop from the back room.

She follows me so close behind I can feel the air move against my back.

When she takes her clothes off I see her champagne colored underwear, then I notice it's actually a bikini. She unties her bikini top. When she pulls the dress carefully over her head, it slides down her body like a splash of water; I can see the ghosts of her full breasts under the silk. I think of the last time I had sex with Ian. Five weeks ago. Or is it six already? One would think we're an old married couple, not newly engaged. Sometimes I wonder how the two of us ended up together. Is it just God's silly bureaucratic mistake? A typo in the great plan?

It surprises me how she can look equally comfortable and chic in her beige shorts and tank top as in the nearly finished silk cocktail dress. Her green eyes light up against the olive fabric.

I step to her and smooth out the back of the dress. I see the goose bumps that the cold fabric teased to life on her arms.

'It feels refreshing after the heat outside,' she grins and shows her uneven teeth that make her look wholesome. Her voice is husky like she were a chain smoker, but she's not. Her teeth aren't yellow and neither are her fingertips.

'So, what do you think?' I ask timidly.

Rose turns and stares in the mirror for a long, quiet moment. I feel my stomach knotting up. When she doesn't say anything, dread begins to fill my insides. Finally, she turns to look at me and says with wonderment in her voice, 'It looks amazing. I look amazing, I never expected it to look so … refined.'

'Of course you look amazing,' I say softly. 'You don't need the dress for that.'

She looks curiously at me and then smiles.

When I stand this close, I can smell the bitter smell of salty sea and the thick sweetness of sunscreen on her. The translucent tiny hairs on her back are peppered with white salt crystals like her skin was set with tiny diamonds.

'Visited the beach?' I murmur when I concentrate on the neckline of the dress, pinning the fabric so that it forms a smooth hem.

'Mhm. A quick surf after work.' I can sense her lips curl into a smile just inches from my face, but I don't actually see it as I try to focus on the dress.

'The scowling doesn't suit you,' she comments amused.

I lift my face to hers and see her grin. I will my features to relax. 'A bad habit whenever I work,' I chuckle.

'What's it like?' I ask.

'What, scowling or surfing?'

'No, I meant being a pastry chef. What's it like working with food? I'd get fat as a pig.'

'You're right. Thank God I surf or I wouldn't be able to tie my shoes anymore,' she says, then pauses for a few moments.

'You should come to my place, I'd make you something.'

I don't know whether she means her apartment or her restaurant. I don't say anything.

'I'd make you a crème brûlée with a twist. Say, with Grand Marnier. You'd love it, because I'm really good.' She grins.

I raise my face from the pins. She's staring wickedly at me; I can see her amusement and teasing. I'm not an expert in recognizing the signs when a man, or a woman for that matter, is making a pass at me, but I'm almost certain she's hitting on me. I feel flattered. 'I don't doubt it.'

She inhales through her teeth when I prick her with a needle. 'Sorry.' My cheeks flare.

'No worries,' she shrugs and I nearly prick her again.

'Your friends … the ones that are getting hitched, how long have they been together?' I'm curious. I've been with Ian for two years now. We will marry; we just haven't set the date yet. But there's… a lameness about that notion. I will marry because Ian asked me to; I don't think I'd care if we didn't. I don't need a marriage license to mend his socks, or have a beer in the evening in front of the TV from identical beer coolers, or let him spread my thighs in the morning on an occasional Saturday when his hand reaches across the middle of the bed, none too amorously. A fancy party and wedding bands don't make his belching suave and my annoyed complaining melodious.

'Four years. And now that they can get married, they're thrilled.'

I feel she's staring at me.

'How about you?'

'Me?'

'Would you want to get married?' I say and blush slightly. I don't even know why I asked her that. What do I tell her if she asks why I want to know?

'Ah, I'm not into formalities. I'd just like to find someone … you know, the one. True love, if it doesn't sound too corny,' she says.

'Not corny at all,' I mumble when I think of what Ian and I have. True love?

I smooth the material, gather it where it should be sewn tighter, mark the hem around her ankles. She has round, firm hips, the silk pulls almost too tightly across them. I suggest I widen the dress, but she doesn't want me to.

I work with her standing in the dim room like a statue but radiating far too much warmth and softness for me to be able to ignore just how alive she is. Just how beautiful and... at ease. I blush when I clumsily touch her breast smoothing the fabric across her shoulders. I don't dare look at her face.

I know what I'm doing, I shouldn't feel nervous, yet it's there, that tightness in my belly, the fingers that are trembling like butterflies.

I peek at her face and she's watching me with quiet attention.

'Are you single?' she asks in a low voice. I know the voice can't resonate in the room filled with soft absorbing fabrics, but it does. I hear my blood rushing in my ears.

'No,' I shake my head. 'I have a fiancé.'

'Sweet,' she sniggers.

I say nothing. I feel like I should defend myself, defend Ian. But I know that's not because of her reaction, it's because of my uncertainty.

'You'll be expected to do a lot of sewing for the wedding then,' Rose comments.

At first, I'm confused about which wedding she's referring to, then she continues.

'Your wedding dress, the bridesmaids, your Mom and mother-in-law...' She smiles pitifully.

'My parents are dead,' I say.

'Oh. Sorry.'

'A car crash. Three years ago.' I don't know why I told her, I don't like to talk about my parents. They died, period. There's nothing more left to say. There's death and there are words, death can stop the words, but not the other way around. Words can never stop people from leaving you. They always go away, no matter what you say, how hard you beg them.

When I finish, the dress is full of pins and I have to help her take it off so she doesn't prickle her skin. The pins in the halter neck get entangled in her hair and we can't unknot them. I hear her suffocated giggles under the cloud of flowing material and I grin too as I pull and push at her wild bronze locks and the green waves. The two colors are in such stunning contrast I involuntarily pause.

'What?'

I shake my head and renew the efforts. 'Nothing.'

Her hair is finally freed from the pins and fabric and when I pull the dress away, her neck is left exposed, naked.

'When did you have that one done?' I ask when I see the tattoo that spells 'Essence of beauty' in small gothic letters across the nape of her neck and an ocean wave below it. It looks so beguilingly three-dimensional I want to touch it and I reach out with my hand. I don't touch the skin but her hair instead. It's stiff from salt and sprinkled with golden grains of beach sand.

'Ages ago,' she says when she shakes her hair back from her flushed face and straightens up. I pull my hand quickly away, but she's caught me.

She's standing nearly naked in front of me. Her body is like a soft landscape of love, with velvety valleys and round slopes and secret hollows. I turn away.

'You like tattoos?' she asks.

I shrug. 'Don't know, I've never thought about them.'

'You should try getting one. It hurts a bit, but the pain is sort of… sexy when you think about it. It hurts, but it gives you something beautiful. Sort of like love. You should try.'

I know what she's saying and it's not about tattoos. But she doesn't know anything about me or Ian. She doesn't know anything.

'The dress will be ready by Friday. I don't think any more fittings will be needed, but I'll call you if I need anything.'

'Good.'

Usually I have to listen to endless stories about why the customer needs a new dress, when they will first wear it, whom they want to impress with it. Rose doesn't feel the need to explain herself. She just is.

'What do you say to an ice-cream?' she asks when she starts getting dressed. 'There's a nice place just around the corner.'

I hesitate.

'It's not a date, just an ice-cream,' she chuckles when she sees my face.

'Rose…'

Her smile widens. 'You've never said my name before,' she says and I blush. She steps towards me as she pulls her tank top over her head. The string of her bikini bottoms is peeking from under the elastic band of her shorts. I can see stretch marks running downwards on her hips, white stripes on dark skin. Vanilla on chocolate. Ice-cream.

She places her hands on my shoulders. She's taller. She's beautiful.

'You're taking life much too seriously,' she says as she stares in my face. Her green eyes have golden dots in them. That moment I experience an intense longing, a wish that I could be like her, or at least have a part of her, beside me, in me.

I don't want to have to stop looking at her. I wish we could just remain like this forever, her joyful face so close, her warm, salty hands on my shoulders so I can feel the tiny rough edges of the salt crystals on her fingers.

But she steps away. Amused, she's watching me like I'm some curious animal or plant she has never seen before.

'Before this fiancé of yours …'

'Ian,' I supply.

'Ian. Before Ian, how many boyfriends did you have? Or girlfriends?' she grins.

'I've had a few. Boyfriends,' I add needlessly.

'Who left?'

I wonder why she cares. I think for a second. 'It was usually them who broke up with me.'

She turns serious but doesn't say anything for a while. 'And Ian is staying?' she then asks.

I should be annoyed with her for prying, but I'm not. 'Yes, he is.'

'Why?' she dares to look amused at my sureness. Somehow that amuses me too.

'Because I'm such a catch,' I grin. But I feel a sickness when I realize that that's true. Rose seems to sense the truth, too. She eyes me with sympathy. She knows I'm only trying to break the leitmotif of ending up alone all my life by tipping the scales unevenly, by giving Ian all reasons to stick with me. She's just considerate enough not to say it out loud. Maybe if she did…

I put away her dress, turning my back to her.

'Would you like some ice tea?' I suggest and the instant the words are out I know I simply don't want her to leave yet. I want this time-out from life to go on and on, to keep her here in my haven, and hope that life outside will simply continue, unmindful of us.

The corners of her lips curl up in a lazy smile. 'Tea?' she repeats.

'Or would you prefer Coke or coffee? I can make…'

'No,' she interrupts. 'I'd love some ice tea,' she says.

Her face is interested; I know she's wondering about me. I know she has questions to ask, she wishes to know my secrets. I know that because I feel the same about her.

I take the ice tea from the fridge in the corner of the back room. I hand her a can and gesture to a chair across the small room, but she leans against my working desk instead. I hesitate, then I join her.

'Why do you like sewing?' Rose asks and looks around the room, stacked with fabrics, boxes full of buttons, zippers hanging from a rack on the wall, scraps littering the hardwood floor.

'I think it's because you can fairly quickly make something, get a tangible result, and because you actually create something with your own hands.'

'That's what I like about baking, being creative and inventive,' she says and studies my face till I start feeling awkward and I look away.

'Well, I'm not the creative type. I simply follow the patterns. I don't think it would end well if I tried something on my own.'

'Not much into new things, then?' When she smiles the corners of her lips fan out into vertical lines. Her face is so expressive and animated I can read every emotion from the golden planes and green pools.

She's watching me and I resent it because I have to look away, too shy to stare back, to enjoy the riddles of her face.

'So… are you with someone now?' I ask when she finally takes a sip.

'No,' she shakes her head. 'We broke up a few months ago.'

'Did it hurt?' I never ask perfect strangers these things. But she doesn't feel like a stranger. She feels more like someone I've known a long time ago but lost contact with for a while. I feel like I have to reconnect.

'Doesn't it always?' she lifts her eyebrows.

I lower my eyes. 'I suppose.' I play with the can in my hands.

'Doesn't mean it's not worth it,' she adds then and looks at me.

I say nothing to that. I know what she's trying to say, but I'm too much of a coward to even think about it.

She finishes her drink and hands me the empty can. Our fingers touch and break apart; it all lasts just a second. My throat feels constricted.

She suddenly turns to me; her sunny face is closing in. She kisses me, straight on the lips. 'Thanks,' she says just as I manage to lift my surprised eyes to her gaze, and I'm not sure what she's thanking me for.

'Err... sure.' My voice deserts me, the words are half swallowed.

'I'll just go then,' she says. She pushes her hands in the back pockets of her shorts.

'Oh, ok.' I don't know what else to say to make her stay just a minute longer. She won't be coming back once she leaves through the door. We both know that, so we hesitate, hoping and grasping for the hidden threads of courage. Can I let her go? Can I make her stay? Should I?

She sees my answer just by looking at my stricken face. She gives a tiny nod and turns.

I hear the squealing of her sneakers on the hardwood floor, the chiming of the bell at the door, and then the door closes and the draft moves the curtain, yet there seems to be no air in the room.

I stumble out into the shop. I hope the sunlight will penetrate my cold skin and thaw the numbness in my core.

I stand there, like I am lost. I don't know what hit me. I don't know how to stop it, to recover from it. I don't even know that I want to.

The door suddenly opens again.

I look up to see Rose standing in the doorway like she forgot something, the rays of the setting sun glimmering in the colored glass of the door, reflecting towards me like they are trying to pierce me with a rainbow. Death by rainbow, that doesn't sound too bad.

'Are you sure about that ice-cream?' she asks, her voice is distinctly hopeful, her face tense.

Last chance. Is it even a chance when you already know you won't take it? Isn't it just a backwater of destiny, fate's atrophied hand that hasn't been used in ages?

'I...' The churning fear in my stomach makes me nauseous.

She makes a step into the shop. 'I really like you, you know,' she says. 'A lot.'

I know she's asking me whether I like her too. I do. More than I should. But I don't have the guts to say yes. It's just a word, yet it feels too big for me.

'I ... I like you too, but not that way,' I stammer.

She scoffs. 'Like means like, there are no ways about it,' she says.

'Rose... please.'

She turns and steps over the threshold. 'If you change your mind, come find me at the beach or at work,' she says with a low voice. 'Otherwise... I wish you happiness.'

She's gone, the door closes behind her back and I repeat to the reflected rainbow of rhombs on the hardwood, 'Rose, please.'

I don't know what I'm asking for, but I know what I'm getting.

I force myself out of the funk, I have work to do. No one will do it for me. August is always busy; everyone is getting ready for romantic fall weddings, family gatherings after vacation, Labor Day, school, new jobs.

I push two bales of fabric to the edge of the desk to make some space. I grab the red blouse and let it go instantly as I prickle my finger with a pin. I bring it to my lips and suck at the tiny dot of blood. My eyes roam towards the door and I see the orange glow through the glass. The sun is setting and quietness is returning to the street outside. I can hear the same kids as always, shouting and laughing, rushing in from the beach to join their parents for dinner. Just a week more before school starts again.

Will Kemp

Thinking of Holland
after the poem Herinnering aan Holland by Hendrik Marsman (1936)

I see broad rivers
drift through
endless plains
rows of poplars
tall and thin
as smoke plumes
far away

and throughout
that sunken space
woods farms trees
churches elms
both scattered
and as one

the sky is low
and the sun sinks
through mists
of diffuse greys
towards the water
where the cries
from long ago
are still feared
and still heard

New Mexico

We drive west through the plains at dusk,
not a word since the air-con packed up in Santa Rosa
over an hour ago. I shift and squelch in my seat,
you hold the wheel one-handed at its base —
which you know I hate, but have no answer
when you say: *Well, whose idea was it to drive?*

I understand now why the cross and beads come
as standard, wonder if LA will be quite this hot,
recalling a lesson on California — temperature,
rainfall, that stuff: Mr Langley on the Sierra Nevada,
the San Andreas Fault, how plants only bloom
every ten years or so in Death Valley. I don't think
we did New Mexico, but looking at the map —
the Sacramento Mountains, the Rio Grande —

I can see the *campesinos* in their white shirts tilling
the hopeless soil, the horde of bandits riding
down the dried up creek in pizza sombreros
and criss-cross bullet belts like windmill slats,
heading for some village where a small boy clangs
the black iron bell of a whitewashed chapel
and dark-haired women rush out to gather in
the uncomprehending children from the dusty square.

Somewhere out there beyond the canyon will be
a ranch with an incredibly beautiful lady
with sapphire eyes and perfect breasts,
in a long spotless dress, who must put Factor Forty on
every time she goes anywhere and feel so
scared at night with all those snakes and coyotes about;

but you don't think of that now, as your old amigo
kneels in the dirt, spitting curses against your mother—
then stops stock-still, squinting into the sun
as you stand in that poncho with a smokeless *cigarello*
and say: *In this life, my friend, there are those*
who have guns, and those who dig graves. You dig.
Repulse

The light on the water at Rhenen

It was a Saturday in July—
the sky pale but open wide;
typically Dutch, you said,
an unhurried cloud passing by.

We sat on rough grass,
you in my sweater, if I remember,
bicycle wheels still spinning,
ticking, by the water's edge.

The river slapped and plopped
again and again. Further out,
it seemed to glitter silver
the way leaves do after rain.

We watched a *kahn* inch forward,
lugging coal to Koblenz or Köln,
a line of shirts in surrender
from bridge to stern.

I put my head on your lap,
and you fed me apricot Limburg Flan—
but only after you'd made me say
sinaasappelsap.

You explained polders, dykes,
the need to maintain the water level.
I kept quiet about the way
your father looked at me that morning.

I once heard that every life
has a point before which there is
always a looking forward,
afterwards a looking back.

These are the things I think of,
whenever I think of that.

Afterwards

I pull in, on the verge
by a sign for Linton;
a name you might have given
to a cat or character
in the novel you never wrote.

Ahead, green fields, a wood
we could have walked in,
or made love,
the pale sky a shroud
the winter sun almost breaks through;
and high above,
a vapour trail that unzips
the blue then vanishes into thin air.

According to the priest,
who confessed he didn't know you,
you're there.

God knows
I want to believe him —
that it's you in the distant hum
of that microlite,
the V of a raven slipping away
beyond the bare trees and out of sight.

Instead you remain below,
in boxed-up books and clothes —
Sylvia Plath, your velvet top —
a laugh from that day by the river,
and all the things I never did or said.

Deborah Harvey

Persephone in Exile

Her hands are stained with glut,
cherries, plums made into jellies,
jam and chutney,

and apples, pears in layered paper,
onions plaited into swags
and hung to dry.

On the stove tomatoes simmer,
courgette slices stare from jars
like whitened faces.

And piles of pomegranate
pulped to syrup sweetened with
a mother's love

that sticks and trickles down her fingers,
and blisters like hot silver
on her tongue.

And as she cuts from crown to base
to open up the flesh she's tasted
she regrets her granite lover

in his cold, exacting halls,
the six seeds like bloody tears
she failed to eat.

The Way
Jeremy Worman

Heaving sounds, throaty coughs and barking dogs woke Alan. He realised they must be reinforcing the barricades. He stroked his unshaved chin. The canvas walls of the living space in the old army lorry, an Albion Clansman, were sticky. The cream blanket, pulled tight round his body, smelt of wood smoke. He got up and flicked on a Calor gas ring.

The red kettle soon hissed. The notice board was crammed: maps; eviction notice; emails of support from other travellers; potential escape routes. The chipped mug was hot in his hands as he sipped sweet Camp coffee.

On the carved Indian table there was a ring of small glass beads that his partner, Moira, had made for him before she had moved off with their two children. He wasn't going to have them go through another eviction. The dream catcher his daughter had left for him was pinned to one of the lorry's ceiling struts. Dangling strands of thread caressed his shoulder. He tucked the contraption away in a drawer. Above the bed his son's brightly crayoned picture of a hairy traveller holding a placard proclaiming 'No!' made him laugh.

He switched on his laptop. Emails raced onto the screen. Squelching boot sounds in their encampment disturbed him.

'Ooh, it's Lady Muck, what's she doing here?' a male voice said.

He knew at once who it was. He pulled back the curtain at the other side of the lorry and gazed at the wide fields that stretched up towards the Ridgeway.

The storm of last night had abated. The early sun sent glassy yellow light across the stubbled earth. The harvest had been gathered in two weeks ago but the land retained the colour of burnt gold. He had looked out at this rather arid country each day for two years and never in his life had he loved a landscape so much. The ancient rocks and stones gave him strength. After twenty years on the road, he didn't want to travel any more.

What the hell did she want? He brushed long hair away from his handsome face and opened the door. 'Suppose you'd better come in.'

'Then I shall.'

Someone shouted to him, 'The police have blocked off two

roads, one from Streatley, the other from Ashampstead.'

'They're trying to stop the photographers getting through,' he said.

Her yellow Wellingtons were mud spattered and the green raincoat baggy. A Robin-Hood-style hat sported a pheasant feather. 'I wanted to explain.' Her eyes were bright, despite the wrinkles.

'Bit late.'

She came in with a rush, all parts of her small body in motion. Her stick fell to the floor. He picked it up and handed it to her.

'Irish Hawthorn, it was my husband's favourite...'

'You didn't come to talk about sticks.'

'No, well...' She put the black stick across her lap.

'There's time for a coffee before the police arrive.'

'Thank you.'

As the kettle burbled on the stove he peeked outside. A strange thing had happened during the time he had lived here: a small path of round stones had revealed themselves across Wilcox's land, beginning at the lowest point, where the soil could be boggy, and reaching high towards the horizon in the west. On a few occasions he had seen a little track, almost luminous in its speckled whiteness. When he had gone to investigate, the path didn't seem to cohere at all.

'The kettle's whistling,' she said.

He handed her the coffee in the unchipped green dragon design cup. He passed her the bottle of milk.

'You voted against us,' he said bitterly, 'we thought you were on our side.'

'It was complicated.' She took off her hat and stroked the feather. 'It wasn't really you, it was some of the others.'

'What can you expect?' he stirred his tea, 'it's like being a stretcher bearer at the end of a big battle. You get a lot of hangers on, losers, druggies.'

'What's the battle?'

'This mad world is choking to death, the technological power of late-Capitalism...'

'I never took you for a fanatic sort.'

He laughed in spite of himself. 'It's us who may be the norm soon. The rest of you won't know how to survive.'

Bunches of dried herbs, in a variety of shades, hung from the ceiling. She shut her eyes. 'Such a lovely smell, reminds me of my childhood.'

'Moira grew them—why did you turn against us?' He walked across to the window.

'I was forced to.'

She stood by him. 'It spoils the view, doesn't it?'

A massive yellow combine harvester, a new Massey Ferguson, squatted in the corner of a field.

'David Wilcox always likes to show off, his father was quite different, known locally as Basher Wilcox, had a half Blue in boxing, that was it, Oxford. He loved the land.'

'So?'

'Did you see the partridge?' She pointed in a south-westerly direction, 'that's where my cottage is, I use it as a studio. I still live at The Paddock, that old Jacobean house up the hill.'

'I won't be living anywhere soon...'

'I'm so sorry.' She dropped her stick again. 'I... life... my husband died recently, the house rattles—if you ever need boots, rainwear, all in the outhouse, I couldn't face...'

'Please...' He picked up the stick.

'I'm doing it again, putting my foot in it. You are about to be evicted, I know. I'm going to say one more thing to make you cross. How did you end up here, you seem, you'll hate this, well born?'

' "Well-born!"—I don't have time to get philosophical with you.'

There was a shout outside. 'You can't go there!'

A tousle-haired young woman knocked at Alan's door, 'I'm from the *Reading Mercury*, I found a way through the police road blocks. There are more travellers coming.' She pointed to a group scrambling over hedges.

'Well done,' he said, admiring her girl-guide enthusiasm.

A photographer stood at her side.

'Get on the roof if you want to,' Alan said, 'it's a good view from up there.'

Back inside the old lady was staring out of the window. 'He wants to buy my cottage, you see, that's the nub of it.'

'What?'

'It's in the way of David Wilcox's plans for his country sports centre.'

'So?'

'I refused, last month, well before the parish council meeting...' Tears dripped down her cheeks.

He handed her a box of tissues.

'I thought if I voted against you,' she covered her eyes. 'I'm a cowardly old woman.' She pulled two spent 12 bore cartridges from her raincoat pocket, 'that he would leave me alone.'

His mobile rang and one of his watchers on the local roads told him the police would be here in half an hour. He stood on the steps. 'Get ready,' he shouted.

He sat next to the old lady. '"Leave you alone?" What do you mean? Who?'

It all came out. For the past two years she had experienced much of David Wilcox's charm, dinners at his house, and a visit to the Theatre Royal, Windsor. He plied her with arguments about how his country pursuits centre would be good for the community, and how 'these gypsies are ruining the fabric of the village, we mustn't cave in to woolly liberal thinking.' There had also been silent phone calls in the night, and a dumper truck of pigs' swill dropped on her front lawn.

The canvas roof dipped as the photographer took up position.

'Be careful,' Alan warned him.

'So I thought we had an agreement,' she continued, 'I would vote against you—he said there had been rumours in the village of someone who had a vendetta against me—and he could put an end to it.' An emerald ring glowed on her middle finger. 'Then he would stop badgering me about selling my cottage. I have never known such things, Alan...'

She forced the cartridges into his hand. 'Last night there were shots in my garden, the cartridges dumped on my front door step. The dogs yelped, I got up and sent the retrievers out. He, they, got away, but...' She held up a piece of paper.

It was noisy outside and Alan went to investigate. People were organising themselves behind vehicles, picking up stones and lengths of wood. Two men were making Molotov cocktails. 'We don't want that!' he screamed at them.

She stood by him. 'I was once caught up in riots in Pakistan. This is kindergarten stuff. This bill,' she thrust it into his hand, 'someone must have dropped it, the dogs frightened them.'

'What is it?' He led her inside.

'It's for petrol from the garage David Wilcox uses for his farm vehicles, one of his men dropped it.'

'You can't be sure.'

'On the back, look, "Just frighten her" in a rather uneducated hand.'

He read it. 'That was silly of them. You must tell the police, it's too late for us.'

'I'm not going anywhere.' She stood by the window. 'I've been dreaming of the land.'

Police sirens wailed in the lane.

'I shall speak to Wilcox, we'll have an Extraordinary Meeting of the parish council, it's not too late—and you could stay in my cottage, fair rent, I don't want to use it any more, your family.'

There were two lines of police and behind them dogs with their handlers. The photographer stood to get a better view.

'They've got the fucking press here!' A policeman had forgotten to turn off his megaphone.

There were ironic jeers. The young journalist stood at the front of the barricade and asked if she could have an interview with the police. They ignored her as policeman and dogs clambered over the barricades. The travellers picked up their weapons.

Alan stood on the steps with a loudhailer. The old lady grabbed it and almost fell off the steps.

'Listen to me.' Even through the static her voice was clear. 'Get the chief constable down here, tell him that Lady Touchard believes an injustice has been committed.'

Noise ceased. The dogs were pulled to attention.

'There must be negotiations,' she went on.

'What the hell are you doing there, madam, Lady Touchit?' a chief inspector asked.

'I see you there, David, come out from under that tree and let's talk. I think a solution may be found. I have something of yours that you may have left outside my house.'

'Madam, this has nothing to do with you. Leave this site at once or be arrested,' the senior policeman said.

'I have no intention of leaving. I'm sure the press will report this matter fairly.'

There was a click as the policeman turned off his megaphone.

'No one do anything.' Alan stared at the group of anarchists. 'Move away from the barricades. No violence. Nothing.'

Beneath the tree, David Wilcox was gesticulating at one of his farm workers. A few minutes later he walked across to the senior policeman.

'Get on with it,' one of the anarchists jeered, holding a Molotov cocktail above his head.

'Put that down now!' Alan raised his fist.

A blast of wind arrived from nowhere. The panting tongues of

66

the police Alsatians flapped in the same direction like flags. Exhaust smoke from the police vehicles spun in the air. Policemen relaxed their grip on their shields but their eyes stared from behind the visors of their riot helmets.

The chief inspector's megaphone crackled: 'This is an unusual situation, Lady Touchard. After talking with Mr Wilcox and with the chief constable I am prepared to allow a discussion to take place between you, Mr Wilcox and Alan Wright, the travellers' leader.'

There were loud cheers.

Lady Touchard stood on the steps of the army lorry with Alan. They scanned the travellers for signs of disorder. The Molotov cocktails were on the ground, the rag fuses taken out. They went inside and arranged three chairs around the small table.

David Wilcox climbed over the barricade and walked towards them.

Stephanie Green

Pentre Ne
Carno, Powys

Don't ask me to explain why
the day-time owl's shaky cry
and the buzzard's falling

                          pee-ioo

make the hairs on the back of my neck
frisson.

                         Listen.

And when the skylark's trill,
pours through a swirling plughole
and the mountains are no longer far away,

when the heron's wings span
the stream as he slowly rows home,
everything falls into place.

And when the pipistrelles' jink and blink
punctures the air and the dusk
is a pool filling up, like my heart,

when across the valley a light
that is *Ty Hwnt yr Afon*,
burns a hole in the night

I stretch out my arms
like Orion across the sky
at all this,   all this.

What else? *Pentre Ne,*
our house in the heavens.
But you are not here.

Upstairs a sleeping child.
I leave a light in the window,
a thin beam against the dark.

Jenny Hamlett

Visiting Mount Grace Priory

The path sweeps down, curve after curve,
ungravelled track
dipping into tight-packed conifers

till all direction is lost.
The gate is a shock of sunlight
inviting us in

to the disused priory
where a monk watches.
More apparition than holy man,

the cowl covering emptiness not face.
Only the herb garden
illuminates his mind.

Comfrey for broken bones,
chevril for blood pressure,
rosemary for headaches, lovage for fever...

We go back
into the black space of the forest
where pine needles blot up light

taking him with us on unmapped tracks—
this ancestor, slipping out of hiding
to chant like spring-water.

St John's wort for insomnia,
lavender for anxiety. Root of the Holy Spirit—
angelica, an antidote to poison.

Samantha Lister

Cyborg

Dull yellow skin shows the absence
of 'normal functioning' reminds me
of the book I bought her at Christmas.
She'd laughed blood at the thousand
Bible thin pages, and gave me roses,
our favourite. She told me to eat the coffee
praline for her. The drip was already in,
and the chemo made her gums hurt
so the crack of hardened chocolate bit l
ike a child discovering its teeth.

Sally Clark

Wound

I began with the spaghetti,
binding it round my fingers
to start a ball, like you'd spun it
on the prongs of your fork
before spearing the silence.

Then lettuce, spliced on
strip by limp strip. The cutlery
I wound on with pliers, rolled up
plates with the heat of my hands,
plaited them in with my watch

facing outwards as it met the ball,
stopped at 10.42. Then words,
yours and mine overlapping,
sticking as I pushed it
round the kitchen floor.

Followed by silence; skeins of it.
Then I leant back on the counter
and saw, the ball was too large
to roll out of the door.

The Last Horse

to walk down the High Street,
not counting the Shetland
who stands in for Santa's reindeer
outside the Co-op Christmas grotto,
or the two blacks under
purple drapes and ostrich feathers,
who were given special permission
to cross the Street at the church end
pulling Mayor Greswold's hearse.
The last horse was caught
on CCTV
the night the travellers were evicted.
A piebald ghost steered
by a bareback rider through
the road block
when the High Street was being pedestrianised.
Spooked at the back lit mannequins
in 'Principle's' window display,
shushed and clicked on past a cement mixer,
hauled to halt so a fag could be relit,
before trotting out of shot leaving

hoof prints setting in the new concrete walkway.

Know Yourself
Huw Lawrence

Small, cluttered, with hairpin-bend stairs and bedroom ceilings that follow the line of the roof, that's my cottage. Things get lost, sometimes forever, though less frequently since my wife left, unless you count her as one of them. Ivy grows outside and moss has gathered in the gutters so that they overflow. I must ask Martin Mooney to clear them. He is busy, but he'll do it. We are 'locals', I am old enough to look back to when field labourers drank cold tea and many a lawyer wore a bowler. I was born in this cottage, and I became a lawyer. I rose, you might say.

Bridges and motorways bring the cities closer and everyone that comes here seems to want a dog. They want to grow vegetables, store apples, wear green wellingtons and walk a dog in someone else's fields—more dogs than you can shake a stick at. There's one that sneaks around behind you to try and nip your ankles. It makes me anxious, having been bitten as a child. 'You must control your dog,' I said to the owner. He apologised, but then said it was something sheepdogs did by instinct, so I pointed with my stick at the year engraved in the stone lintel above my door, 1887. 'Do you think instinct was allowed to prevail back in those days?' I asked him. 'Instinct puts men in jail and dogs where yours will end up if you don't teach it. Make it fear your displeasure. Train it.' I turned and walked off, but the dog followed, crouching. I raised my stick, breaking into something of a sweat. I had to raise my voice to its owner as the creature started barking. 'You may find our magistrates are not so soft. Have a care, sir, or you will learn how soon a fool and his dog may be parted.'

My life is full of such incidents.

Recently I had to use my stick on a snapping terrier. Its owner had hysterics. You'd swear it was a child. When her husband entered my garden to threaten me with violence I was shocked. In our quiet part of Monmouthshire we are not accustomed to intimidation. 'I am sixty-four, you young bully,' I shrilled, almost besides myself, and I drove him off like a gander with one of the sticks my wife used for sweet peas. Then, again, when pleasant new neighbours invited me to call, their spaniel bared its teeth and growled at me, so I said: 'If you want to be welcome, you have to be nice, which includes your damned dog,' and I walked away. I could go on. It would make a long list, I assure you.

People smile, as if at eccentricity. But I am a well-dressed, now retired gentleman of slight build and quiet demeanour and not in the least eccentric. Nothing untoward would ever happen to me if there were no dogs.

I have led a normal, successful life, and though it may sound like a contradiction from someone who practised criminal law, a quiet one, passed entirely in this calm village. My job revealed to me quite soon that no one is perfect. There is something the matter with everyone, the more hidden the more dangerous. That's why Plato's maxim is important: 'Know yourself'. I know very little philosophy, but I do know that much. 'Know yourself'.

Let me give you one more example, the worst one. It involved my wife and I suspect hastened the demise of my marriage. I had agreed to represent someone who'd worked with her, a case of discrimination, and I can tell you I was charging considerably less than my usual fee. Dismissed from her post this woman had made a scene during which an exasperated superior called her 'a lunatic lesbian'. There was little to justify her reinstatement, if truth be known, but handled in the right way that epithet would have swung the case. My wife was grateful and pleasant. Maybe domestic equilibrium is achievable after all, I thought to myself, as we drove to her ex-colleague's for a consultation. But when we rang the doorbell we were greeted by a deep and angry barking.

My would-be client opened the door holding back a snarling Alsatian. 'Just stand still and let her sniff you,' she said. 'It's because you're a man. She's a darling when you get to know her.' I stood stock still while it sniffed my crutch. Then it stepped back, and, crouching as if to spring, it barked and snarled so viciously at me that its owner took it by the collar again. It strained to get at me. Slamming their door behind me I made it to my car on jelly legs. When Margaret, my wife, came through the gate a minute later the dog pushed past her barking and growling at the car. When she opened the passenger door to talk to me it pushed past her again and was trying to get into the car when I drove off, sweating and trembling, leaving my spouse to get home any way she could.

'Providence,' said a colleague, 'A case likes that is a can of worms, man.'

'It was a just case,' I shrugged. 'The question is, can a wife reasonably expect a man to represent someone who attacks him with a lethal weapon?'

'Dear fellow, certainly not,' my colleague chuckled, as if at a domestic tiff, as if at something I was using as an excuse, clearly not appreciating my serious point about the animal.

'They've lost their case,' my wife accused, angrily. 'They can't pay their costs and they're going to lose their house. I hope you're satisfied.'

'Their dog lost their case,' I replied. 'I would have won it.'

Later, she informed me that they'd had to put the dog down because no landlord would rent to them. They had been made that desperate, she accused. 'It was like the child they can't have,' she blamed, adding her favourite phrase, 'I hope you're satisfied.'

I affected surprise: 'You mean they could find no home for the poor 'child'?'

Since my fear of dogs was something I never discussed, nothing was fully understood, of course, and I must have appeared remorseless. But how could I tell *her* of all people about the heart pounding and sweating nausea that the mere memory of that incident brings on? And, anyway, what is hidden is never an excuse. I recall a youth, guilty of a stabbing. He was barely five feet tall and scarcely more than a child in weight. But any connection between his behaviour and physique in the kind of community to which he had the misfortune to belong could gain him no allowances, nor did he expect any. There can never be such allowances. It is up to us to know and control ourselves.

At the same time, nonetheless, if there is law to keep us safe from each other, I cannot see why it is so rarely applied to those with dogs when it is so readily applied to those with knives.

Margaret believes that it is not law but empathy, our humanity, that controls behaviour, that it is love not fear. She also lets me know that my own lack of it deprives me of all appreciation of what she calls the 'sublime'. Shortly before our parting I called her to account for failing to sustain this position with rational answers to rational questions, and she shouted at me: 'You're not in court now, you fool. You are in my kitchen.'

'Indeed?' I raised an eyebrow.

What a flood of adjectives that raised eyebrow produced, as does any reminder that we live in the house where I was born. I am told that I am 'possessive', 'insensitive', 'inaccessible', 'non-inclusive' and 'divisive'.

I have no idea why I report this in the present tense when she has, of course, gone.

Naturally, I have thought about her accusations.

In my view, empathy brings the advantages that come from being able to sense and control your own effect, but brings also the disadvantage of over-sympathising in a hostile world, making you soft. Margaret sees it only as a virtue, believing the world to be divided into those with lots of it and those with little, and she equates this with 'good' and 'bad.' Nothing in life has led me to believe things are so simple, not to mention the fact that Margaret herself seems rather short of the very quality in which she so rejoices, as witnessed by her failure to relate to our fellow villagers. Such thoughts as these eventually brought me to see that my domestic conflicts were insoluble and that a diplomatic silence was the best compromise.

Silence, alas, does not work with dogs. They do not require you to speak. Silence does not make your feelings invisible to them. The damned creatures are telepathic.

We protect ourselves as best we can.

'Know yourself'.

I enjoy a joke, sometimes, when taking a drink with my cronies in the town. I say a man should be allowed to shoot dogs on sight. I am sometimes prepared to extend it to burglars, to youths on loud motorcycles, maybe even to everyone under thirty, just to be on the safe side. They would be obliged to identify themselves with armbands till they were thirty-one. That would calm down our town centres on Saturday nights, I say. Extreme humour always gets a laugh.

'Know yourself'.

When it became apparent that my wife after thirty-six years of marriage wasn't coming back, I eventually admitted that I liked it better that way. At first, however, the house seemed so empty that, when innocently offered one, I actually considered accepting a puppy. It would grow in my image, I reasoned, and ownership would be a way of facing my fear of other dogs. A moment's reflection despatched the idea as absurd and obnoxious, yet to have thought it at all, even for an instant, touched some chord to which I found myself reacting with vehemence. What made dogs presume to behave as if they were part of the human world? Mrs Mooney's cat had no such effrontery. Figaro spent as much time in my house as hers. When I talked to him, he purred, but he lived his own life without need of people. Why should dogs presume such demanding and dependent fellowship, and what made them go in so much for brinkmanship, almost as if they were human? Was it because they were pack animals used to social controls, which like humans they felt obliged to challenge? Looking at the unassuming, independent Figaro, I decided that solitude was a small price to pay for peace.

How am I perceived in retirement, I ask myself? As a detached sort of fellow, I suppose, thin, well dressed, rather cheerless, walking alone with a stick but no limp. I have a reputation for grumpy kindness, and, freed of an unapproachable wife with an accent as distant as herself, I find myself more closely involved with my neighbours.

Sian Mooney has no driving licence. Since her husband died she has relied on our infrequent bus service. So when her son, Martin, was in hospital I would drive her there and wait for her. She is what you'd call 'ordinary', but practical and confident. Her hair is dyed the same auburn it always was, so she looks younger than me, but we are almost exactly the same age. Unlike my wife, she was beautiful when young, as not many living in this village today can remember. Never much of a one for the ladies, I was shy in that way. One admired her from afar, as they say. Not many neighbours our age can say they have known each other all their lives, since people are always moving these days. After Martin recovered, I told her that my vehicle and I remained at her disposal.

Towards the end of my career I took on fewer cases, keeping more time for myself, spending quite a bit of it on village affairs. We never had children and since my wife departed I spend willingly on emergencies. The memorial hall is more of a plague than the church roof. What they'll do when I'm dead, I can't imagine. I may fund a village trust. These days I am often brought home-cooked delicacies and people who take foreign holidays sometimes bring me small gifts. I consider myself lucky, although, of course, such neighbourliness is a shadow of what it once was. I remember days when if I gave someone some brook trout, well, a few weeks later my mother might get a hare or a bag of apples. Those were slower and better days. These days, although the village has grown to twice its original size, there don't seem to be enough relatives anymore to take care of the old.

Sian Mooney works as a volunteer for Age Concern, assisting those no longer fully mobile and alone in their homes. To relieve her of her dependency on public transport, I made my vehicle and myself useful to her, but ended up by simply taking over one of her visits to someone in the next village. I soon found myself being asked by the organisation if I would visit someone else in that vicinity, in short, if I would join them.

How it happened, I don't know, because I had told everyone in Age Concern that I did not wish to visit any dog owners. Let them put their faith in their preferred species; let dog owning be unlucky, for once, I thought. Yet when Raymond Prosser opened his door to me, what did I find? And then what did I do? Did I turn on my heel and walk away? No, I couldn't find it in my heart. Of course, I couldn't have entered the house had the creature not been as docile as it was. After a single tail-wag of greeting it lay in its place like a piece of taxidermy quite unmoved by my nervousness.

'What is it?' I asked Prosser.

'A lurcher.'

'Surely it's too big.'

'A deerhound cross,' he replied, without much interest. 'Not that I've ever been much of a dog man. He's only ten months, as a matter of fact. Not grown into his feet, as they say. My social worker put the idea in my head. Bad idea, of course, as things turned out. But, I must admit, he is company.'

'Why a bad idea?' I asked.

'They didn't tell you?'

I shook my head.

'Well, between you and me . . .' He looked at me, sharply, 'I mean, in confidence?'

I nodded.

'I haven't got very long. About a year, they think.'

Imagining his situation, I felt shocked and dismayed. 'I'm truly sorry, Mr Prosser,' I said. 'I don't know what to say.'

'What is there to say? Nothing. It's coming to everyone. Change the subject.'

'Well, then, let me say I have never heard of such a lurcher as this, but that I'm pleased he's a quiet creature and hope he remains so, since I have to tell you I have always been nervous of dogs. In fact, I asked them not to send me to where there were dogs.'

'Never was a dog lover myself. I felt like you about them. But this one's very quiet, I assure you. The deerhound is Abyssinian, I'm told, accounting for the size.'

True to what he said, Ray showed little interest in talking further about his dog. He was a retired horticulturist, and before that a policeman with twenty years of service, rank of sergeant. So we shared an interest in criminal law, as well as in my garden, no longer a flower garden since my wife's departure. It is important to find common interests in this new occupation of mine. Prosser was a serious man devoid of foolish small talk and with a policeman's logical bent. He would smile at my occasional rhetorical excess. I carried out his various gardening proposals, benefiting not only from the physical exercise but also from the satisfaction of taking the garden back closer to what it was under my father's care, in those days when people relied on what they could grow, when everyone went to church and the school was open and the village and the universe were the same thing. The garden became quite an interest, both for myself and for Prosser.

He was a considerate man, always respecting my aversion to dogs. 'Luther,' he'd say, sharply, 'move out of Alfred's way, damn you,' and the dog would obey without any trace of vengeful reluctance. Prosser's attitude to it was not the usual sloppy one. One day, I brought up the matter.

'I notice you don't put much conversation in the way of the beast, Ray,' I said.

'Well, it can't say anything back, can it?'

My heart warmed to him.

Eventually he expressed a wish to see my garden for himself.

Neither he nor Luther was small, but they somehow got in my car and we drove the few miles to my house, where we found Mrs Mooney doing some tidying in my kitchen. By this time she and I walked in and out of each other's houses, our back doors left open. She greeted old Prosser with pleasure and the three of us went into the garden. It was autumn and the leaves were falling.

'Tut, Alf, you need to sweep 'em up and burn them,' said Mrs Mooney.

'We're all going to fall some day,' said old Prosser, unexpectedly, though he seemed perky and full of interest in the garden.

Luther had wandered off into a nearby field with a copse.

'He'll be all right,' assured Prosser. 'He always comes to a whistle.' He gave a whistle, though he didn't have much breath for it. The dog stopped, listening. 'You call him,' he proposed.

'Not I,' I said.

Mrs Mooney pursed her lips but didn't produce enough sound to raise a mouse's ear.

With that Luther streaked off as if on a racetrack. We lost sight of him.

Prosser tried to whistle but couldn't produce any volume.

'Call him, Alf,' he begged. 'Please.'

I put my fingers in my mouth and emitted the proud whistle I'd practised in this garden over fifty years earlier. Very shortly, Luther appeared, but stopped, reluctant to come.

'Whistle again,' said Prosser.

I did, and this time Luther came in across the field at a loping canter, carrying something. He came through my gate and sat down by old Prosser, a rabbit in his mouth.

'You take it from him, Alf,' said Prosser. 'Give it to Alf, Luther.'

Luther did, and I took it.

'Goodness. Well, I never,' I said. 'Good boy.' I patted his head.

Mrs Mooney took the rabbit from me. 'Easier done while it's still warm. You two carry on.'

Prosser moved slowly and breathlessly around the garden, grunting approval of my efforts and making new suggestions. It was a mutual achievement. 'Nice to feel one can still be of use,' he smiled. Then, his smile fading, he pointed at the chairs on the patio near the open kitchen door, where my wife liked to drink her different brands of coffee. 'There's something I wanted to bring up with you.'

We sat, and there was a pause.

'You're very like I used to be,' he said, eventually. 'I mean with dogs. I never could be doing with them, not one bit. Then, funny thing, you know, you find they actually have a lot to offer. I wouldn't be without Luther by this time. Now, he is pretty used to you, Alf. He likes you. And, well, what I'm saying is, he is going to be around after I'm gone. You can see what I'm driving at. You're far from short, I know, but I would still insist on making sure you're never out of pocket because upkeep. I'll make good provision.'

It dawned on me that Ray was offering me his dog.

I was flabbergasted.

I couldn't actually believe he thought I'd be suitable.

'There just isn't anyone I can ask, Alf,' he said, as if reading my thoughts.

I felt disturbed and uncomfortable, and it showed. My ability to disguise my feelings had deserted me. I was truly perplexed. What do you do when a friend brings up his imminent death with a request beyond conception? All right, I had conceived of owning a dog, once, for about a microsecond, but Ray couldn't know that.

81

With no idea how to respond, I stared at the garden.

My silence dragged on.

Sian came out of the house drying her hands on a tea towel. She said briskly: 'Well, it's skinned and cleaned and jointed and it's soaking in salt water for whatever you want to do with it, Alf.'

'That was quick, Sian,' said Ray.

She hung the tea towel over her aproned shoulder, flattened her palms against her thighs, and smiled. 'I like having something to do. Takes a body out of herself. Like looking after a dog does. Alf, I'd be more than willing to help, and I'm just across the road. He'd just be another Figoro, either over here or over there.'

'You're a nice lady, Sian,' said Ray. 'You are lucky to have her so near.'

'I know,' I said.

'Alf is a very nice gentleman, and very obliging, Ray, only he's always been funny with dogs since he got bit when he was little,' said Sian.

'I know,' said Ray.

How could they know? A voice inside told me that these people didn't know me, not the 'me' that the law courts knew and certainly not the 'me' that only I knew.

But, I reflected, that did not apply to Luther.

Dogs make their minds up straight off. They can just tell. Luther, I suspected, actually did like me.

So maybe I didn't know myself as well as I'd thought, after all.

'That rabbit would make a nice casserole,' Sian suggested.

'Alf here's got more vegetables than he knows what to do with,' said Ray, 'sacks of spuds, clamps of carrots, strings of onions.'

'I'll cook it,' Sian offered.

'It'll be far too much for me,' I said, 'I'll need help eating it. Besides, it's not my rabbit.'

'It's you Luther gave it to,' Sian said, with a grin. 'Alf, you're good with him, and he listens to you, and Figaro doesn't seem to mind him a bit. We'll all get on very well, like one big family.'

Ray was looking hopeful again. 'Believe me, Alf, he is good company. You won't have to walk him, either, if you don't want, not when he's used to it round here, what with so much woodland. You can just let him out. I'd like to be able to feel he's going to be all right, Alf.'

I looked dubiously at Luther who met my eyes and cocked his head.

'You'll never be short of rabbits,' Sian said. 'Maybe we should wait till we've eaten that casserole, eh, Ray? That might decide him.'

'You'll never have to worry about criminals, either,' Ray said. 'A dog this size is better than the law on your side.'

Sharon Black

Insomniac

She writes when dreams won't come,
when the house is crouched in darkness
and her husband's eyes
are a folded prayer book.

Only the clock, slugging restless seconds
round on the wheel of its back
with the strength of Sisyphus,
rucks the silence.

The moon is a sickle
in the jewelled field of the sky,
lights turn on and off
in the tiny blackness of the window.

She traces her fingers across the weeping pane,
traces her thoughts across the page,
and looks forward to
the longer nights of winter.

Epilogue

I will open all the doors and windows wide
when you leave me today.
I will listen as your parting thrum
fills the drive.

The clock will fall silent, raise
its hands in quiet surrender.
The dishes will hang motionless
among the suds.

Even the permadust
in sly slats of sunshine
will drop through the floorboards
to land on glassy-eyed mice.

Then I will stand a while, just stand,
as we flee this house, ghosts,
to the meadow beyond my window,

picking out places where spiders
weave shy circles among the cool bones
of hollowed mulberry trees,
waiting for flies.

Margaret Eddershaw

Pompeii Potter

August hotter than usual
flies, haze
even cicadas weary.
Then reek of sulphur
a few tremors
umbrella cloud at the peak
flames in the night.

But many orders to fill.
Early morning
ash drifts
onto spinning clay
like snow
like old skin
like long sighs.

A stronger quake shivers walls
throws pots from a shelf.
Large rim to hand-smooth
storage jar for firing.

Sudden ricochets on the roof
screams
running
burning pumice bounces down the street
furnace-like heat—

He squats on
among his wares
hands clenched to face
flesh atomised in Vesuvius' kiln
bodily space entombed in tufa
last thoughts
dust.

Korina Karampela

Miss Minotaur

This is not a myth,
this is an ordinary story of an ordinary female minotaur,
somewhere in Crete,
who fell in love with a strong, healthy, bright red Scorpio.
Her mother was adamant;
marriages outside the cast are strictly forbidden.
Although scientists believed that mating of different species
would result in stronger and better genus.

The parents left nothing to luck.
A *comme-il-faut* potential husband was found through internet.
His shoulders were wide, his horns were sharp.
He was somewhat old but heir of a big fortune.
He had been living in London for years
but came back to find a suitable bride.
A true gentleman, they said. *You will have a good life with him.*

Our young lady—with body like Aphrodite
and wet eyes full of pity—
spent every evening at her balcony waiting.
Her tears gave life to a gigantic weeping mulberry tree
that her Scorpio climbed like a modern Romeo
a few hours before the wedding.
There is no other way, he said. *If you love me, you have to trust me.*
Then, he held her tight and kissed her in the heart.

Martin Willttts, Jr.

Ram's Head, White Hollyhock-Hills

Based on the painting, *Ram's Head, White Hollyhock-Hills,*

Georgia O'Keeffe, 1935

The road trip is from vastness into the stark whiteness
littered with skulls of the forgotten.
This is not a postcard to send home.
This is the harsh reality and the acceptance of what is.

This is where deserts lie to your eyes
and things never are what they appear.
This is the 'faraway' where we do not belong
and anything can disappear.

Light is a mirage of a ran's skull
This is what we think we see; not what is real.
It is perpetual as hollyhock.
This is the journey of extremes.

The Magic of Stories
Lindsay Stanberry-Flynn

Cassie placed thick pads of toilet paper on the seat and perched.
The high walls and floor were tiled in green. It gave the feeling of
drifting at the bottom of the sea. She narrowed her eyes and the
veined patterns on the tiles merged and criss-crossed. Seaweed
floated by. Between rocks, a mermaid flicked a tail, rich with texture
like embroidered silk. Someone came out of the next-door cubicle
and began washing their hands. Cassie leaned forward, trying to
avoid the thin stream of urine being too audible.

Ed called her neurotic. But he left the bathroom door wide open
when he was in there and didn't care who heard. He called her
neurotic a lot. Sometimes he shouted it, pronouncing each syllable
with elaborate care. Cassie imagined an alternative spelling: Nurotik.
It made it sound like the name of some Scandinavian toy, or a type
of alien. She stood up and straightened her clothes. Outside the
cubicle, the other person coughed. Still there then. Probably adding
more lipstick, or running fingers through her hair. Cassie moved her
hand in front of the non-touch flush. Water cascaded round the
bowl.

The public loos at the end of Park Street had just been
refurbished. The mayor cut the ribbon last month and the local
paper said they'd won some award. Cassie had taken to going in
each evening after she got off the bus and before she walked the
few minutes to the flat. Ed was usually at home now he was
working on his novel and it gave her a chance to arrange her face
into its 'getting home and saying hello to Ed' expression. The
transformation from financial analyst to best-selling author was one
Ed said would take six months.

Cassie opened the door. She took in the rear view of the
woman—shoulder-length hair the colour of conkers, short red
collarless jacket—and her reflection in the mirror above the basin—
high forehead, pointed nose, sallow skin—in the same swift glance.
Their eyes met. The woman's were twilight black, ringed with
eyeliner. Cassie gave a slight smile. The woman didn't smile back.
She picked up her bag from beside the wash basin and made for the
door. Cassie reached out to turn on the tap. There, on the tiled
surface just below the tap, it sat. A ring. A simple gold band. Cassie

snatched it up and rushed outside. The woman must have forgotten it. She looked up and down the street, searching for a flash of red. Blacks, browns, greys, yellow—no one was wearing a red jacket. The woman had disappeared.

Cassie finished telling Ed her story as they ate pizza. The ring lay on the table between them. It was thin, almost like a curtain ring, its gold worn.

'What on earth were you thinking when you took it?' Ed asked.

'I wanted to keep it safe. It reminds me of the one my Gran wore,' she said.

'It doesn't look as if it's worth much.' He pushed another slice of pizza into his mouth.

Cassie could see bits of cheese and tomato on his tongue. 'They had thin wedding rings in the war,' she said. 'It was difficult to get the gold.'

Ed's lip curled, the way it did when he was about to disagree with her.

'That's what Gran told me anyway,' she said quickly. 'She said Grandad produced this box with blue velvet lining and when she opened it, he went down on one knee and proposed.'

Ed let out a loud laugh. 'Old-fashioned slush.'

The cheese stuck to the roof of Cassie's mouth. 'I think it's romantic.'

'That's why this novel-writing game is such a doddle. It ticks all the female boxes.' Ed wiped the back of his hand across his mouth and took a gulp of the cheap Rioja Cassie had bought. He pulled a face.

She didn't say anything. He must know how hard it was to manage just on her salary. Even with an MA, the manager of a bookshop didn't earn a fortune. She stared at the gold band, cast adrift between the tomato ketchup and the bowl of grated parmesan. She needed to retrieve it and tuck it away safely until tomorrow, but she didn't want to draw Ed's attention to it again.

'Did you write much today?' she asked. At first, there was a wad of typescript next to the computer when she came back from work. Three months into the six and more often than not he was watching television, a bottle of lager in his hand.

'I brainstormed Felicity.'

'Is she a new character?'

He leant forward, his elbows on the table. His fingertips were pressed together. She remembered the childhood game—*here's the church and here's the steeple*... 'I think she's going to be the fly in the ointment,' he said. 'You know, younger sister, old girlfriend back from abroad or something—the one that stops the happy couple getting together.'

'You mean the antagonist?'

'Whatever. You want to watch the box?'

Cassie stepped from foot to foot trying to ease the ache in her ankles. The doorway across the road from the ladies had seemed sheltered when she first took up her position, but now the wind was biting into her cheeks. She promised herself she'd only wait another ten minutes. Surely the woman would come back. She must have been heart-broken when she realised she'd lost the ring. Cassie imagined her revisiting everywhere she'd been.

She dug into her pocket and rolled the small circle between her thumb and forefinger. In her mind, there was a room in a run-down hotel, perhaps just across from Baker Street Tube, somewhere nice and easy to get to. Greying net curtains let stippled light fall across the linoed floor and climb on to the high bed. A man—Cassie settled on Harry as his name—is pacing the floor. His black boots, polished to a glare, creak with each step. He has taken off his jacket and it hangs from the back of a chair. A soldier's peaked cap lies on the embroidered cloth covering the small bedside table. Its red band and shiny badge make it look important.

At last, footsteps sound on the stairs—light tripping steps—and Harry turns, straightens his shoulders, his gaze fixed on the doorknob, slowly turning. She's wearing a smart charcoal two-piece, and a grey hat with a cream feather perches on top of her auburn hair.

Harry crosses the room in two strides and takes Emily's face— for that was her name, Cassie decided—in his hands. He leans into her neck and smells the sweet scent of violets. Her breath fans his cheek.

'I was afraid you wouldn't make it.'

'There was a bomb scare,' she says, her London accent clipped and hard to his northern ears. 'I had to walk from Piccadilly.'

'Poor love.' He studies her face, cheeks flushed under a down of powder, lips painted a brilliant red. 'I've only got an hour.'

A shadow of pain darkens her green eyes. 'So short?'

He steps back, as if he can distance himself from the effect of his news. 'The unit leaves at six.'

She smiles suddenly, and her face is filled with a radiance that makes Harry's penis push against the heavy twill of his trousers. 'Best not waste time, then.'

His eyes catch the gold on her finger. 'You got the ring?'

'I didn't want to risk another roasting from the battleaxe downstairs.'

He takes her hand. 'Let me look.' His thumb strokes the thin band.

'It's only a cheap thing,' she says.

He touches the ring lightly with his lips.

'Well now we're wed, don't you think it's time you carried me over the threshold?' Her eyes flick to the pink candlewick bedspread.

Harry's arms dangle at his sides like a naughty schoolboy's. 'I feel that bad. When I get back next time, I promise we'll get married for real.'

She laughs. 'Come here, you big softie. I've an ache that needs seeing to. It won't—'

There! Crossing the road. A flash of red. It had gone behind that taxi. The lights changed and the traffic moved on. The taxi eased forward, but there was no one in red. Cassie dashed across the road and into the ladies. A woman was standing in front of the mirror. She was wearing a red jacket but it was three-quarter length, almost down to her knees. She was combing her hair: it was long and blonde.

'Excuse me,' Cassie began. Perhaps she'd been to the hairdresser since yesterday; perhaps she'd had it dyed. 'Did you leave…'

The woman looked round. Her eyes were blue, her nose small and pert.

'I'm sorry,' Cassie said. 'I thought you were… someone else.'

Ed was at the computer when she got in. He looked round with a smile and blew her a kiss. 'Give me five,' he said, turning back to the screen. His glasses were pushed on the top of his head and his hair was standing on end where he'd raked his fingers through it. She studied his back for a moment. The blue-checked shirt she'd given him for Christmas was straining across his shoulders; he'd put on weight since he gave up work.

Cassie went into the kitchen and put the kettle on. She took two mugs from the shelf and opened a packet of biscuits. She stared into the steam as it rose from the kettle and watched it smear the cupboard door above with tiny beads of condensation. Images of the woman in the red coat swirled in the steam. Red coats were evocative: Father Christmas, Red Riding Hood, the circus ringmaster, the huntsman. Story-book figures danced across Cassie's mind, like dolls pinned to a washing line. She pulled a biscuit from the packet. Dark chocolate coated one side, just the sort Ed liked. Her tongue moved across the chocolate. The woman's eyes were dark, black and depthless as they met Cassie's in the mirror.

Cassie carried the mugs into the lounge. Ed was lying back in the chair, hands behind his head, feet resting on the coffee table. 'Dead on cue,' he said. 'Just finished a chapter.'

Cassie sat down on the table. She rested her arm on Ed's leg and her fingers stroked the patch of skin between his sock and trousers. 'You look as if you've made progress today.'

Ed removed his hands from behind his head and rubbed them together. 'You bet! I've downloaded some fantastic software. Plot, character, setting—it practically writes the novel for you.'

'Isn't that cheating?' Cassie thought of the books she handled all day long: the soft smooth covers of paperbacks, self-important hardbacks. Inside each one: the magic of stories. The line of dark hairs above Ed's sock pricked the soft skin of her wrist. She took her hand from his leg. 'Writers spend hours wrestling with their prose, rewriting, revising. You can't just get it from a piece of software.'

'This is writing for the twenty-first century, my love.' Ed sucked in the last of his coffee. 'Why don't I run you a bath, and I'll cook tonight? I'm feeling all fired up.'

Cassie shifted to the edge of the bed. She listened to Ed's breathing, a high whistling sound. The sourness of beer filled her nostrils. She fumbled under the pillow, searching for the ring. It had been a mistake to tell Ed about going back to the Park Street toilets: he was bound to make fun of her. But her mind was so full of it that there didn't seem much else to talk about when he asked her about her day, and he seemed genuinely interested in her story, just like he used to be.

A diffuse glow shone through the bedroom curtains from a streetlight. She could make out her white shirt hanging from the wardrobe door, ready for tomorrow, the curved outline of the mirror, the silver glint of its stand. Her gaze shifted to her suitcase on top of the wardrobe. Her father had bought it when she went to university and it was too big. She hadn't used it since she brought her stuff to Ed's nearly a year ago.

In her mind, she saw a different room. A wooden clotheshorse draped with nappies stands in front of a gas fire. A naked bulb hangs from the ceiling, flypaper dangling from the flex. The bulb sends out a dismal light, which doesn't reach the corners of the room. A woman leans over a cot, stroking the cheek of the baby who is restless tonight. The baby—whose name is Julian—feels hot, as if he has a temperature. Emily—yes, the woman is Emily, even though with her lank hair and dark circles under her eyes, she looks very different from before—reaches into the cot and lifts the baby into her arms. His hair is damp with perspiration. Emily croons *rock-a-bye baby* into his ear and rests his head against her shoulder. She paces up and down the small room, until the baby grows heavy and she places him in the cot. She listens for footsteps on the stairs, even though the pub won't shut for another two hours. Two hours of peace until Bob gets back.

She moves to a chest and pulls open the middle drawer. Her hands feel under Julian's vests and romper suits, her fingers lingering over the soft wool. Lifting an envelope from the bottom of the drawer, she goes to sit next to the fire. The clotheshorse is hiding the heat and she pushes it to one side. She opens the envelope and its contents fall into her lap. She picks up the gold-coloured ring and holds it to her lips. Tears sting the back of her throat. She was so dismissive because of its cheapness. She can still see the forlorn look on Harry's face. With her forefinger, she traces the outline of his features on the small photograph, his serious eyes, mouth set firm. Sometimes she sees the same determination in Julian's features. She turns the photo over: *To my darling Emily. With all my love always* in copperplate writing, neat like everything Harry did. Apart from getting killed. That wasn't very neat, was it? A week after the letter from Harry's friend arrived, she met Bob. He's been a lifeline.

Ed was up next morning before Cassie left for work.

'Why the early start?' she asked as she kissed him goodbye.

'I tell you I'm buzzing. Three thousand words today and by the end of the week I can send some of it to that agent I chatted up at the book fair.'

'Won't you need to do some cutting and rewriting?'

'Nope.' Ed rubbed his hands together so hard, Cassie half expected a spark to ignite between his palms. 'Genius at the first hit.'

Cassie waited in the doorway across from the ladies. Every time she told herself to leave, her feet seemed to root themselves to the spot. Ed was right: she *was* neurotic. This had to be the last time. If she caught the 56 instead of the 32, it would take her a different route. She needn't ever come near the Park Street toilets again.

What was that? Cassie glimpsed someone disappearing into the ladies. She was wearing a blue jacket, but there was something familiar about her. Her hair... yes... it had that same burnished look and swung on her shoulders as she walked. Cassie darted between the cars to the other side of the road.

The washroom was empty, but from inside one of the cubicles, came the sound of water flushing. Cassie started washing her hands. It would look a bit strange if she was staring at the cubicle door when it opened. She heard a click as the catch was pulled back. She focused on the water trickling through her fingers.

At last Cassie glanced sideways at the woman's reflection. She looked younger than before—more a girl than a woman—but definitely the same hair, long nose, sallow complexion. Their eyes met in the mirror. Yes, the same jet-coloured eyes. Cassie reached into her bag and pulled back a zip. She felt inside the little pocket.

The girl dried her hands and took a brush from her bag. She ran it through her hair, shaking it back from her shoulders.

Cassie held out the ring. 'The other day...' she began. The girl seemed not to hear. She dropped the brush in her bag, and with a final glance in the mirror, turned away. Cassie caught her arm. The girl looked back, startled.

'Please don't go,' Cassie said. 'The other day... when you were here... I found this.' The girl's eyes went to the ring. 'After you'd gone, I saw it on the washbasin and I rushed after you, but...'

The girl's face lit up. 'Thank you so much.' She took the ring and they both examined it lying in her palm. Then the girl bunched her fist round it. 'You don't know how relieved I am.'

'I've been looking out for you.'

'That's so kind.'

'I thought it might be important.'

'It was my mum's.' The girl pressed her hand to her mouth. Her eyes glimmered with wet. She slipped the ring on to the little finger of her right hand. She looked up and seemed surprised to see Cassie standing there. 'Can I buy you a coffee or something?' she said. 'I owe you.'

They sat by the window in the coffee shop. Cassie thought of Ed waiting for her. He'd mock her for hanging round the toilets again. She looked at the way the lights caught the red streaks in the girl's hair, laughter bubbling in her throat. He'd never believe she'd found the girl.

'My dad gave the ring to my mum,' the girl said.

Cassie remembered her Harry and Emily. Perhaps she'd got it wrong: the baby wasn't Julian, but a little girl. But this girl was too young to be Harry and Emily's daughter.

'They got married when they were students and they were too poor to buy a proper ring. They found this one in an antique shop.' The girl licked the froth from the top of the coffee.

Cassie waited.

'The thing is… they always seemed happy. I thought I was lucky—most of my friends' parents are divorced. Then Dad said he'd met someone and he was leaving.'

'Oh no.'

'Mum was devastated.' A line of creamy foam circled the girl's top lip. Her voice was strangely matter-of-fact. 'She took off. Said she was going to South America to forget the past. Then we heard there'd been an accident—some mad taxi driver…' The girl slid the ring up and down her finger, over the knuckle and back. 'Dad and I flew out there. They gave us her possessions. The ring was amongst them.' She looked at Cassie. 'That's why it's so precious.'

The flat was empty when Cassie got home. She made some tea and sat down in front of the computer. A note was propped up on the keyboard: *Gone for booze and a takeaway. Cracking day's writing.* Ed's absence filled the air even more then his presence. She checked her emails. Nothing new. When she first met Ed, there was never time to see friends, and now they'd stopped contacting her.

She leafed through one or two pages of Ed's manuscript. He'd been writing a sex scene and she wanted to laugh at all the humping and grinding. She glanced behind her, checking instinctively that he wasn't standing at her shoulder.

The paper in the middle of the pile was different—creamier and thicker. He must have run out of the cheaper stuff. She slammed down her mug. Tea bounced over the edge and brown liquid spattered the page. Her eyes raced down the lines. It was *her* story: the ladies toilets', the ring, the red jacket. Even the names were the same: Harry, Emily, Julian—the stories she'd made up and stupidly told him. It was all here. She straightened the pages, making sure Ed wouldn't be able to tell they'd been disturbed. She knew what she had to do.

There was a rattle at the door of the flat. He was back.

'Hi,' he called from the hallway.

'Hi.' Cassie jumped up from the computer. She went to stand at the window and stared down at the line of lime trees, bordering the park across the road. They were in full leaf when she first came here. She looked them up in a book at work: *folklore says lime trees are dedicated to the goddess, Venus, perhaps because of their heart-shaped leaves.* When autumn came, she loved watching the changing colours. Now, the trees were bare, their branches arcing against a pewter sky. She was going to miss watching the new leaves appear in the spring.

She turned as Ed came into the lounge. He had plastic carriers in each hand. His face was flushed from the cold air. 'I've bought a bottle of pinot grigio and some beers,' he said. 'And a Chinese. I got the sweet and sour that you like.' He crossed to the kitchen and she followed him and stood in the doorway. She watched him unpack the bags on to the worktop. 'Prawn crackers, egg fried rice, vegetables in black bean sauce—' He glanced over his shoulder. 'That is your favourite, isn't it?'

'You're in a good mood,' she said.

'You bet! I've got this writing lark cracked. How was your day?'

'Busy. It was busy.'

'You were late.' He spooned the rice into a bowl and put it in the microwave. 'Were you lurking round those toilets again?'

She didn't answer. The microwave hummed.

He laughed. 'You'll get arrested one day.'

'Probably,' she said.

He took plates from the cupboard and rooted around in the drawer for cutlery. She stared at the roll of fat bulging over the waistband of his trousers.

'You'll have to tell me some more of your stories over the meal,' Ed said. 'Who did you see in the bog today?'

'I didn't go there.'

He gave a great shout. 'Of course you did. Why else would you be so late?'

98

'I told you. The shop was busy.'

'Don't give me that.' He thrust a plate of food in her hand. 'Here you are. Let's get started. I can't wait to hear the next instalment.'

She sat at the table and sipped her wine. The sight of the food made her feel sick. She pushed at a piece of red pepper with her fork. She imagined Ed's version of the girl's story. The sex he would write for the father's affair. How the mother would blot out her pain with an Argentinean cowboy. 'There won't be another instalment,' she said.

'Why? How come?' He shovelled a forkful of chicken and pineapple into his mouth.

'It's like you said.'

'I know I laughed a bit,' he said. 'But it's a really funny slant you hanging round the ladies.'

'No, you were right.'

'How do you mean?'

'I won't be going there again. It was only a fantasy.'

Ben Parker

Chapter I—Arrival

Dawn on the gulf between Victoria
and Quatsino Sound. In England, noon.
The verge our voyage traces four days north
is densely edged by forests of dark firs
that run unbroken from the mountains' peaks
down to the shifting margin of the sea.
Off to the left the cold Pacific Ocean
slopes to the lip of Russia, without seam
or jut of land to mark its journey west.
    The clear unruffled water of the straight
reflects a cloudless sky. A ghost of haze
resolves in rising sun and clarifies
as we lay anchor in our final port.
Reclined along the half-moon curve of coast
sandy bays the colour of hewn pine
relieve the rocky border of the shore.
Occasional green islands punctuate
the blue that gulls divide, pursuing fish.
On a tree, awaiting prey, an eagle
primed as any weapon for the kill.

from Chapter III—
Concerning Some Wild Animals I Encountered

I

One afternoon a sound like falling trees,
successive sharp explosions from the east,
brought me to a piece of coast where sea's
enclosed with curving land, only released
by a narrow passage far from shore. A swell
beneath the surface opened like a seed
revealing huge and black that curving bell:
a Thrasher whale's fin. And as it freed
itself from ocean, underneath I saw
a giant body glossed like ice and oil:
an Orca's unmistakable black and white.
For half an hour they leapt and clashed before
at last they found the channel out. The boil
of distant water marked their brutal fight.

II

The engine of the river has been slowed
by lack of rain for weeks. My small canoe,
I'd hollowed from a trunk and neatly carved
with my initials, lingers quietly through
the dried out bush. And then, as if she'd fleshed
herself from sand, a full-grown cougar queen
appears drinking on the bank. Refreshed
she stalks across the beach to where three lean
young male cubs are sat. Their pelts so sleek
they could be spun from amber. I raise my gun
and fire two shots towards the group. A cry
from one who trips but limps away, a streak
of blood behind. The other males run.
She stays. A fatal wound above her eye.

Chapter VI—*Frigorné*

His granite tongue was weathered by the rains
of seven continents and eighty years,
so in his accent now no touch remains
of French Canadian tone: what he refers
to as a 'Universal Passport Voice'.
A native wife, a shop, two suits, both old
and stories of his travels are by choice
the only things he owns. The rest he sold
or gave away. Behind his beard, his lips
collapse towards a smile he turns on those
who come to him soliciting for trade.
Serving the role of conduit, all ships
exchanging goods report to him. He knows
the price of air and soil. How trust is weighed.

Collecting the Songs

Before dawn, creep out and line
in rows the bottles and assorted jars
primed to catch the chorus.
Release them later by heating gently,
suspending the snares over lit candles.

From the tight rim of a wine bottle
comes the pinched cry of a robin.
From the broad gape of a pint glass
the five deep notes of a wood pigeon.

Carole Bromley

Blundell's Cottage

My mother brought me a pear; you can still see
the tree, its knots of blossom sparse
on a stunted trunk. I couldn't eat it but I turned it
in my hand and felt the sun on its downy skin.
When she opened the window—for it was hot—
I could hear the silver whisper of eucalyptus,
the scalded shriek of a cockatoo, king parrots
cursing on the tin roof, could smell the bread
baking in the back yard and wept,
knowing I would never taste it.

One by one the neighbours came. I heard
their voices in the parlour: Isabella from Yarralumla,
Lizzie from the dairy, the Corkhills.
Sit on the old bench in the porch for me.
Look out at the plains dotted with my father's sheep.
But I'm forgetting. There are no sheep now.
Just the lake that came almost up to our door
after they dammed the river.

Slowly, slowly it rose,
flooding the land where the dairy stood,
Briar Farm, Scott's Cottage, the Post Office.
Now all that remains is the house where you sit
in the sunshine watching those lime green cyclists,
hearing my voice in the sweet pipit pipit of a bird.

Poem starting with a line from Anne Stevenson

For weeks the wind had been talking to us
but we weren't listening. At first
it whispered through the leaves but we
only turned the other way. So it howled
all night down the chimney but we
pulled the blankets over our ears
and dreamed of rivers and fishes
and making love in public places.

Finally the wind grew so angry
it blew the roofs off houses,
broke down fences, uprooted oaks,
whipped up the ocean to a frenzy
and battered the harbour walls.
In the morning those left alive
came out and gazed on its works
in amazement. They said it was a god
and bowed down before it like the trees.

The Copper Tank
Jeremy Worman

'There's plenty squats in Stoke Newington, don't worry yourself,' Irish Paul said.

By the late-Seventies it had become difficult to find good squats in Hackney. The council were vandalizing their own properties—smashing up lavatories and sinks, pulling out gas and electricity metres—in order to deter squatters.

I helped Paul carry the water tank into his living room where it joined the other five on the floor.

'Good money in those,' Paul said, 'and there's one for you.'

'Keep them, it's okay.'

I stared at it: coppery tones, about four feet high, bulbous, a foot in width, with the top and bottom compressed into the collar shape of a wine flagon.

'Take it, and more than that I'm off to Stoke Newington now on business, I can shows you a few properties.'

With a spotty gipsy scarf he wiped the sweat from his forehead, shook his bushy dark hair and walked out. I picked up the tank, which was surprisingly light, followed Paul to his battered green Transit, and laid it in the back. We set off.

At the beginning of Stoke Newington the street curved like a country lane. The railings of an old Georgian house sparkled under the sheen of rain. The Elizabethan church was set back snugly from the main road. The tank crashed against the back door of the van, and I slipped over my seat to put my arms round it.

The van jerked to a halt outside The Crown and Paul got out. Behind the plate glass windows, black faces and long-haired white freaks jostled together as Bob Marley beat out from the jukebox. The neon gloss on the roads, buildings and cars projected shadows at strange angles. With a couple of old blankets I made the tank more secure. A few minutes later Paul jumped in, carrying a tightly-wrapped brown parcel. He placed it carefully under the driver's seat.

We parked at the far end of Clissold Park and Paul said that his friends may be able to fix me up with somewhere to live, and take the tank off me for a few quid. I manoeuvred it out of the van.

We stood at the front door of a three-storey Victorian house. The garden was overgrown with high grass and rose bushes. Paul tugged the bell pull.

'What you want?' a short thick-set man said.

'Lisa and Danny in?' Paul asked.

'Don't know.'

A pretty, willowy girl came up behind him.

'Hello, Lisa,' Paul said.

She led us through the house to the kitchen.

'Danny around?' Paul asked.

'He's gone to Archway to pick up a guitar, a Des Paul, or something.'

'This is me mate, copper water tank,' Paul quipped. 'Oh, there you are, Simon.'

It rattled as I lay it on the hallway floor.

In the kitchen the red linoleum was cracked and beneath that the stained floorboards were splintered. Lisa made us mugs of tea. Her nails were bitten down.

Paul gulped his tea, 'Got to crack on.'

'The tank!' I said.

'It'll be fine.'

'Paul...'

He rushed out.

'I'm sorry,' I said.

A single bulb shone on the patina of greasy surfaces. Lisa sipped nettle tea as she glanced at the water tank in the hallway.

'Might get stolen, you never know who's around.' She looked at me for the first time. 'I'll keep it in my room for a few days, it'll be safe there.'

I followed her up two flights of stairs, the water tank clanging on the steps. 'That's Danny's room,' she pointed across the corridor, 'we're lucky to have two, he does a lot of practising.'

I lay it on its side by their, her, mattress on the floor.

'That's very nice,' she said.

Richly patterned carpets had been nailed to the damp walls. There was a large, tatty Iranian rug over the bare boards and a curved-back Victorian couch in the middle of the room, its burgundy velvet fabric torn. She switched on two lamps, closed the window shutters, lit a joss stick and a paraffin heater.

'I'm really getting into art.' She rolled the tank into the middle of the floor, 'I think I'll draw that.'

The tank's yellow-red tinges were enhanced by the lamps. She pressed her hand at one end and I held mine at the other until it was

107

still. With a cloth she buffed up the tank's top. 'Yeah, I can do something with that.'

'Do you...?' She held up a Thai stick.

I nodded.

She rolled a joint, her fingers shaking as she lit it. The rising smoke made shapes, which she punctured with her finger. She blew puffs through the inlet hole and smoke spumed out from the outlet hole in rings. Her palm moved along the length of the ridged copper tank, 'It's a lovely shape, and it's warmed up now. I'm going to apply to art college soon, she said. 'What do you do?'

'I had a poem in a magazine last month.'

We chatted about art and writing.

'Where did you come from, before London?' I asked.

'It's where we're going to that matters.'

'I know some really good people who are setting up a commune near Aberystwyth.'

'You at university?'

'I might drop out.'

The front door banged open.

'Don't look so guilty, Danny won't think we've been doing it.' She held the tank upright and it swayed between us. Multicoloured glass beads glinted round her neck.

'You there?' a growly London voice called up the stairs.

'Sure, Danny.' Her facial muscles were jerky. 'I want to do a lot of sketches of it.'

'I'll drop round next week?'

'Yes.'

Danny and I shared a joke about Irish Paul.

During the next week I found a place to stay with a friend. On the following wet Monday morning I rang the bell of Lisa's house.

'What do you want?' the thick-set man said.

'Lisa in? I've come to collect my copper tank.'

'No.'

'Can you check?'

'No.'

A throaty laugh came from upstairs. 'That's Irish Paul,' I said and sidestepped past the man.

'Be quick with that,' Paul said sharply from inside Lisa's room.

She was stuffing a wad of bank notes into a box.

'Lisa sometimes looks after cash for me,' he said, 'I knows we can trust you.'

108

'Of course.'

She put the shoe box under her bed, and then beneath a floorboard, which had a section cut out of it. She stood up and smiled loosely, her fingers making circles in the air.

'It's only Tuinol,' Paul said to me, 'it calms her when she gets stressed out.'

'What's that?'

'It's a downer, man, where you been.'

'I noticed spots of blood on her arm.'

'I'm not a bloody junkie!' she shouted.

'That's enough, Lisa,' Paul said. 'Go and check outside, will you.' He stared coldly.

'What's this about, Paul?' I asked.

'It's nothin', he flipped into jovial mood, 'but if you must know I trod on the heels of a big-time drug dealer, and I'm getting out, there's a Dublin rock band I'm going to manage, I'm set up now with the stash I made.'

Lisa returned and said that the car that had been outside with a man watching the house had gone.

'Bye,' Paul said.

Lisa hummed a tune from The Moody Blues *Every Good Boy Deserves Favour* and went to make chamomile tea. When she came back she closed the shutters and lit the paraffin heater.

'I'm going to change, you'll see.' She squeezed my hand. 'Look what I've done.'

The tank was in the corner now, lying along the floor, with a sidelight at either end.

'Look inside.'

I peered through a hole.

'Be careful,' she said.

An electric lead was connected to a bulb, which showed up two small clay models, a man and a woman, painted in rainbow stripes and sitting at a small table made out of an egg box. She had managed to write a slogan above the heads of her models, "Make Love Not War".

'I like working in miniature.' She shook the tank but the little people and the table stayed in place.

'It's great,' I said.

'You can make some people to go in there if you want.'

'They could live in there for ever.'

We rested our backs against the tank.

She tapped it. 'It's like a goblet, a canister, a cooking pot, a storeship, a balloon, it can hold all our dreams.' She touched my arm. 'Drugs get me there, and now I know that place, I'm going to stop soon, work hard at my art.' She passed me a joint. 'What does it mean to you?'

'Not sure.' I blew smoke through the inlet hole and covered the figures in fog.

'That's it, man, you're getting the idea!'

'Does Danny like your work?'

'He's into his music, yes, no, don't know…'

For the next few hours we worked together as she rigged up strong lighting, fiddled with her camera, found a film under the bed, and took shots of the models in the tank for her portfolio. As the drugs wore off, her movements became more certain.

'It suits you, having a project,' I said, 'you need a change, that's all.'

I handed her the extension lead and the space between us wasn't any more, our bodies curled round each other and we kissed. We sprang apart, laughing. At the bottom end of the tank she drew a love heart shape with a thick black felt pen, and added an arrow, put two question marks inside the heart, and giggled. We sat on the bed and talked about destiny, Tarot cards and Timothy Leary.

'That's Danny.' She brushed herself down.

I put the two lights back in position on either side of the tank.

'Bye,' I touched her prick-marked arm.

'No,' she said, 'no, it's no problem, I'm stopping. Come and see me again?'

'Yes.'

'Watcha, mate.' The door swung open. 'Come to collect your tank?'

'Lisa is using it for her art.'

'One more week.' He turned away. 'Hello, sweetheart.' They embraced with enthusiasm.

Three days later I stood outside her house again, which looked dark and empty. I could sense Lisa there, doing her art, waiting, with that strange expectant expression.

I pulled hard on the bell pull. And again.

Danny leaned out of the bedroom window. 'What do you want?'

'I came to get the tank, see Lisa.'

He went inside. 'Here's your fucking tank. ' He slammed it through the open window. I huddled by the door as the tank

110

crashed down.

'Lisa's dead.'

'What?'

'Overdose, day after you saw her.'

'I had nothing...'

'She's dead, they're doing a post-mortem.'

'I...'

'Take it. I'm moving out today. Piss off.' The window slammed shut.

Arms, legs and heads fell out of the holes in the tank. I gathered them into my pocket, and walked off with the tank. An overflow pipe was dripping down the brickwork.

I rested the tank against the park railings under a street light. I peeped through the hole and the trunks of the little people's bodies were still there. "Make Love Not War". I banged the tank against the pavement.

Night descended in muddy layers as I walked into Clissold Park. I sat on a bench in sight of the pretty Elizabethan church. Through the bare trees a three-quarter moon tinged the copper yellow. I kicked the tank to the ground, it rolled down the incline of the path and boomed.

I stopped it, smeared mud over the love heart that Lisa had drawn and carried the tank to the back of Clissold House. I placed the inlet hole beneath a tap, which I turned on.

David Ford

Granby Street

I have come down these stairs before—
The creak on the second step,
The wobbly balustrade.
The mirror where men check
Themselves before going up
Or home to their wives.

And outside, the accusing rain.
We turn up the collars of our coats—
A masquerade.
The little heart drawn
Next to her childish name.

Phil Madden

Solstice — Sugar Loaf Mountain

No long fade this year.
No cold reflecting fire.
All is ice, mist and frost.
The sun is hooded.
The ground hard held.
The light hard won.

But still faith in the certainty
of long loves' brutal tenderness

that the world will proclaim again
and the trees' nipples harden in the softening earth.

Parabola
Patrick Riordan

He had a beating. None too severe. A fat lip, bloody nose and a grim warning to 'stay away from Lanyon's missus, or we'll drag you down behind the barn and shoot you like a dog!' My father knew the two men threatening him. 'Itinerant roughnecks, slim-chancers both,' he said. 'Nothing-to-losers.' He'd seen them working on Lanyon's farm and one of them, at least, had his eye on Mary Lanyon.

I saw a picture of her infiltrated somehow into the family album, Mary, before she was a Lanyon, and her sister, taken by a travelling photographer. He'd stepped off the dusty road at Inishpour on his way to Galway city, so legend had it, to beg a glass of water and was captivated by two rural beauties. It showed two busty Victorian girls in white smocks standing outside a whitewashed cottage. Mary was slightly taller and two shades darker than her sister. Mary and her sister, holding hands by their sides, my father couldn't remember the sister's name.

As a parting shot to his roughing-up, the two itinerant thugs made my father recite his six times table and warned him not to gab.

I live with my wife on a hill farm, *Cardew*, to the east and above the village. The name, I found out, refers to a dark fort and signifies misery in conflict. To this day an air of wretchedness lingers over the property like wet rot, and terrible pangs of siege and starvation haunt every moment of our existence. As winter and spring swap shawls, my wife nurses three hundred-odd ewes as part of our tenancy agreement while I'm employed away from the farm, protecting the bleak remnants of an ancient agricultural settlement. Her work is manual, mine leans towards the administrative. In a sense we've exchanged roles, although I'm anxious to point out similarities in what we do and the equality of our contributions to the family pot.

In my settlement's archive there's a sepia postcard showing sheep grazing over the ruins. Its message is one of incongruity. My managers recoil in horror at the potential for desecration to the nation's heritage, but to me it's more personal. I see only a vivid demonstration of our marital contract. The ruins, the sheep and the camera that made the picture, serve as triangulation points in our marriage. Where the photographer stands and shoots is where our lives congress. Lately I've reached the conclusion that my wife and I are back-to-back duellists. We sleep in the same proximity; a cold bedroom in a dark fort, ignoring each other's warmth.

My father never talked about his life. Whenever he felt an unhealthy urge to gab, he began to sing. 'One six six, two sixes twelve, three sixes eighteen, four sixes…' And anyway, he said, what was the point boring on? When I did eventually ask him to flesh out the bones, it was too late. I had the punch-line it seemed, but I missed the telling of the joke.

Stealing from the bed unstraightened, my wife dashes on two of everything before cold air can hit her consciousness. Already she looks unsightly in a combination of his and her underwear. All that shows of the girl I married and dragged along with me on this futile cycle is her sleep-eyes, red nose and bruised white thighs bagged in thick grey thermals. For additional insulation she wraps herself in a shapeless brown dressing-gown and, doubled stiff with cold and cramp, stumbles downstairs to the relative warmth of the kitchen. When I return from my chores outside she's at the scullery sink preparing bottles of feed for her lambs; as if waking hadn't happened.

My father was inscrutable, outcast and aloof. Set that holy trinity against the demands and desires of posterity and one can understand his reluctance to discourse.
    'So who wants to know?' he says.
    'I do.'
    'Then who?' he says.
    'We'll see…' I say. 'No-one I don't suppose. I guess nobody will.'
    'Nobody,' he says distrustfully. 'I've seen vultures before, sitting on the carcass, turning out pockets of the dead and dying.' He was never afraid of giving offence. I wasn't looking to stand him in front of an audience. His sober suit, his tie, his impeccable wavy hair. I'm not an auditor of sentimental trivia, nor am I an historian come to that (although I work in an historic environment and would be expected to have at least a passing acquaintance with consecutive detail.) I was his son. I am his son. The continuation of his line. 'I'm not looking to exploit you.'
    'So who wants to know?' he says again as if I haven't answered.

115

'I do…I do so I can begin to know myself.'

'Oh come on with you now,' he cries in frustration. 'That's intellectual nonsense.'

'Okay, okay…' I plead, but it's hard to stop him now at the top of his voice, so I join in echoing his six-times table until the calculations baffle me.

I work in the public sector tourist industry watching over the slow and unremarkable disintegration of a cluster of ill-defined structures that once constituted a farming community. Quite a mouthful. What it represents now, now that archaeology is the new rock n' roll, is an academic honey-pot. Clever men have identified particular patterns of occupation unique to this location. From my portakabin office, pitched in a car park alongside a toilet block, I fight inappropriate attempts to hasten, or delay, the progress of erosion. From time to time members of the public approach me with commonplace questions. Who? What? Why?

Who lived here?

Why was the place abandoned?

What happened to the people?

I had a dream that the last visitor wanted to stay and say more than his time allowed. I sympathise with him as I hurry him towards the exit. As he passes through the gate I can see it's my father. I chastise him. 'Time *is* in short supply.' I ask him what impelled him to come? To come so late in the day and stay so long.

I persuaded my father to talk about *his* father. I wanted to know how he saw his life's procession in relation my grandfather's. It's my contention that as we evolve we complete our father's circle. At the same time beginning our own circumference. History becomes a loose coil of happenings that appear as a chain of recurring events. With that in mind, he said, that to some extent of late, his life *had* mirrored that of his father. In abstract geometrical figures, however, and this was his contrariness showing, he saw a deep parabolic curve rather than a circle. 'He tossed me away,' he said, marking the trajectory with a slow arc of his head. 'Like an old boot that'd seen better days.'

In some ways his father was a hard man. He was tight with what he had, that I know. They used to say 'he could live for a week off the rind of a rasher of bacon…'

The farm tenancy allowed my grandfather a small dairy herd, a flock of sheep and various poultry while his wife sold general provisions from a road-facing room in their house. He owned a car, one of the first car owners in the parish, later a tractor and he had all the basic mechanical and constructional skills to go with it. He was a useful man to know, if somewhat parsimonious. Money had not come easy. When asked by my father 'are we rich?' my grandfather's reply was 'better off than some, worse than others. We're fortunate to have the two trees in our field.' For many years, my father said, he equated wealth with forests. With the grand country houses he'd heard of set in acres of woodland. He says he cried his heart out one night when, in a fierce thunderstorm, one of the trees was felled by a bolt of lightning. He remembers the house didn't sleep that night. His father pacing the floor, his sisters crying. And the dog going mad in the kitchen.

At 'dusk' I knock back the dregs of my flask and secure the monument buildings. It's advertised that we close at dusk. 'Dusk?' Dusk, means partial darkness. An inexact word which describes, in relative terms, neither one thing nor the other. In my experience dusk means 'when I've had enough'.

And I've had enough for one day. The air is cold and moist. An ancient cart track retraces a stream that, in its course, twists and tumbles through the village. In its progress from source it surfaces and submerges with alarming changes of direction and velocity, forming boggy boundaries between fields then rushing headlong through man-made culverts. Its many moods attract poets, artists and dog walkers to its banks. It doesn't have a name. The stream, the brook, the race, the beck, the bog depending on ones point of view and purpose.

Before I leave the site, I cast a glance over my shoulder and watch the ghosts recalled to their daily tasks: drawing water, chopping wood, tending the fires. A slow mist rises from the water and draws its thin veil across the valley.

Through the village the shops and cafes that claim a seasonal trade are closed for business. Only two pubs, a newsagent and a small franchise supermarket are open. I pick up provisions before going to meet my wife from her pottery class. Usually I walk, but it's a foul night and I don't fancy it. The girl at the cash register watches me stuff my rucksack. Milk, cheese, bread, eggs on top. We exchange thoughts, but she's baffled by my commonplace questions. Who lived here? Why was the place abandoned? What happened to the people? I have a strong suspicion she's waiting to close.

Her pottery class was postponed. Not just postponed, hear this. Wound up five weeks ago through lack of interest.

On one of the few occasions my father talked about his family he gave an impression of my grandfather's strong social conscience. 'Didn't he build the village school with his own bare hands,' he stated proudly. 'He'd help from his brothers, of course, but he cracked the whip. He was a great one for the education.'

I saw a picture of it once. The school. A singular edifice designed, my father assured me, strictly in accordance with the principles of Pythagoras. The crowd of hopeful children, my grandfather and the first appointed teacher giants amongst them, gathered outside the building in front of a blackboard, couldn't disguise its very basic structure (even if the board was covered with advanced mathematical equations.) 'I couldn't tell you now what it stood for,' my father said. 'I never went to school, but when he was off the booze, Mr.Flute, that's him in the photo right there, was the great mathematician. Oh yes, I'll say. He knew his stuff all right.'

Eugene Flute was the educated, exile cousin of Frances Gogarty, who had a smallholding the other side of Lanyon's. 'If you're looking for a teacher he's kicking his heels in Dublin, the wastrel,' she said one afternoon after she'd dropped into the shop for a quarter of tea. 'Like a peat cutter in summer. Sure it'll do no harm to ask. He can only say no.'

My father was seventeen when, with fifty pounds in his pocket, he was despatched to Dublin to solicit the would-be teacher. My grandfather saw it as killing two birds with one stone. The errand, of course, was one dead duck, and saving his philandering son from a sure-fire follow-up beating made the brace. He drove him to the railway station lecturing him non-stop in the ways of the world. 'Be cagey with your words son and thrifty with your money.'

'Don't worry about me Da', but how will I know when I find this fellow?'

In exasperation his father made the analogy, complete with arching head, of the boot tossed into the air: source of my father's lasting impression.

After four days and five pounds squandered in Dublin's bars and lodging houses my father bumped into the dishevelled and somewhat groggy Eugene Flute entering his old haunt. The spark in his black eyes still posed the who, the what and the whyfore even if a dull grey demeanour immediately contradicted him. My father said he looked 'like a boxer up off the canvas too quick and ready to be knocked down again.' Which in many ways he was. When my father challenged him in the pub doorway he claimed he'd taken a wrong turn. 'Call me an old fool, but I thought I was entering the Sacred Heart confessional.'

'I found the church,' says my father. 'It was the first place I looked.'

'Well there's a mistake anyone can make.' says Eugene Flute, the charlatan.

'I've a proposition to make you…an offer of sorts,' says my father unabashed.

'Are you police, or the bailiff. You're young to be from the excise.'

'I don't know what you're jabbering on about, mister. I'm straight from my father with the chance of a lifetime for the right man.'

'Is it insurance policies you're selling? The providentials are known to throw their babes to the wolves.'

'I don't mean to be rude Mr. Flute, but my mother says I'm not to take any waffle from the likes of you.'

'Am'n't I all ears to your offer. But first, be courteous enough to whet my whistle. I've a terrible thirst on me since I missed my way.'

'My father's sent me to find you. From Galway if you want to know. He heard you were an educated man.'

'And what, may I ask, does he do that he has such a fortune to squander.'

'A farmer of Inishpour with sheep, cattle, poultry…'

'And you say he's looking for a fool to educate his beasts to market. Well you'll look no further my bewildered boy. I'm the Socrates of sheep, a Plato to the poultry, a second Euclid to his goats.'

'Euclid?'

'Forget it, I'm teasing. I couldn't think of a gee to go with his goats.'

'But Euclid, yes, he'll like that. My father's built a school. He wants you to teach reading, writing and geometry in the village school.'

'*Geometry by jesus!*'

'And other things. He'll tell you when you get to know him.'

119

'I know already your father's a perverse old sod.'

'He says in reading, writing and geometry you hold keys to most of the doors.'

'And good old fashioned money will force the rest. How does he pay?'

'I've a small sum on me. Will you come and see him?'

'If only I could,' he says sneaking a glance around the room. 'I'm in hock to the miserable fates and the divil himself is hammering on my door. I'm sorry to say I'll have to look this gift horse in the mouth. I've debts to settle before I'm free. If only I could.'

'But Mr.Flute…'

'Let me tell you, the way things are going, the longer I live in Dublin, the shorter I'm going to live.'

In a rush of blood, my fresh-faced father offered to clear all of Flute's debts: to his lodging house landlady; to assorted publicans; but most pressingly of all, the fifteen quid owed to a man with dubious, impatient friends. There was one further stumbling block to overcome. In order to make ends meet, Eugene Flute had been contemplating a job as a courier.

'…more than contemplating,' he said. 'And ah no, not altogether a courier…a fellow I met in a pub, this pub in fact, a man with whom I wouldn't argue the toss, left a small package with me to take over to England on the next mail-boat. In due course, says the man, someone will make contact in Liverpool and collect the transfer in exchange for twenty-five guineas and a ticket home. Ten in advance, which I've all but squandered, fifteen and the ticket on delivery.'

'What's it in the package?' my father asked. 'Cigarettes is it?'

'Well no it's not. It's not cigarettes and I don't think we want to know,' advised Flute. 'Though having said that I always thought it was weapons or some such. Did you know that there's more *guns that killed Michael Collins'* crossed the Irish Sea since 1922 than could fit out the British Army. There's a shocking industry in macabre souvenirs over the water to be sure. But,' he said lowering his voice to a whisper. 'One evening when curiosity had the better of me I picked at a corner where the wrapper was folded…'

'And..? The gun that killed Michael Collins was it?'

'Nah! Sure it was nothing more than a Book of Euclid. All that geometry stuff. Nothing at all that couldn't wait.'

The dog is barking on a rein at the far end of the yard. I let her off and she sniffs a tantalising parabolic trace then bolts into the field. I call her, but she's gone, hell for leather, onto the scent.

The house is stone cold silent. A tomb I enter apprehensively like an archaeological detective exploring the layers of time. Breakfast dishes piled up in the big scullery sink. The desolate ruins of a hurried lunch for two—my wife and the farmhand—on the scrubbed pine table. I pick up a fallen beer bottle and toss it in the bin. In my mind he is a vandal usurping my cultural heritage. He eats my food, he spills my beer, the bedroom door is ajar.

I dump my shopping on the kitchen table and reconsider the bitch's welfare and whereabouts. I can hear frenzied and plaintive bleatings rising from the field. Shouts and barking. At this time of year wayward dogs are shot for sport. It's cold and nearly dark. I put on an old coat, stand at the door and whistle.

At this time of year my wife and the farmhand spend long hours toiling in the fields, or in the barn with the sheep. Feeding, watering, cleaning, drenching, god only knows what else. It's a difficult time of year. We barely see each other. The barn stands in the cold night like a temperature-regulated aquarium, where she bathes with her farmhand. I see her sitting on ornamental rocks brushing her hair like a mermaid while he combs the ricks of composted hay. He has a thing for her that in the past I have disregarded. Lately, however, she has become protective of his feelings, defending him against my cynical attacks. Lately he has grown confident and stocky as a playful pup.

'I'm looking for the dog,' I yell at the entrance to the cavernous barn and seeing the boy is alone. 'My wife come to that.'

'Not here,' he responds abruptly. 'Try the house.'

'Just come from there,' I said turning away not caring if he heard.

My father left home with fifty pounds in his pocket and a flea in each ear. First he'd been warned to stay away from Mary Lanyon, then to balance that up, his father advised him to nurture an interest in the basics; chopping wood, drawing water and tending the fires, or to look elsewhere for a free living. In his quest for Eugene Flute these are the expenses he incurred and scribbled down in a note to his father. (His next letter home was from Liverpool.)

My dear Father,
Located Mr.Flute, a smashing fellow to be sure, thank God. He has all the qualifications. I spent all the money I had and more besides. £2-15s-6d my board. £18-18s-6d Board and lodgings owed by Mr.Flute. £5-10s-3d

Mr.Flute's bar bill (one of many.) £15-15-0d Horses. Total. £42-19s-3d.
Paid in good faith. Eugene found me a little job to tide me over T.G. Dublin is
a grand place to be.
Tell me Mam I'm missing her. I have her photograph by the bed next to a
picture of the Sacred Heart of Jesus.
P.S. By the way, that's the name on the Church I went to in Dublin,
Your loving Son.

He never talked about his reception in Liverpool, or the early days
making his way in a new country. I have a feeling he lost touch with
his family in Inishpour. 'I doubt if they're hanging on a cliff edge
waiting for my letters,' he said. He was never a great writer of letters.
And he never talked. Whenever he felt the urge to gab he began to
sing 'one six six, two sixes twelve, three…' I don't think there's a
multiple of six my father didn't know.

The farmhand followed me from the barn through the gate into the
field. The top field was a long broad ribbon of land on a steep
north-facing slope running from brow to valley bottom. Through
the gate we split. He skirted left, dropping down to the marshes and
stream I followed the broken hedge to the right. Fifty or so metres
along its highest perimeter the field abutted a disused quarry. From
this point I had a clear view of everything. In the distance I could
see the young farmhand. I was chilled by a sense of foreboding as a
cold mist stretched its ghostly fingers towards him from the stream.
He looked up plaintively. I turned away.
    Towards the rim of the quarry the barbed fence drooped. She'd
asked me to fix the downed post days ago. Beyond the fenceline the
grass grew in tussocks and the land steeped away towards a drop.
And that's where she was. My wife. One hand gripping a random
turf, the other clasped to the collar of a mutinous sheep. She was
quite still. She hadn't heard my stealthy approach. From where I was
standing she looked pale and exhausted. Her face smeared with mud
and tears. She didn't have the strength to haul the animal to safety,
or the heart to let her go. Together they faced the same fate. The
ewe seemed to know the odds and didn't struggle, save for an
occasional shiver of life. It would be dark soon. She was tired. Her
eyes closed. I thought I saw her grip falter, then frantically reassert
itself. Sleep was coming. Sleep made me think of all the jobs that
needed doing before bedtime…chopping wood, drawing water,
tending the fire. As I turned for home the farmhand leapt the fence

and pushed me to one side with a ferocious roar. I fell against a rock. From the edge of the cliff he yelled orders back at me. Orders I couldn't comprehend.

'I was coming to find you,' I pleaded, clutching my fat lip, my bloody nose. 'Didn't you hear me whistle, you must've heard me.'

In his rebellious once upon a time my father faced the daunting prospect of inheriting his father's farm. An established flock of sheep, dairy cattle, some poultry. He was not a herdsman. He had no love of the land and the innocent love of Mary Lanyon earned him a beating. In his own words he was tossed away 'like an old boot.' But what goes up will inevitably come down. And while there is a hostile farmstead in my life this is the perfect landing place.

His love of symmetry satisfied.

My circle and his parabolic curve.

Contributors

Sharon Black is originally from Glasgow but now lives in the remote Cévennes mountains of southern France. She runs a holiday retreat offering courses that include creative writing. She recently won the *Envoi* prize and has had several poems published. Sushi, dancing and the music of Dar Williams are among her passions.

Carole Bromley is a teacher from York. She has a pamphlet, *Unscheduled Halt*, from Smith Doorstop (2005), has been widely published in magazines such as *Smiths Knoll*, *The Rialto*, *The North*, *Poetry News*, *Mslexia* etc. and has won a number of competitions, including The Bridport.

Sally Clark has had poems printed in *Magma, Orbis, the 2005 Bridport Competition anthology* and the Templar Collection Competition anthologies: *Solitaire* (2007) and *Buzz* (2008). She is completing an MA in Creative & Critical Writing at the University of Gloucestershire this summer.

Frances Corkey Thompson is Irish and lives in Devon. Her work appears widely in magazines and anthologies, including the Oxford Poets Anthology (pub Carcanet). Her first collection, 'The Long Acre', is a chapbook (pub Happenstance). Her poem 'The Letter' was commended in the 2008 Arvon Poetry.

Patsy Dyer is a professional storyteller and horticultural writer as well as an avid writer of short stories and poetry. Born in Birmingham, 1964, she now lives in Scotland where her inspiration for poetry comes from childhood memories, dramatic landscapes, plants and the folktales of the world.

Margaret Eddershaw – After 25 years as a UK professional actor and university theatre teacher, Margaret took up residence in Greece in 1995, and began writing poetry. Since then she has had over 100 poems published in magazines and anthologies, won a number of competitions and given readings in Athens and London.

David Ford

Stephanie Green is of Irish/English parentage, born in Sussex. Educated at Trinity College, Dublin, Kent and Glasgow University where she obtained an MPhil in Creative Writing (2004). In 2006-7 she received a New Writers' Bursary from the Scottish Arts Council. After thirteen years in Wales, Stephanie moved to Edinburgh in 1999.

Jenny Hamlett is a passionate walker, who loves writing poetry that is embedded in place. She has published two poetry pamphlets and two children's stories, and has an MA in creative writing. Her first full length collection (published by Indigo Dreams) will be coming out shortly.

Deborah Harvey lives in Bristol. Her poems usually seed themselves while she is out walking, being influenced chiefly by the landscape and stories of her native West Country. She is single mother to four interesting offspring and a border collie called Ted, and works in a school for deaf children.

Korina Karampela was born and raised in Greece. Although she has been living in the UK for many years, her strong accent remains. Her writing journey started 5 years ago. Her dream is to write poetry using simple words that even immigrants can understand. Her poem 'Associations' appeared at *Ouroboros Review*.

Miceál Kearney, lives in the West of Ireland. Winner of the Cuisle, Cúirt, Baffle and North Beach Poetry Grand Slams. He was short-listed for the 2007 Cinnamon Press Poetry Collection Award and his debut collection, *Inheritance* was published by Doire Press.

Will Kemp studied at Cambridge and UEA, then travelled throughout Asia and South America before working as an environmental consultant in Holland, Canada and New Zealand. Since becoming runner-up in the Keats-Shelley Prize 2006, he has had over fifty poems published and shortlisted in various national journals and competitions.

Huw Lawrence was born in Llanelli and now lives in Aberystwyth. He studied at Manchester and Cornell and did various jobs before settling down to teach English. He has won several prizes in short story competitions and contributes to literary magazines and anthologies. He is presently working on a novel.

Samantha Lister is currently finishing her MA in Creative and Critical writing at the University of Gloucestershire where she has had poems published in the 2008 anthology Under Surveillance, and in the forthcoming anthology Diamonds in the Gin, she has also been published in Snakeskin.

Phil Madden lives in Abergavenny but travels extensively across Europe as a consultant supporting people with disabilities. His Poster Poems were recently exhibited at a gallery in Brussels. He is working on a book of poems and wood engravings about birds with the award winning engraver, Paul Kershaw.

Jane McLaughlin writes poetry and fiction. Her poetry has been widely published in magazines and anthologies (including Cinnamon Press *In the Telling*). This is her first published story.

Ben Parker was born in 1982 and has had work accepted for publication in a number of magazines including *Iota, Staple* and *Agenda*.

Cassandra Passarelli was previously a baker, charity-manager and sub-editor. She runs a children's library, Caldo de Piedra, in Guatemala with her family. She's travelled in the Middle East, Latin America, West Africa and Sri Lanka and studied literature at the University of London, journalism at LCP and creative writing at the University of Edinburgh. She's won prizes in Traverse Theatre's Debut Authors, Ted Walters Competition; been short-listed for Happenstance, Cinnamon, Wells Festival, Cadenza and R Rofihe; published by Earlyworks, Writers' Forum Magazine, Pulp.net, Slingink, Texts' Bones and Cinnamon Press. Her novella *Greybill* won the 2007 Books for Borges Competition.

Brigita Pavsic's recent publications include short stories and poems in *Rose & Thorn Magazine, Autumn Sky Poetry, BluePrintReview, Foundling Review, Your Messages,* and others. She is currently working towards her Master's degree in writing at Swinburne, Australia. She lives in Slovenia, where she works as a literary translator. You can find her blog at bsoulflowers.blogspot.com

Patrick Riordan is originally from the north of England. He began writing stories while studying Fine Art at Winchester, in part to compensate for the lack of figurative content in his paintings. Over the years he has had work published by the Arts Council, in London Magazine and in various literary magazines

Derek Sellen lived in Madrid in the 1970s and was a frequent visitor to the Prado. Written over 30 years later, these poems come from a longer sequence which responds to the works of Spanish painters through narratives, dramatic monologues and through direct response to the art.

Lindsay Stanberry-Flynn grew up in London and studied in Liverpool before becoming a lecturer. She has an MA in creative writing and has written three novels, including *The Piano Player's Son* and *Unravelling Love*. A number of her short stories have been successful in competitions. Lindsay lives in Worcestershire where she teaches creative writing.

Aisling Tempany was born in Ireland in 1985. She grew up in Lancashire and was home-educated until she was 16. Since 2003, she has lived in Wales. Having graduated from Cardiff University in 2009, Aisling will be studying for an MA in Wales on Welsh and Irish writing.

Bridget Thomasin came to Dartmoor after a London childhood and time spent near the Berkshire Downs. She has lived in the same valley for 29 years and her poetry and painting celebrate this unique place and the surrounding moorland.

David Underdown spent the first half of his life in England but now lives in Scotland on the Isle of Arran. He started to write poetry about five years ago after many years spent jotting obsessively in notebooks. His poems have also appeared in anthologies published by Ragged Raven, Leaf, Blinking Eye and Peterloo Poets and in *Envoi* magazine.

Carolyn Waudby is a poet, journalist and lecturer living in Sheffield. She has produced a pamphlet of poems on contemporary art, and a poem on wind turbines was used as the basis of a short film. Her collection of Cuban poems is being exhibited for Sheffield's Off The Shelf Festival.

Martin Willitts Jr recent publications are *The Secret Language of the Universe* (March Street Press, 2006), *Lowering Nets of Light* (Pudding House Publications, 2007), *News from the Front* (www.slowtrains.com, 2007), *Alternatives to Surrender* (Plain View Press, 2007), and *Words & Paper* (http://www.threelightsgallery.com/mwj, 2008).

Jeremy Worman has reviewed for *The Observer*, *The Sunday Telegraph*, *The Spectator*, the *New Statesman*, the *TLS* and many other publications. His short stories and poems have been published widely. *Fragmented*, an autobiographical collection of stories about London, is forthcoming with Cinnamon Press. He is editorial advisor for *The London Magazine* and teaches English Literature to American students at Birkbeck College, London University. Jeremy is represented by literary agent: Christopher Sinclair-Stevenson. www.jeremyworman.com

KU-585-489

Porth yr Aur

Cofio J. Elwyn Davies

Golygwyd gan

John Emyr

Cardiff Libraries
www.cardiff.gov.uk/libraries

Llyfrgelloedd Caerdydd
www.caerdydd.gov.uk/llyfrgelloedd

CARDIFF
CAERDYDD

ACC. No: 02855368

Gwasg Bryntirion

cym
270.092

ⓑ Gwasg Bryntirion, 2011 ©
Argraffiad cyntaf, 2011
ISBN 978 1 85049 241 2

Cedwir pob hawl. Ni chaniateir atgynhyrchu unrhyw
ran o'r cyhoeddiad hwn, na'i gadw mewn cyfundrefn
adferadwy, na'i drosglwyddo mewn unrhyw ddull
na thrwy unrhyw gyfrwng electronig, mecanyddol,
peirianyddol, llungopïo, recordio, nac mewn unrhyw
ffordd arall, heb ganiatâd ymlaen llaw gan Wasg
Bryntirion.

Cynlluniwyd y clawr a dyluniwyd y gyfrol gan
Rhys Llwyd (www.rhysllwyd.com)

Delwedd y clawr gan
Geraint Thomas (www.panorama-cymru.com)

Cefnogwyd y gyfrol hon gan
Gyngor Llyfrau Cymru

Cyhoeddwyd gan Wasg Bryntirion
Bryntirion, Pen-y-bont ar Ogwr CF31 4DX
Argraffwyd gan Argraffwyr Cambrian, Aberystwyth

Cynnwys

J. Elwyn Davies (1925 - 2007)

Rhagair

'Cadwch mewn cof eich arweinwyr, y rhai a lefarodd air
Duw wrthych; myfyriwch ar ganlyniad eu buchedd, ac
efelychwch eu ffydd' (Hebreaid 13:7-8).

'Bydded hyn yn ysgrifenedig i'r genhedlaeth i ddod, fel bod
pobl sydd eto heb eu geni yn moli'r Arglwydd' (Salm 102:18).

'Gwyn eu byd y meirw y rhai sydd yn marw yn yr Arglwydd . . .
fel y gorffwysont oddi wrth eu llafur, a'u gweithredoedd sydd
yn eu canlyn hwynt' (Datguddiad 14:13).

Pam y dylem sôn am y diweddar Barchedig John Elwyn Davies
(1925-2007), neu eraill o blith gweision Duw sydd wedi mynd
i'r gogoniant? Onid ydynt wedi mynd at eu gwobr, a pha ddiben
sydd i ni, bellach, sôn amdanynt. Onid oes rheitiach gwaith i'w
gyflawni, yn dilyn eu hesiampl yn hytrach na sôn amdanynt? Ac oni
chafwyd digon o ysgrifennu teyrngedol sy'n gallu llithro mor hawdd i
wag glodfori a gweniaith?

Mae'n briodol inni, ar y dechrau fel hyn, gydnabod y peryglon. Ac
eto, mae gennym warant y Beibl i beidio â bodloni ar aros yn ddistaw.
Yn wir, fe'n gorchmynnir gan awdur y Llythyr at yr Hebreaid i gadw
mewn cof ein harweinwyr, yn arbennig y rhai a lefarodd air Duw
wrthym. Edrych tua'r dyfodol a wna'r Salmydd yntau, gan weld ystyr
i ysgrifennu am brofiadau a gwaith pobl Dduw fel bod 'pobl sydd eto
heb eu geni yn moli'r Arglwydd'.

Cipolwg ar fywyd a gwaith Elwyn Davies drwy lygaid y rhai a'i hadnabu sydd yn y gyfrol hon – ymgais i fynegi diolch am wasanaeth un o weision Duw yn ei genhedlaeth. Rhoddwyd gwahoddiad agored (yn y *Cylchgrawn Efengylaidd* ac yn y Gynhadledd Flynyddol) i bwy bynnag a hoffai gyfrannu anfon eu sylwadau, a diolchwn i bawb a ymatebodd i'r gwahoddiad hwnnw. Enghraifft o'r math yma o deyrnged yw'r hyn a gyflwynwyd gan Arfon Jones, cyfieithydd yr Ysgrythur i Gymraeg cyfoes:

'Un o'r pethau oedd yn fy nharo i bob amser am y Parch. Elwyn Davies oedd ei gariad at y Gair. Wrth wrando arno'n pregethu, yn siarad mewn encil, neu'n arwain astudiaeth feiblaidd, roeddwn i'n rhyfeddu at ei ofal wrth drin yr Ysgrythur. Roedd pob gair yn bwysig. Roedd ei barch at y Beibl yn tarddu o'i gariad at ei Waredwr.

'Llwyddodd i drosglwyddo rhywfaint o'r wefr sydd i'w chael wrth ddarllen a myfyrio yn yr Ysgrythurau. Dangosodd fod angen gofal wrth drin Gair Duw. Fel myfyriwr ifanc yn y 70au, roeddwn i bob amser yn edrych ymlaen yn frwd at ei glywed yn pregethu. Roedd addfwynder ei gymeriad a chadernid ei argyhoeddiadau yn gyfuniad grymus dan law Duw.'

Ymddangosodd rhai o'r teyrngedau yn y *Cylchgrawn Efengylaidd*, a diolchaf am ganiatâd i'w hail gyhoeddi yma. Ymddangosodd ambell gyfraniad yn haf 1990 pan oedd Elwyn Davies yn ymddeol o'i swydd fel Ysgrifennydd Cyffredinol Mudiad Efengylaidd Cymru. Mae fy niolch yn arbennig i'r Athro R. Geraint Gruffydd – a fu'n gyfaill triw drwy'r blynyddoedd i Elwyn Davies ers eu dyddiau fel myfyrwyr ym Mangor – am ei ganiatâd caredig i gynnwys ei deyrnged werthfawr.

Yn ogystal â'r ysgrifau teyrngedol, teimlwyd mai buddiol oedd cynnwys rhagymadrodd a fyddai, ynghyd â gwerthfawrogi gweledigaeth a chyfraniad Elwyn Davies, yn ceisio'i roi yn ei gyd-destun, ar gefnlen Cymru ei ddydd. Ni allwn feddwl am neb mwy addas i gyflawni'r gwaith hwnnw na'r Parch. Ddr D. Eryl Davies. Rydym yn ddiolchgar iawn iddo am dderbyn y gwahoddiad. Fel gweinidog a bugail a chyn-Brifathro Coleg Diwinyddol Efengylaidd Cymru, Pen-y-bont ar Ogwr, y mae'n un a gydweithiodd ag Elwyn Davies. Ac fel awdur Cristnogol, mae ganddo ddawn yr hanesydd a'r diwinydd i ganfod yr hyn sy'n ganolog ac arwyddocaol yn yr hanes.

Yn ogystal â sylwadau am Elwyn Davies, rwyf wedi cynnwys yn y gyfrol hon hefyd rai ysgrifau a sylwadau ganddo ef ei hun. Detholiad byr sydd yma, mae'n amlwg. Y bwriad, yn syml, yw rhoi cip ar rai o'r pynciau a myfyrdodau a oedd yn mynd â'i fryd. Mae'r cyfraniad cyntaf, 'Ymysg Adfeilion Berlin', yn perthyn i gyfnod diwedd yr Ail Ryfel Byd ac yn dangos cydymdeimlad yr awdur â'i gyd-ddyn mewn angen. Dengys yr ysgrif 'Cofio Celt' y dylanwad mawr a gafodd y Cristion ifanc hwnnw, cyn ei farwolaeth annhymig ond buddugoliaethus, ar fywyd Elwyn Davies a'i gyfoedion. Mae'r ysgrif 'Atgofion am y Blaenau' yn cynrychioli cyfnod arbennig iawn lle profwyd bendith ysbrydol ymhlith pobl ifanc capel Jerusalem, Blaenau Ffestiniog, a ddaeth yn eu tro yn arweinwyr yn eu gwahanol feysydd. Mae'r erthygl 'Gwrthgilwyr Diarwybod' yn enghraifft o ddawn y bugail i roi gair o'r galon – gair taer o anogaeth dan eneiniad sydd yr un mor berthnasol heddiw ag ydoedd pan ymddangosodd am y tro cyntaf. Yn 'Rhodd Duw i Genedl' gwelwn deyrnged Elwyn Davies i'w gyfaill a'i dad ysbrydol, Dr Martyn Lloyd-Jones. Yn 'Cyfrinach ei Chryfder' cawn enghraifft o bregeth gyhoeddedig lle mae'r awdur yn cyflwyno'i ddadl yn bwyllog ac effeithiol, gan arwain y gwrandäwr a'r darllenydd, gam wrth gam, i weld a chofleidio'r gwirionedd a roddwyd ar ei galon wrth baratoi. Yn 'Credwch y Derbyniwch' cawn fyfyrdod ar thema dysgeidiaeth Gristnogol ar weddi, gydag enghreifftiau o fywyd yr awdur

Gair bach am deitl y gyfrol: 'Porth yr Aur'. Fel pob 'Cofi' gwerth ei halen, roedd Elwyn Davies yn edmygydd di-ben-draw o dref ei febyd a'i phobl. Ac fel un a arddelai brofiadau bore oes yng Nghaernarfon, byddai'n hoff o sôn am y bwa arbennig a welir hyd heddiw yn hen furiau'r dref, a goleuai ei lygaid wrth iddo sôn am y modd y gwelir pelydrau'r haul yn machlud yn yr haf ac yn disgleirio ar waliau'r bwa. Yn ogystal â'r cysylltiadau personol, mae 'Porth yr Aur', yn y cyd-destun hwn, yn cyfleu prif genhadaeth a chanolbwynt bywyd Elwyn Davies, sef y porth gwerthfawr i'r bywyd a agorwyd i 'bawb a gredo'.

Mae fy niolch i bawb a gyfrannodd i'r gyfrol. Diolch i Mair Eluned Davies – yr 'ymgeledd cymwys' yr oedd Elwyn Davies mor hynod ddiolchgar amdani – am ei diddordeb yn y gyfrol a'i chefnogaeth. Diolch i'm priod, Gwen Emyr, am ei chymorth amhrisiadwy. Bu paratoi'r gyfrol yn fodd i ni gofio tad a thad-yng-nghyfraith a fu'n hael ei gyngor a'i gefnogaeth i ni bob amser. Diolch i'r golygyddion a roddodd ganiatâd i mi ddefnyddio deunyddiau a ymddangosodd yn y cyhoeddiadau dan eu gofal. Diolch i Rhys Llwyd am y gwaith dylunio gofalus, a diolchaf hefyd i'r Dr Hywel Gethin Rhys, cyn-Swyddog Cyhoeddiadau Gwasg Bryntirion, ac i Steffan Job, Gwasg Bryntirion, am eu cymorth gweinyddol ac i Dr John Aaron a Phwyllgor Llenyddiaeth Gymraeg Gwasg Bryntirion am y fraint o fod ynglŷn â'r gyfrol.

John Emyr

Rhagymadrodd

D. Eryl Davies

Fel teyrnged i'r Parch. J. Elwyn Davies, hoffwn wneud dau beth yn y bennod hon. Yn gyntaf, hoffwn sôn am rai atgofion personol, a dangos fy nyled iddo a'm parch ato hefyd. Mae'n fraint fawr i mi wneud hyn. Yn ail, rwyf am drafod ac egluro rhai pynciau ac egwyddorion oedd yn bwysig dros ben iddo fe. Heb ddeall yr egwyddorion hyn, nid yw'n bosibl dechrau gwerthfawrogi ei waith na'r baich a deimlai dros yr efengyl a'r eglwysi yng Nghymru. Ond mwy am hynny yn y man.

Atgofion

Er y gallwn rannu llawer o atgofion am Elwyn, dim ond canolbwyntio ar y prif atgofion a wnaf yma, a hynny mewn tair ffordd: fel myfyriwr yn Aberystwyth, fel gweinidog ym Maesteg a Bangor, ac wedyn pan oeddwn yn Brifathro yng Ngholeg Diwinyddol Efengylaidd Cymru ym Mryntirion, Pen-y-bont ar Ogwr. Ym mhob un o'r cyfnodau hyn, roedd cefnogaeth, cymdeithas a dylanwad Elwyn yn allweddol i mi.

Roeddwn yn fyfyriwr yn Aberystwyth am chwe blynedd rhwng 1953 ac 1959 yn astudio diwinyddiaeth ac wedyn hanes ac athroniaeth. Cefais dröedigaeth yno ym mis Chwefror 1954 ac, o ganlyniad, dechreuais fynd i'r Undeb Cristnogol ac i'r Gymdeithas Ddiwinyddol oedd yn perthyn i'r IVF (Inter-Varsity Fellowship). Profais lawer iawn o fendithion yno a dysgeidiaeth dda yn y Gair. Ond un o'r siaradwyr cyson yn yr Undeb Cristnogol yn Aberystwyth ar y pryd oedd Elwyn. A phan gafodd ei benodi fel un o staff yr IVF yn 1955, i ofalu am yr Undebau Cristnogol yng Ngholegau Prifysgol Cymru, dechreuais ddod i'w adnabod yn well. Atgofion melys? Yn sicr.

Mae'n amhosibl anghofio, er enghraifft, y gyfres a roddodd ar
Weddi'r Arglwydd. Teimlodd pawb bŵer yn ei weinidogaeth, ac roedd
y pwyslais ar weddi gydag e tan y diwedd. Rwy'n cofio hefyd Elwyn fel
prif siaradwr yn ymgyrch yr Undeb Cristnogol yn y Brifysgol yn 1957.
Siaradodd sawl gwaith, gan esbonio'r efengyl, ond roedd e'n poeni
ymlaen llaw achos bod Is-Brifathro'r Brifysgol yn mynd i lywyddu'r
cyfarfod cyntaf. Doedd Elwyn ddim eisiau cyfaddawdu neges yr efengyl
o gwbl oherwydd ofn nac er mwyn plesio'r dyn, felly gofynnodd am
lawer mwy o weddi dros ei weinidogaeth y noson honno. Cawsom
ateb i'n gweddïau hefyd.

Efallai heb iddo sylweddoli hynny ar y pryd, roedd Elwyn yn fentor
i mi, yn arbennig pan oeddwn yn arwain yr Undeb Cristnogol yn y
Brifysgol. Wrth wneud ei waith dros y blynyddoedd wedyn, meddai
Mair, ei wraig, 'roedd Elwyn yn edrych allan am bobl oedd â deunydd
arweinydd ynddynt, ac yn treulio amser gyda'r rheini . . . Credai fod
Duw yn galw pobl i waith ei deyrnas ond bod gofyn eu canfod, treulio
amser gyda nhw a chynnal eu breichiau yn gyson.'[1]

Mae un atgof arbennig yn sefyll allan yn fy nghof. Ddiwedd yr ail
dymor yn 1958, cynigiodd Elwyn gludiant i mi o Aberystwyth i'r Bala,
ac yna aros yng nghanolfan newydd Mudiad Efengylaidd Cymru yn
Eryl Aran dros nos er mwyn cael amserau o weddi gyda'n gilydd dros
y gwaith yn y Coleg. Cytunais, a phrofiad buddiol oedd cymdeithasu
gydag Elwyn a Mair a hefyd gyda Gwilym a Beth Humphreys. Drannoeth
treuliodd Elwyn a minnau oriau yn ceisio'r Arglwydd, a dyma oedd y
tro cyntaf i mi gael y profiad o weddïo am amser hir a dysgu gweddïo
ar fy mhengliniau!

Ar achlysur arall, trefnodd yr Undeb Cristnogol ymgyrch yn ystod
hanner tymor y Coleg ym mis Chwefror 1957 yn ardal y Bermo.
Croesawodd rhai capeli'r syniad o gynnal cyfarfodydd pregethu yno,
ac roedd cyfle i siarad mewn rhai ysgolion a hefyd i weithio ymhlith
pobl ifainc a gwneud gwaith o ddrws i ddrws. Roedd un broblem o
achos ofn a diffyg profiad: dim ond criw bach ohonom oedd yn fodlon
cymryd rhan yn yr ymgyrch. Pan glywodd Elwyn hyn, cynghorodd ni

1 Mair Eluned Davies, 'Dyddiadau Elwyn a rhai o'i nodweddion', 11 Mawrth 2007, t.4.

i weddïo mwy a hefyd trefnu cwrdd er mwyn iddo fe siarad â ni ar Gomisiwn Mawr yr Arglwydd Iesu (Mathew 28:18–20). A chawsom her dan ei weinidogaeth y noson honno. Er enghraifft, wedi egluro a chymhwyso'r geiriau, 'Ac wele, yr ydwyf fi gyda chwi bob amser hyd ddiwedd y byd', gofynnodd gwestiwn i ni: 'Pe bai rhywun enwog fel Dr Martyn Lloyd-Jones, Llundain, yn cynnig dod gyda chi i'r Bermo, a fyddech chi'n hapus i fynd? Ac wrth fynd o ddrws i ddrws neu siarad yn yr ysgolion gyda'r 'Doctor' wrth eich ochr, a fyddech chi'n hapus i fynd?' Gwenodd pawb ac roeddem yn teimlo'n fwy cadarnhaol pan ddywedodd nesaf: 'Ond mae rhywun llawer mwy pwysig a phwerus na Lloyd-Jones yn addo dod – bydd yr Arglwydd Iesu Ei Hun yn dod gyda chi!' O ganlyniad, penderfynodd nifer dda o fyfyrwyr yn yr Undeb ymuno gyda ni.

Pan oeddwn wedyn yn weinidog ym Maesteg (1959–1975) a Bangor (1975–1985), gwelwn Elwyn yn aml ac roedd yn frawd ac yn gefn i mi mewn nifer o ffyrdd. Mewn cynadleddau, pwyllgorau, cyfarfodydd gweddi, oedfaon pregethu a chyfarfodydd misol y gweinidogion, gwelais ei faich dros yr efengyl a'r eglwysi, a'i gonsýrn hefyd dros ddiwygiad a thros y gwaith Cymraeg.

Sylweddolais tua 1980, ar ddiwedd un pwyllgor anodd ond pwysig yn y Bala, faint y baich a gariai Elwyn yn ei waith. Mewn dagrau dywedodd wrthyf, 'Rydych chi'n mynd yn ôl i weithio ym Mangor nawr ond mae'n rhaid i mi gymryd baich a chyfrifoldeb gwaith y Mudiad ar fy mhen fy hun yn ddyddiol!' Fe welais rywfaint o'r unigrwydd a thensiwn ac weithiau siom a deimlodd ef yn y gwaith, a'r ffordd roedd y gwaith yn pwyso'n drwm iawn arno.

Er hynny, ym Mangor roedd Elwyn yn gymorth i mi mewn nifer o ffyrdd. Er enghraifft, yn y gwaith o blannu eglwysi Cymraeg newydd mewn ardaloedd fel Llangefni a Waunfawr, a datblygu mwy o ddarpariaeth yn y Gymraeg ym Mangor ei hun. Roedd Elwyn yn selog iawn dros y gwaith Cymraeg ac yn dyheu bob amser am weld gwaith y Mudiad yn ddwyieithog. Hefyd, tra oeddwn i'n ceisio arwain dynion ifainc oedd yn teimlo galwad i'r weinidogaeth, roedd Elwyn yn gefnogol iawn, ac wastad yn edrych allan am unigolion gyda doniau a galwad er mwyn eu helpu a'u calonogi. Ym Mangor, roedd yn fwy na pharod i bregethu gyda ni a rhoi amser i weddïo gyda mi.

Ond pan gefais fy mhenodi'n Uwchddarlithydd (1984) a Phrifathro (1987) y Coleg Diwinyddol, dyna'r amser pan oedd doethineb, cefnogaeth a gweddïau Elwyn yn golygu llawer mwy i mi eto. Doedd y sefyllfa ddim yn hawdd o gwbl. Penderfynodd y Mudiad greu Coleg Diwinyddol newydd ac annibynnol ond yn cynnwys hefyd y Coleg Beiblaidd a oedd yn y Barri tan 1985.[2] Er mwyn pontio'r gwaith a rhoi cefnogaeth i mi fel rhywun newydd yn arwain y Coleg, cafodd Elwyn ei benodi'n Llywydd y Coleg. Nid swydd mewn enw'n unig oedd hon i Elwyn nac ychwaith gyfle i reoli'r Coleg a dweud wrthyf beth i'w wneud. Nage, ond cefnogwr, brawd agos a chynghorwr doeth oedd Elwyn, bob amser ar gael i mi. Treuliais dipyn o amser yn ei gwmni yn trafod ac yn gweddïo gyda'n gilydd. Roedd Elwyn hefyd yn y blynyddoedd cyntaf ar gael i fyfyrwyr ac aelodau'r staff yn ogystal. Pwy all anghofio ei weinidogaeth wrth iddo bregethu bob mis Medi i'r myfyrwyr a'r staff, neu'r amserau yng Nghyngor y Coleg pan wnâi Elwyn gyfraniad pwysig i'r drafodaeth neu wrth agor y Gair yn y Cyngor?

Rwy'n cofio un achlysur yn glir iawn pan oedd rhaid i Gyngor y Coleg wneud penderfyniad pwysig dros ben ynglŷn â datblygu'r gwaith. Ar 5 Rhagfyr 1990, gofynnodd y Cadeirydd i Elwyn agor y cyfarfod. Darllenodd Elwyn 1 Brenhinoedd 3:1–15, Iago 1:5–8 a 3:13–18. Yna rhoddodd sylwadau ar Iago 1:5 gan bwysleisio'r addewid yn yr adnod a hefyd y ffordd hael y mae Duw yn rhoi doethineb i'r rhai sy'n gofyn iddo Fe. Ond tynnodd ein sylw hefyd at adnodau 13–18 yn y drydedd bennod er mwyn disgrifio doethineb Duw, a dangos ym mha fodd y mae'n wahanol i ddoethineb daearol. Roedd y neges yn amserol a pherthnasol tu hwnt, ac o ganlyniad cafwyd amser rhydd o weddi lle roedd sawl un yn gofyn am ddoethineb Duw i gael ei roi yn y drafodaeth bwysig oedd yn dilyn. Atebodd Duw ein gweddïau a chawsom arweiniad clir i symud ymlaen fel Coleg.

Mae gennyf un peth arall i'w nodi ynglŷn ag Elwyn. Roedd ganddo feddwl da a sgiliau i ddarlithio ar lefel uwch. Er enghraifft, rwy'n cofio papur a draddododd yng nghynhadledd ysgolheigaidd y British

---

2 Noel Gibbard, *Taught to Serve: The History of Barry and Bryntirion Colleges* (Pen-y-bont ar Ogwr: Gwasg Efengylaidd Cymru, 1996).

Evangelical Council yn Northampton yn y 1980au. Roedd pynciau llosg yn cael eu trafod gan weinidogion ac athrawon efengylaidd o bob rhan o Brydain ynglŷn ag athrawiaeth y Mudiad Carismataidd ac, yn benodol, y cwestiwn a oedd y doniau gwyrthiol a datguddiedig yn parhau heddiw neu beidio.

Rhoddodd Elwyn bapur ardderchog ac o safon uchel ar 1 Corinthiaid 13:9-12 gan ddefnyddio Groeg yn dda a rhoi esboniadau ysgolheigaidd i ddangos bod yr adnodau hyn yn pwyntio at y nefoedd a gogoniant, nid y cyfnod ar ôl i Ganon yr Ysgrythur ddod i ben ar ddiwedd y ganrif gyntaf. Dyma enghraifft o waith trylwyr, manwl a pherthnasol sy'n haeddu cael ei gyhoeddi yng Nghymru ac yn y Gymraeg hefyd. Rwy'n defnyddio'r enghraifft hon i ddangos hefyd bod Elwyn yn gartrefol gyda staff y Coleg ym Mryntirion yn trafod materion a phynciau academaidd yn ymwneud â'r byd diwinyddol a gwaith hyfforddi gweinidogion. Efallai erbyn hyn fy mod wedi dweud digon am Elwyn o ran ei bersonoliaeth, ond rwy'n rhoi diolch i Dduw amdano ac am ei gyfraniad allweddol i waith yr Arglwydd yng Nghymru a thu hwnt. Yn bersonol, rwy'n teimlo mai'r ffordd orau i mi fynegi fy nyled i Elwyn yw trwy barhau i anrhydeddu'r un egwyddorion ysgrythurol a oedd mor bwysig iddo ac i geisio adnabod Duw'n well a phrofi grym Ei Ysbryd Glân yn y ganrif hon.

Egwyddorion

Hoffwn yn awr symud ymlaen i ystyried pedair egwyddor neu athrawiaeth a oedd yn hollbwysig i Elwyn yn ei fywyd a'i waith. Bydd rhaid trafod y pethau hyn yn fras yma, rwy'n ofni, ond gyda'r bwriad o'u hail-gyflwyno a'u cymhwyso i'r sefyllfa gyfoes yng Nghymru.

Oes rhesymau dros wneud hyn? Oes. Yn gyntaf, does dim awydd gennyf i fyw yn y gorffennol na pherthyn i unrhyw waith sydd wedi chwythu'i blwc! Yn ail, fyddai Elwyn ddim eisiau i mi dynnu sylw ato fe ond, yn hytrach, at yr Ysgrythur er mwyn i'r Arglwydd Ei Hun gael y sylw a'r clod i gyd. Does dim gwell ffordd i wneud hyn yma na thrwy dynnu sylw at y gwirioneddau Beiblaidd oedd yn hollbwysig i Elwyn. Yn drydydd, mae Mair Davies, ei wraig, yn ein hatgoffa mai 'dyn un weledigaeth' oedd Elwyn 'yr holl amser – cryf ei egwyddorion, effro

iawn i bwysleisiadau a allai niweidio'r ffydd efengylaidd.'³ Felly, os ydy
hyn yn wir, mae'n iawn canolbwyntio ar ei egwyddorion yn y bennod
hon a cheisio'u hesbonio.

Ond mae rheswm arall hefyd. Rwyf dan yr argyhoeddiad cryf bod
yr athrawiaethau Ysgrythurol a bwysleisiodd Elwyn gymaint yn dal i
fod yn wir ac yn berthnasol heddiw. Hoffwn fynegi'r pwynt yn gryfach
fyth. Os nad ydyn ni fel Cristnogion ac eglwysi yng Nghymru yn
cymryd yr athrawiaethau hyn o ddifrif, does dim hawl gennym i fod yn
gadarnhaol ynglŷn â dyfodol yr eglwys yn ein gwlad.

Yr Efengyl

Dechreuad eithaf syml oedd e; yn annisgwyl ond allweddol. Ar ôl bod
ym Mhen-y-groes yn casglu dillad o gwmpas y tai er mwyn eu hanfon
i'r Almaen, roedd Elwyn yn beicio'n ôl i Gaernarfon. Cyn cyrraedd y
dref, clywodd lais anghyffredin yn gofyn iddo, 'Pam wyt ti'n gwneud
y gwaith yma?'.⁴ Doedd dim angen iddo gael esboniad. Deallodd
arwyddocâd y cwestiwn ar unwaith, gan ddechrau teimlo argyhoeddiad
o'i falchder. 'Gwelais', meddai, 'lygredd fy nghalon fel nas gwelais ef
erioed o'r blaen.' Myfyriwr ifanc a chrefyddol oedd Elwyn ar y pryd, yn
cael ei hyfforddi ym Mangor ar gyfer y weinidogaeth ac yn pregethu
bob Sul.

'Ond y gwir oedd', meddai Elwyn, 'doeddwn i ddim yn Gristion,
a fuaswn i ddim wedi dod yn Gristion chwaith oni bai i mi gael fy
ngorfodi i wynebu cyflwr fy nghalon, a hynny yng ngoleuni, nid
gofynion cymdeithas nac ychwaith ofynion crefydd ddirywiedig ein
dydd, ond gofynion Duw.'⁵

Roedd ofn Duw wedi disgyn arno yn sydyn iawn, a hynny wedi
goleuo iddo wacter ei grefydd a hefyd ei bechadurusrwydd yng ngoleuni
mawredd Duw. Teimlai'n awr fel 'carcharor'⁶ i bechod a heb obaith;
ond hefyd, yn baradocsaidd, dechreuodd weld goleuni'r efengyl, 'a pha
mor fawr oedd fy angen am yr iachawdwriaeth y mae Duw wedi ei

3 Mair Eluned Davies, 'Dyddiadau Elwyn a rhai o'i nodweddion', 11 Mawrth 2007.
4 J. Elwyn Davies, *O! Ryfedd Ras* (Pen-y-bont ar Ogwr: Gwasg Bryntirion, 1998), 19.
5 Davies, *O! Ryfedd Ras*, 23.
6 Davies, *O! Ryfedd Ras*, 24.

pharatoi ar gyfer rhai tebyg i mi yn Iesu Grist.'[7]

Deliodd Duw gydag e dros y misoedd canlynol, ond daeth yr uchafbwynt ym Mhasg 1947 ym Mhlas-y-nant, Betws Garmon, ger Caernarfon, mewn encil i fyfyrwyr, lle profodd e o'r diwedd fendith a gras yr efengyl. Roedd e nawr, yng ngeiriau Elwyn, yn 'fwy na pharod i ildio fy mywyd i Dduw (am y tro cyntaf sylwer) a phrofi'r llawenydd o wybod ei fod Ef, nid yn unig wedi fy nerbyn, ond hefyd wedi maddau fy holl bechodau.'[8]

Roedd e nawr yn llawn o orfoledd, a dywedodd wrth wraig y tŷ: 'Mae Duw wedi maddau fy mhechodau', ac ni chollodd y sicrwydd hwnnw drwy gydol ei fywyd.

Rwy'n tynnu eich sylw at dystiolaeth Elwyn am dri rheswm. Yn gyntaf, i Elwyn roedd yr efengyl yn unigryw, yn nefol ac Ysgrythurol, yn sylfaenol a hollbwysig. Doedd dim cyfaddawdu'n bosibl o gwbl ynglŷn â natur, digonolrwydd a neges yr efengyl. Yng nghanol yr efengyl y mae Duw – y Tad, y Mab a'r Ysbryd Glân – a oedd yn cyd-drefnu a chydweithio i achub pechaduriaid. Felly, i Elwyn, gwaith y Gwaredwr fel y Duw-ddyn, yn cyflawni cyfraith Duw ar ein rhan ac yn derbyn ein cosb ar y Groes gan brynu iachawdwriaeth i ni, oedd yn syfrdanol ac yn fendigedig. A dyma'r hyn a welodd ym Mhlas-y-nant yn 1947.

Tua hanner canrif wedyn, ysgrifennodd Elwyn am reidrwydd yr Iawn, gan gyfeirio at Ioan 12:24–25:

'Sôn amdano'i hun [sef Iesu Grist] yn marw y mae ac am y ffrwyth a fydd yn sicr o ddilyn . . . A hynny o ganlyniad i'r gronyn gwenith – sef Ef Ei Hun – yn disgyn i'r ddaear a marw . . . Fyddai dim gobaith i'r cyfryw gael bywyd . . . oni bai fod Un arall wedi marw drostynt , fel bod y penyd yr oeddent hwy yn ei haeddu am fyw iddynt hwy eu hunain cyhyd, ac am eu holl bechodau, yn cael ei briodoli'n llawn a'i ddioddef gan yr Un hwnnw yn eu lle.'[9] Dydy'r efengyl hon byth yn newid!

Yn ail, nid yn unig trefnu a chyflawni ein hiachawdwriaeth unwaith ac am byth ar y Groes a wnaeth Duw, ond hefyd mae E'n cymhwyso'r

7 Davies, *O! Ryfedd Ras*, 18.
8 Davies, *O! Ryfedd Ras*, 19-20.
9 Davies, *O! Ryfedd Ras*, 61-62.

iachawdwriaeth hon i ni mewn ffordd bwerus yn ein bywydau. Mynega Elwyn y pwynt yn glir iawn yn ei lyfr *O! Ryfedd Ras*, ac mae'n werth dyfynnu'r geiriau hyn:

'. . . y Brenin Mawr yn peri bod yr hunan gwrthryfelgar yn marw a dyn newydd sbon fyddai'n dymuno o galon wasanaethu Iesu Grist yn cymryd ei le; yr "hen ddyn" hunanechelog yn cael ei groeshoelio a'i atgyfodi'n ddyn newydd awyddus i wasanaethu Iesu Grist . Yna'n goron ar y cyfan, y cyfryw yn cael eu "rhoi" i Iesu Grist i dderbyn sicrwydd maddeuant ac i gychwyn ar yr adnabyddiaeth a'r berthynas odidocaf y gall neb fyth ei phrofi. Dyna'r union beth sy'n digwydd pan fo dyn yn cael ei aileni.'[10]

Pwyslais Elwyn yma yw pwyslais y Testament Newydd yn nhermau'r aileni, adnabod Duw, undod personol ac ysbrydol â Christ, a gwaith mewnol yr Ysbryd Glân. Yn ddiddorol iawn, pan oedd Elwyn yn sôn am y breintiau sydd gan bob Cristion, cyfeiriodd yn gyntaf at eiriau'r Arglwydd Iesu yn Ioan 17:3 gan bwysleisio:

'. . . Iesu Grist yn caniatáu i ddynion y fraint o gael ei adnabod, a thrwy hynny adnabod y Tad. A'r adnabyddiaeth honno – er mor rhyfeddol ydyw – yn cael ei phrofi i fod yr un mor ddilys, byw, personol a real rhwng y cyfryw ac ef, ag ydyw eu hadnabyddiaeth o'u cyfeillion agosaf . . .'[11]

Ond hefyd, i goroni'r cyfan, 'bydd yr adnabyddiaeth eithriadol freintiedig hon, ynghyd â phopeth sy'n deillio ohoni, yn parhau i dragwyddoldeb!'[12]

Yn y geiriau hyn, mynegodd Elwyn rywfaint o'r dyfnder, y cynnwrf a'r llawenydd a brofodd ef a'i frodyr a'i chwiorydd yng Nghrist yn y 1940au a'r 1950au. Efallai fod y gair 'realiti' yn disgrifio'u profiad yn well nag unrhyw air arall. Nid capelwyr oedden nhw'n unig nawr ond pobl yr Arglwydd gyda chariad mawr tuag ato Fe ac yn dyheu am weld a chlywed eu Gwaredwr yn y Beibl a'i adnabod Ef yn well. Doedd crefydd yn unig ddim yn gallu eu bodloni nhw mwyach oherwydd

10 Davies, *O! Ryfedd Ras*, 105.
11 Davies, *O! Ryfedd Ras*, 47.
12 Davies, *O! Ryfedd Ras*, 48.

roedden nhw wedi dod allan o'r cysgod a'r tywyllwch ac i mewn i oleuni gogoneddus yr efengyl. Realiti! Ac nid pobl galed, 'separatist', 'strongly judgemental'[13] oedden nhw ond defaid yn edrych am fugail i'w bwydo a'u harwain. Roedd yna weinidogaeth Feiblaidd mewn rhai capeli ac eglwysi, ond lleiafrif oedden nhw.

Yn drydydd, rwy'n tynnu sylw at dystiolaeth Elwyn hefyd am y rheswm y cyfeiriais ato eisoes, sef cyflwr ein capeli ac eglwysi yng Nghymru ar y pryd. Mae profiad Elwyn a llawer o bobl eraill yn egluro'r pwynt i ni.

Dechreuodd Elwyn ei bererindod ysbrydol, wrth gwrs, yng nghapel Pendref, Caernarfon, Capel yr Annibynwyr. Er ei fod yn falch iawn o gael ei godi yn y capel, cyfaddefodd yn onest ond mewn tristwch hefyd, 'Fedra i ddim dweud bod y capel a bywyd y capel wedi cyfrannu llawer i mi.'[14] Hyd yn oed pan oedd yn cael ei dderbyn yn aelod, dim ond sôn am egwyddorion annibyniaeth a wnaed, a doedd yr efengyl a phethau ysbrydol ddim wedi cael eu hystyried.

Mae atgofion Elwyn yn rhoi syniad i ni am gyflwr ysbrydol y capel yr adeg honno. Er enghraifft, roedd un o'r blaenoriaid yn gwadu yn agored iawn athrawiaethau uniongred fel yr atgyfodiad a'r gwyrthiau. Wedyn, roeddent yn cynnal eisteddfod ar Ddydd Gwener y Groglith, a doedd dim sôn am wasanaeth y Cymun nac unrhyw beth i gofio'r Groes! Ond roedd un aelod, Mair Jones, yn sefyll allan iddo oherwydd ei ffydd bersonol yng Nghrist, ei charedigrwydd a'i phrofiad o'r Ysbryd Glân. Hefyd, pan oedd hi'n cymryd rhan yn y cyfarfod gweddi wythnosol, 'roedd ei hwyneb yn disgleirio. Roeddech yn teimlo ei bod yn siarad â rhywun roedd hi yn ei garu – nid peth ffurfiol oedd cymryd rhan iddi hi.' Er ei bod hi mor dduwiol, meddai Elwyn, 'roedd hi braidd yn unig rwy'n siŵr o safbwynt ysbrydol.' A hynny oedd profiad llawer o Gristnogion yng Nghymru.

Ond beth oedd wedi digwydd i'r capeli? Heb i'r aelodau ddeall yn iawn, roedd 'rhyddfrydiaeth ddiwinyddol', yn ôl Emyr Roberts, wedi

---

13 D. Densil Morgan, *The Span of the Cross: Christian Religion and Society in Wales 1914-2000* (Caerdydd: Gwasg Prifysgol Cymru, 1999), 248.
14 Cyfweliad John Emyr â'r Parch. J. Elwyn Davies, 21 Tachwedd 1992.

'llifo'n ffrwd lifeiriol gref' ddechrau'r ugeinfed ganrif, 'ac yn y man i feddiannu'r holl dir.'[15] Y canlyniad? Erbyn tridegau'r ugeinfed ganrif, meddai, 'yr oedd yr athrawiaeth Brotestannaidd ac efengylaidd a fu'n gymaint grym yn ein gwlad am bron i ddwy ganrif wedi ei bwrw heibio bron yn gyffredinol.'[16] Nid barn bersonol Emyr Roberts yn unig yw hyn. Cadarnhawyd y ffaith gan nifer o ysgolheigion yn cynnwys R. Tudur Jones, D. Densil Morgan a Robert Pope. Er enghraifft, yn ei bennod ar 'Helynt Tom Nefyn yn y Tymbl' o 1925 ymlaen, pwysleisiodd Pope: 'roedd Moderniaeth Ddiwinyddol, gyda'i phwyslais ar weithredu egwyddorion moesol yr efengyl, yn ddigon cyffredin erbyn y cyfnod hwn.'[17] Mewn pennod arall, mae'n cyfeirio at ran o effaith rhyddfrydiaeth ddiwinyddol ar athrawiaeth yr enwadau:

'. . . erbyn 1904, mae'n amlwg fod dealltwriaethau traddodiadol yr Iawn a marwolaeth ddirprwyol Iesu, a'r ddysgeidiaeth fod ei aberth yn ddilys am ei fod yn "wir Dduw ac yn wir ddyn", yn symud tuag at ddealltwriaeth Gristnogol a ystyriai Iesu yn nhermau'r ddynoliaeth berffaith a fynegwyd trwy ei ufudd-dod llwyr i ewyllys Dduw a'i ymwybyddiaeth fabol o'i nefol Dad . . . roedd ei farwolaeth i'w deall fel hunanaberth foesol . . .'[18] yn unig.

A chafodd yr athrawiaethau anysgrythurol effaith enfawr ac enbyd ar fywyd, aelodaeth a gwaith y capeli yng Nghymru. Yn y cyd-destun hwn, rwy'n cyfeirio at y ffordd y gwelai Elwyn ryddfrydiaeth ddiwinyddol ei ieuenctid.

Er enghraifft, roedd gan ei daid bum cyfrol o waith Matthew Henry a Thomas Scott, llyfrau uniongred a gwerthfawr oedd yn esbonio'r Beibl. Ond roedd Elwyn yn 'teimlo'n ofnus' i ddarllen y llyfrau hyn oherwydd bod y pethau a glywodd am y ffydd uniongred mor ysgubol, mor ddibrisiol . . .'[19] Ac fel myfyriwr yn paratoi ar gyfer y weinidogaeth, sylweddolodd ei bod yn cael ei chymryd yn ganiataol na fedrai neb

---

15 Emyr Roberts, *Cyrraedd Trwy'r Glustog* (Dinbych: Gwasg Gee, 1971), 17.
16 Roberts, *Cyrraedd Trwy'r Glustog*, 24.
17 Robert Pope, *Codi Muriau Dinas Duw: Anghydffurfiaeth ac Anghydffurfwyr Cymru'r Ugeinfed Ganrif* (Bangor: Canolfan Uwchefrydiau Crefydd yng Nghymru, Prifysgol Cymru, Bangor, 2005), 187.
18 Pope, *Codi Muriau Dinas Duw*, 45.
19 Cyfweliad, 9.

gredu'r pethau uniongred mwy ac 'roedd y cwbl yn cael ei gyflwyno yn nhermau ysgolheictod'.[20] Tueddiad nifer o arweinwyr y Capeli ac athrawon y Colegau oedd bod yn anoddefgar a chaled wrth amddiffyn a chyflwyno'u rhyddfrydiaeth ddiwinyddol.

Trist oedd fy ymateb wrth ddarllen stori Elwyn yn cyfarfod y Parch. George M. Ll. Davies, gweinidog Presbyteraidd a heddychwr enwog yng Nghymru ond dyn hefyd a oedd wedi troi oddi wrth y Ffydd uniongred (gw. *Cyrraedd Trwy'r Glustog*, 50–54). Cyfarfyddon nhw ar y trên ger Llandudno, ac esboniodd Elwyn ei fod e a'i ffrind wedi cymryd rhan mewn ymgyrch efengylaidd yn Llanfairfechan. Pan glywodd yr hen weinidog am eu gwaith yn yr ymgyrch, ymatebodd mewn ffordd ostyngedig iawn:

'Da chi fechgyn,' meddai fe, 'rydw i wedi gorfod dod yn ôl ar ddiwedd y daith at rywbeth a ddywedwyd wrtha i pan oeddwn yn ifanc iawn.' Cyfeiriodd at ryw ŵr oedd wedi dweud wrtho fe am 'ABC Cristnogaeth': '**A**ll have sinned, **B**ehold the Lamb of God, **C**ome unto Me'. Aeth Elwyn ymlaen i orffen y stori: '. . . roedd yn egluro i ni ei fod wedi gadael yr ABC a'i fod ar ddiwedd oes yn gorfod cyfaddef ei gamgymeriad a'i fod yn gorfod dod yn ôl i'r fan hyn.'[21]

Beth bynnag y gallwch ei ddweud am ryddfrydiaeth ddiwinyddol yn ei gwahanol ffyrdd a'i datblygiad, mae un peth yn sicr: tanseilio'r Ffydd a'i chuddio, a hyd yn oed wadu'r efengyl y mae yn y diwedd. Yn gynnar yn y saithdegau, dywedodd yr Athro Bobi Jones, 'Heresi oedd y peth normal . . . Prin yw'r rhai sy'n arddel y Ffydd Ddiffuant yng Nghymru heddiw.' Cadarnhawyd y pwynt hefyd gan yr Athro R. Geraint Gruffydd: 'Yn fy mhrofiad i, beth bynnag, ychydig iawn o hyn (o gyhoeddi'r Efengyl) a glywir o bulpudau ac yn llysoedd eglwysig yr Eglwys yng Nghymru, y Methodistiaid, yr Annibynwyr, ac yn y blaen...'[22] Rwy'n pwysleisio hyn achos dydy hi ddim yn deg disgrifio Elwyn a phobl y Mudiad fel pobl galed a '*separatist*'. Y prif reswm yw hyn: iddyn nhw, roedd yr efengyl yn golygu popeth. Pe bai'r enwadau

---

20 Cyfweliad, 11.
21 Cyfweliad, 12.
22 Dyfynnir sylwadau Bobi Jones ac R. Geraint Gruffydd yn llyfr Emyr Roberts, *Cyrraedd Trwy'r Glustog*, 62.

wedi cadw'n ffyddlon at yr efengyl a'r Ffydd uniongred, fuasen nhw
ddim wedi teimlo angen o gwbl i adael eu capeli a sefydlu eglwysi
efengylaidd. Mater o angenrheidrwydd a brys oedd e yn y diwedd er
mwyn cyhoeddi'r efengyl yn gyson, bwydo'r saint a chael cymdeithas
ac undod fel credinwyr. Roedd rhai efengylwyr yn annoeth ac yn
ddiamynedd weithiau yn eu hymateb i'r enwadau neu gapeli lleol, ac yn
arbennig efallai yn y saithdegau, ac rwy'n cydnabod y ffaith. Ond dydy
camgymeriadau'r cyfnod ddim yn newid y prif reswm dros wahanu,
sef athrawiaethau oedd yn cuddio neu'n gwadu'r efengyl dragwyddol.
Yn sicr, rhoddodd Lloyd-Jones gymorth iddyn nhw mewn sawl ffordd,
ond yn arbennig fe gadarnhaodd iddyn nhw'r atebion i ddau gwestiwn
sylfaenol a chanolog ynglŷn â natur yr eglwys a beth yw Cristion. Ond
roedd cyflwr anysbrydol y capeli, yn fwy na dim, wedi eu harwain nhw
allan i ffurfio eglwysi efengylaidd.

Cyn gadael yr egwyddor hon, mae'n addas i mi gyfeirio at anerchiadau
a roddodd Elwyn yn y Bala yn 1972 i Gynhadledd y Gweinidogion. Ei
bwnc oedd 'Athrawiaeth y Beibl am Gyfeiliorni'.[23] Does dim dwywaith
amdani: roedd cyfraniad Elwyn yma yn feistrolgar, dysgedig a hefyd
yn berthnasol.

Gwahaniaethodd rhwng pedwar grŵp o bobl, yn ôl yr Ysgrythur,
sy'n gallu bod ar gyfeiliorn: y rhai sydd heb ddeall y Gair a ffyrdd
Duw'n iawn; y rhai sy'n cyfeiliorni mewn ysbryd neu galon; y rhai
sy'n euog o gamdystiolaeth; ac, yn bedwerydd, y rhai sy'n byw mewn
cyfeiliornad (2 Pedr 3:17–18; 1 Ioan 4:6). Rwy'n tynnu sylw'n unig at y
pwynt olaf er mwyn egluro, i ryw raddau, ymateb rhai efengylwyr oedd
wedi gwahanu oddi wrth eu heglwysi yn y chwedegau a'r saithdegau.

Gan ddyfynnu ac esbonio testunau priodol o'r Ysgrythur, fel Rhuf.
16:17; 1 Tim. 6:3–5; 2 Tim. 3:5; Tit. 3:10, aeth ymlaen i ddangos pam
roedd y gau athrawon yn yr Eglwys Fore mor beryglus a pham roedd
rhaid delio'n gadarn â nhw. Fe roddodd bum rheswm o'r Ysgrythur.

Yn gyntaf, roedden nhw'n dilyn eu syniadau a'u hathroniaethau
eu hunain, nid Gair Duw (Col. 2:8, 20–22; Tit. 1:14). Yn ail, roedden
nhw'n gwadu'r Ffydd, ac nid gwadu un rhan o'r gwirionedd yn unig

---

23 'The Biblical Doctrine of Error': nodiadau gan yr awdur.

ond crwydro oddi wrth athrawiaeth y Gair yn gyffredinol (2 Cor. 10:11-13; Gal. 1:7; 1 Tim. 6:2; 2 Tim. 3:8; Tit. 1:13). Yn drydydd, mae gau athrawiaeth yn arwain at annuwioldeb (Phil. 3:18-19; 1 Tim. 6:5; 2 Tim. 2:16, 3:5; 2 Pedr 2; Jwdas) ac, yn bedwerydd, gweision Satan ydyn nhw yn y diwedd (Rhuf. 16:17-20; 2 Cor. 10:12). Yn olaf, maen nhw'n beryglus oherwydd dydyn nhw ddim yn hawdd i'w hadnabod weithiau (Math. 7:15; Act. 20:29-30; 1 Ioan 2:19). Am y rhesymau hyn, felly, mae cyfrifoldeb ar yr eglwys i'w rhybuddio a'u disgyblu.

Felly, yn annhebyg i'r mwyafrif o aelodau'r capeli ac eglwysi, roedd efengylwyr yn y cyfnod yn cymryd yr Ysgrythur o ddifrif fel eu prif awdurdod. Ac yn yr Ysgrythur, trwy ras Duw, fe ddarganfuon nhw'r efengyl nefol a gogoneddus. Mae'r egwyddor hon, felly, yn hollbwysig er mwyn deall, nid yn unig waith Elwyn Davies ond, hefyd, y symudiad newydd a welodd nifer o Gristnogion yn gadael eu capeli i ffurfio eglwysi efengylaidd. Yr efengyl oedd eu prif gonsýrn. Ac yn ddiddorol iawn, pan fu Lloyd-Jones farw yn 1981, cydnabu Elwyn ei werthfawrogiad iddo am ei gyfraniad ym mlynyddoedd cyntaf y Mudiad.

'Oni bai fod y Doctor ar gael bryd hynny buasai cymeriad gwaith yr efengyl yng Nghymru wedi bod yn dra gwahanol i'r hyn a fu yn y blynyddoedd canlynol.'[24]

Ysbrydolrwydd

Gair cyfoes ond eang o ran ei ystyr yw'r gair ysbrydolrwydd erbyn heddiw ac yn mynegi pob math o syniadau seciwlar a chrefyddol o bob gwlad bron. Ond pan ydym ni'n ystyried ysbrydolrwydd Cristnogol, mae Alister E. McGrath yn iawn i'n hatgoffa ni am y cyswllt angenrheidiol rhwng athrawiaethau uniongred ac arfer ('*praxis*').[25] Canolbwyntio ar yr hyn mae person yn ei wneud â'i ffydd yn ei fywyd a'i gymdeithas yw ysbrydolrwydd. Sut y gallwn ni ddeall ysbrydolrwydd Elwyn? Mae'n perthyn i'r traddodiad diwygiedig yng Nghymru gyda'i wreiddiau Beiblaidd yn Anghydffurfiaeth y ddeunawfed ganrif a'r bedwaredd

---

24 J. Elwyn Davies, 'Rhodd Duw i Genedl', *Y Cylchgrawn Efengylaidd*, rhifyn arbennig, 1981, 11. Gw. isod, 138.

25 Alister E. McGrath, *Christian Spirituality* (Oxford: Blackwell Publishers, 1999), 27-28.

ganrif ar bymtheg. Dyma'r cyfnod yng Nghymru pan oedd enwadau fel
y Methodistiaid Calfinaidd, yr Annibynwyr a'r Bedyddwyr wedi cadw'n
ffyddlon at athrawiaethau'r Gair ond yr un pryd hefyd wedi pwysleisio
adnabod Duw, profi grym yr Ysbryd Glân yn eu bywydau a'u heglwysi
a cheisio byw'n sanctaidd a Christ-ganolog. Gallwn fod yn fwy manwl
eto a disgrifio prif nodweddion yr ysbrydolrwydd hwn. Er enghraifft,
roedd y canlynol yn hollbwysig a sylfaenol: awdurdod y Beibl fel Gair
anffaeledig Duw, pregethu, darllen a deall y Gair, yr ailenedigaeth,
tröedigaeth, undod ysbrydol â Christ, gweddi a chymdeithasu â
Christnogion mewn eglwys leol – i gyd yng nghyd-destun perthynas
agos a chariadus â'r Arglwydd ac ymrwymiad iddo. Hynny'n union
oedd ysbrydolrwydd Elwyn.

I Elwyn, roedd Gair Duw yn drysor gwerthfawr, fel bwyd a moddion
i'r enaid ac fel llythyr cariadus oddi wrth ei Anwylyd. Yr oedd hefyd
yn llyfr byw, awdurdodol, cyffrous a deinamig lle roedd yr Arglwydd
yn siarad ac yn cyfarfod ag e. Cafodd lawenydd mawr a mwynhad
wrth ddarllen a myfyrio'n feunyddiol yn y Gair. Cadarnhawyd hyn
hefyd gan y Dr R. Geraint Gruffydd, ffrind agos i Elwyn am lawer o
flynyddoedd:

'Prif hyfrydwch Elwyn erioed oedd myfyrio ar genadwri'r Beibl –
yn enwedig ei hoff Efengyl Ioan – ac yna gyfleu ffrwyth ei fyfyrdod i
gynifer o bobl ag a ddymunai wrando arno.'[26]

Mae Elwyn ei hun yn tynnu ein sylw at bwysigrwydd y Beibl,
myfyrdod a moddion gras os ydym eisiau dod i well amgyffred ac
adnabyddiaeth o Dduw. Mewn myfyrdod, rydym yn 'defnyddio ein
meddwl hyd eithaf ein gallu ac yn rhoi amser i fyfyrio ar y gwirioneddau
mawr y daethom i fesur o ddealltwriaeth ohonynt eisoes.'[27] Ond, yn
ychwanegol, pwysleisiodd 'ein bod yn defnyddio'r cyfryngau y mae'r
Ysbryd Glân wedi eu hethol i amgyffrediad ehangach o'r gwirionedd. Y
Beibl: byw a bod ynddo; gwrando ar bregethau: disgwyl cael gwell gafael
ar y gwirionedd, pwy bynnag fydd yn pregethu'r gwir; profiadau'r saint:

26 R. Geraint Gruffydd, *Y Ffordd Gadarn: Ysgrifau Llên a Chrefydd*, gol. E. Wyn
James, (Pen-y-bont ar Ogwr: Gwasg Bryntirion, 2008), 340. Gw. isod, 51.
27 J. Elwyn Davies, 'Addoli mewn Ysbryd a Gwirionedd': *O Anerchiadau Cynhadledd
Gweinidogion*, 1991, 5.

darllen am yr hyn a ddatguddiwyd iddynt hwy o'r Gair; canu emynau mawr, emynau â'u cynnwys athrawiaethol yn fawr; cyd-weddïo, lle mae Duw yn arferol yn datguddio pethau amdano'i hun i'r sawl sy'n ei geisio.'

Gwelodd Elwyn hefyd pa mor angenrheidiol yw gwaith yr Ysbryd Glân yn ein hail-greu ni bechaduriaid yng Nghrist. Yn ei ddarlith, 'Epistemeg Gristnogol', a draddododd yn 1979, pwysleisiodd o'r Ysgrythur fod pob person, o achos pechod, yn elyn i Dduw o ran natur, yn ddall i bethau ysbrydol, yn gaeth hefyd i bechod ac yn farw'n ysbrydol; dyma oedd effaith y Cwymp arnom ni i gyd. Ond mae yna feddyginiaeth yn y Groes ac, meddai, 'Mae'r hollalluog Dduw yn abl i ail-greu dynion o'r tu mewn megis, eu newid yn gyfan gwbl o ran eu hysbryd, tynnu'r gwenwyn o gasineb-yn-erbyn Duw o'u gwythiennau, rhoi ysbryd newydd o'u mewn – eu haileni.'[28] Nid rhywbeth emosiynol, dynol na hawdd yw dod yn Gristion. Gwyrth ydyw, gwaith goruwchnaturiol yr Ysbryd Glân yn newid unigolion o'r tu mewn. Daeth hyn yn ffaith a realiti i fywyd Elwyn pan oedd yn fyfyriwr ym Mangor. A'i ddyhead wedyn, er mwyn plesio'i Waredwr, oedd byw trwy ufudd-dod i'r Gair. Roedd ganddo gywirdeb a safon uchel ym mhob rhan o'i fywyd. Dyna pam yr ysgrifennodd Idris Charles amdano yn ddiweddar:

'Fe allaf ddweud hyd y dydd heddiw na fûm mewn cwmni mwy ysbrydol na chwmni Mr Davies. I mi, roedd popeth a wyddom am yr Iesu yn goleuo trwyddo. Roedd ei gariad tuag ataf a'i ddylanwad arnaf yn fawr iawn.'[29]

Ac mae nifer fawr o bobl, o bob oedran dros gyfnod hir, yn gallu dweud yr un pethau amdano.

Roedd gweddi yng nghanol bywyd Elwyn; yn wir, gweddïwr oedd e, a dyma'r gyfrinach i'r modd y gallai fyw mor agos at yr Arglwydd.

Mae Mair yn ein hatgoffa am rai pethau a ddywedodd e ynglŷn â gweddi. Er enghraifft, treuliodd yr Arglwydd Iesu oriau gyda'i Dad nefol mewn gweddi, hyd yn oed yng nghanol prysurdeb ei weinidogaeth, ac

---

28 J. Elwyn Davies, ' "Yr Hyn a Wyddom" – Epistemeg Gristnogol', *Ysgrifau Diwinyddol*, 1, Golygydd Noel A. Gibbard (Gwasg Efengylaidd Cymru, 1979), 50-51.
29 Idris Charles, *Heb y Mwgwd* (Tal-y-bont, 2008), 107.

i Elwyn roedd esiampl yr Arglwydd yn golygu bod rhaid i Gristnogion hefyd dreulio amser yn gweddïo a mynegi eu dibyniaeth ar Dduw a'u gwerthfawrogiad o'i gymdeithas. Mewn gweddi hefyd, mae modd – fel y gwnâi Elwyn – ofyn am gael gwybod beth yw ewyllys Duw mewn sefyllfa benodol. 'Edmygai Bwyllgor WEC [Worldwide Evangelisation Crusade],'[30] meddai Mair, 'am eu bod yn rhoi diwrnod i weddïo cyn cynnal pwyllgor drannoeth.'[31]

Yn y cyd-destun hwn, rhoddai bwyslais mawr ar 'weddïo yn Ei enw'. Nid rhywbeth ffurfiol oedd hyn ond mater o geisio Duw ei hun a chael rhyddid i ymbil a chael y sicrwydd o dderbyn yr hyn a geisiai ganddo. Rhoddodd Elwyn ddiffiniad o 'weddïo yn ei enw' yn ei lyfr, *O! Ryfedd Ras*, sef gweddïo'n 'unol â'i ewyllys, sef, ei orchmynion a'i eiriau.'[32]

Cafodd un enghraifft o hyn argraff fawr ar Elwyn, a chyfeiriodd at y digwyddiad yn aml wrthyf. Gadewch imi roi'r cefndir. Cefais wahoddiad i arwain y Coleg newydd ym Mryntirion yn Hydref 1984. Gofynnais a gawn rai wythnosau i feddwl a gweddïo cyn ymateb oherwydd bod un peth yn achosi pryder mawr i mi. Yn y Cyngor canlynol, roedd yn amlwg na fyddai'n bosibl imi ymateb yn ffafriol, a dywedais hynny. Roedd aelodau'r Cyngor yn siomedig, felly, ar ran y Cyngor, gofynnodd Elwyn i mi ailystyried a chyfarfod ag ef a rhywun arall fore drannoeth. Cytunais yn y diwedd, ond doedd y sefyllfa drannoeth ddim wedi gwella chwaith, ac am tua dwyawr bu trafodaeth onest ond annymunol. Yn sydyn, tua hanner awr wedi un ar ddeg, newidiodd agwedd y person arall yn llwyr ac yn rhyfeddol. Roedd yn wyrth.

Dychwelais i Fangor, ac yn hwyrach y noson honno fe ffoniodd y Parch. Arthur Neil fi o Loegr. Ni wyddai ddim oll am yr helynt, ond ei gwestiwn cyntaf oedd: 'Beth oedd yn digwydd i chi y bore yma?' Cyn imi gael cyfle i ateb, meddai: 'Roeddwn i'n paratoi pregethau y bore yma, ac yn sydyn fe deimlais faich i weddïo drosoch. Daliais ati am hanner awr mewn gweddi ddyfal, ond tua hanner awr wedi un ar ddeg, cefais sicrwydd bod yr Arglwydd wedi ateb fy ngweddi drosoch a'ch

---

30 Worldwide Evangelization Crusade: cymdeithas genhadol efengylaidd a ddaeth yn enwog dros y blynyddoedd.
31 Mair Eluned Davies, 'Dyddiadau Elwyn a rhai o'i nodweddion'.
32 Tud. 68.

bod chi'n rhydd i wneud yr hyn rydych chi i fod i'w wneud.' Pan rannais i hyn gydag Elwyn yn hwyrach, roedd e'n llawenhau ac yn rhyfeddu. Dro ar ôl tro wedyn, soniodd wrthyf am y digwyddiad, 'Dyna weddi yn enw'r Arglwydd Iesu', meddai, 'a rhaid i ninnau weddïo mwy yn Ei enw fel Arthur Neil'. Roedd gweddi felly yn rhywbeth cyffrous a phwerus i Elwyn, a phrofodd ef ei hun atebion tebyg yn aml.

Yng nghynhadledd Gweinidogion y Bala ym Mehefin 1982, cafodd Elwyn y cyfrifoldeb a'r fraint o roi'r neges glo cyn i bawb adael am adref. Dewisodd Luc 11:1–13 yn destun, gan ofyn y cwestiynau allweddol, 'Sut y gallwn ni fod yn ddynion sy'n gweddïo'n ddyfal?' a 'Sut y gallwn ni ddyfalbarhau mewn gweddi a bod yn daer?' Fel ateb, rhoddodd bedwar o sylwadau o'r testun.[33]

Yn gyntaf, pwysleisiodd y ffaith bod gweddi'n golygu llawer mwy na gofyn am bethau oddi wrth Dduw. Cyfeiriodd at yr ail a'r drydedd adnod yn Luc 11 i danlinellu'r pethau y mae'r Arglwydd yn ei ddweud y dylem ofyn amdanynt. Ond, meddai Elwyn, nid yw'r Arglwydd yn addo y bydd gofyn yn unig yn cael atebion, oherwydd mae cyfrifoldeb arnom ni hefyd i geisio a churo ar ddrws y nef am y pethau hyn.

Yn ail, does dim gwir daerineb mewn gweddi oni bai ein bod ni ein hunain yn hiraethu am bethau fel enw'r Arglwydd i gael ei ddyrchafu a'i deyrnas i ddod mewn grym.

Yn drydydd, mae angen ein hatgoffa ein hunain bod Duw'n fodlon iawn i ni brofi pethau mawr mewn gweddi. Dyfynnodd adnodau 9 a 10 i brofi'r pwynt. Mae'r addewid yn cael ei roi i bob Cristion, ac ni fydd Duw yn ein gwawdio. Felly, dylem dderbyn Ei barodrwydd i roi y pethau da i ni ond bod rhaid hefyd i ni eu ceisio o ddifrif. Dyma ein dyletswydd a'n braint, ond gwaetha'r modd dyma lle rydym yn tueddu i ildio heb geisio o ddifrif.

Yn bedwerydd, dydy hi ddim yn bosibl dyfalbarhau mewn gweddi os nad ydym yn credu bod yr Arglwydd gyda ni i'n helpu. Bydd yr Ysbryd Glân yn ein harwain ac yn ein galluogi mewn gweddi. Rhaid dyfalbarhau! Roedd neges Elwyn yn heriol iawn ond dangosai hefyd pa mor bwysig oedd gweddi i Elwyn a'i faich dros weld gweinidogion

---

33 Nodiadau gan yr awdur.

yn gweddïo'n effeithiol.

Nodwedd arall yn ysbrydolrwydd Elwyn, sy'n haeddu sylw yma, oedd ei ymrwymiad i'r Gwaredwr. Rhoddodd ei hun Iddo'n gyfan gwbl. Gadewch i mi roi un enghraifft yn unig, ond un sydd wedi bod yn her fawr i ddarllenwyr y *Cylchgrawn Efengylaidd*. Cyhoeddodd Elwyn erthygl yn y cylchgrawn hwnnw yn 1956 ar bwnc canolog ac ymarferol, sef 'Gwrthgilwyr Diarwybod'. Fe gymerodd yn ganiataol, ac yn ôl yr Ysgrythur, bod Cristnogion yn caru Duw. Ond, yn fuan yn ei erthygl, aeth mlaen i ofyn dau gwestiwn i brofi realiti a chryfder eu cariad at Dduw. Y cwestiwn cyntaf yw: 'A ydych chwi yn caru Duw *â'ch holl galon, â'ch holl enaid, â'ch holl nerth?*'[34] Gofynnodd wedyn: 'A wyddoch chwi a minnau rywbeth am y cariad *yma* at Dduw y dyddiau hyn? . . . Ai rhywbeth ysbeidiol, egwan ac eiddil ei ddylanwad ydyw?' Awgrymir ein bod ni fel Cristnogion wedi colli gwefr a realiti ein cariad at ein Harglwydd. Wedyn mae'r erthygl yn mynd rhagddi i sôn am dri math o Gristion heddiw.[35] 'Yn gyntaf, rhaid cyfaddef bod dosbarth helaeth o gredinwyr . . . sydd i bob ymddangosiad wedi gwadu eu proffes ac wedi dychwelyd i'r byd.' Y dosbarth arall yw 'gwrthgilwyr diarwybod': yn allanol y mae aelodau'r dosbarth yma yn darllen y Beibl ac yn 'gweddïo, tystiolaethu, degymu, mynychu cyfarfodydd yn rheolaidd . . . y maent yn blant i Dduw, *ond gwrthgiliasant oddi wrtho.*'

Ond sut y digwyddodd hynny? Ei ateb yw ein bod ni'n euog o esgeuluso ein cymdeithas â Duw a chyda'i Fab Iesu Grist. Felly, esgeuluso Duw Ei Hun yw ein prif bechod, ac mae gennyn ni gyfrifoldeb i droi'n ôl ato Fe mewn edifeirwch a rhoi y lle cyntaf yn ein calonnau iddo Fe heb oedi. Mae aelodau'r trydydd dosbarth yn rhoi Duw Ei Hun yn gyntaf. Ni all dim arall beri i'r rhain 'esgeuluso'r awr weddi' na'u cymdeithas ag Ef.

Apeliodd cyn gorffen ar i ni ddychwelyd at Dduw: 'i'n rhoddi'n hunain yn gyfan gwbl iddo Ef, nid i'w wasanaeth yn y lle cyntaf, ond iddo Ef, i'w gymdeithas . . . Mynnwn roddi blaenoriaeth ar bopeth arall i'n perthynas â Duw, ac fe gawn y bydd ein bywyd ysbrydol yn adnewyddu

---

34 J. Elwyn Davies, 'Gwrthgilwyr Diarwybod', Y Cylchgrawn Efengylaidd, Cyfrol 3, Rhif V (Gwanwyn/Haf 1956): 22. Gw. isod, 127.
35 Gw. isod, 128.

drwyddo draw. Fe ddychwel ein *cariad* tuag ato, fe ddychwel hefyd ein cariad at ddynion.'[36]

Gwelwn yma fod ysbrydolrwydd Elwyn yn Feiblaidd, yn weddigar, yn foesol ac ymarferol ond hefyd yn ddeinamig ac arbrofol, yn llifo allan o'i berthynas glòs â Christ a'r Ysbryd Glân. Mae ganddo lawer iawn i'w ddysgu i ni a'n herio ynglŷn ag ysbrydolrwydd Cristnogol.

Undod Cristnogol ac Eglwysig

Yn arwynebol, byddai'n bosibl dehongli agwedd Elwyn at undod Cristnogol ac eglwysig yn nhermau dylanwad Dr Martyn Lloyd-Jones yn unig. Yn wir, roedd Elwyn yn agos iawn at 'y Doctor' dros nifer o flynyddoedd ac yn ffyddlon iddo hyd y diwedd. Edmygai ef fel pregethwr, bugail, diwinydd, cynghorwr a Chymro Cymraeg. Mae'n wir hefyd bod Martyn Lloyd-Jones wedi cyflwyno nifer dda o weinidogion ifainc yng Nghymru i ddiwinyddiaeth ddiwygiedig, ac yn arbennig yn y 1950au a'r 1960au. Digwyddodd hyn mewn ffordd amlwg iawn yng nghynadleddau IVF Cymru yn y Borth ger Aberystwyth yn y pumdegau cynnar, a chafodd Elwyn hefyd ei fendithio a'i argyhoeddi ar y pryd fod yr athrawiaethau hyn yn Ysgrythurol ond, yn ychwanegol, yn rhan o'n traddodiad ni yng Nghymru. Cyfrannodd Martyn Lloyd-Jones eto yn sylweddol iawn yn y chwedegau gan esbonio natur ac undod yr eglwys ac arwyddocâd sgism. Cofir o hyd am Martyn Lloyd-Jones yn siarad trwy wahoddiad ar y pwnc yn y 'National Assembly of Evangelicals' yn Llundain yn 1966. Roedd ei gyfraniad yn hanesyddol, heriol a dadleuol ac yn drobwynt yn hanes efengylwyr yn Lloegr a Chymru. Cytunodd Elwyn a nifer o bobl o Gymru gyda Lloyd-Jones, a mynegodd ef bethau yr oedd Elwyn ei hun wedi ymgodymu â nhw ac wedi dadlau drostynt. Yn ddi-os, cafodd Elwyn ei ysgogi a'i herio'n fawr iawn wrth ystyried neges 'y Doctor' ynglŷn â natur ac undod yr eglwys.

Nid wyf yn gwadu hyn o gwbl, ac eto rwy'n anghytuno bod Elwyn ac efengylwyr eraill yng Nghymru yn dilyn Lloyd-Jones fel defaid a heb feddwl drostynt eu hunain. Doedd hynny ddim yn wir. Ond yr hyn oedd yn wir oedd y ffaith bod Elwyn a Lloyd-Jones wedi cyrraedd yr un ddealltwriaeth ynglŷn â natur yr eglwys ond mewn gwahanol

---

36 Gw. isod, 130.

ffyrdd. Byddaf yn dadlau'r pwynt yn fanwl rywle arall, ond hoffwn yma gyflwyno a chymhwyso'r hyn a ddysgodd Elwyn am undod ar bedair lefel er mwyn osgoi'r perygl o gamddeall ein gilydd a chuddio y tu ôl i amwysedd yn y drafodaeth.

a) Y lefel gyntaf, wrth gwrs, yw cariad rhwng Cristnogion, a rhwng Cristnogion o wahanol enwadau, gwledydd a chefndir.

Ar ôl ei dröedigaeth yn 1947, sylweddolodd Elwyn fwy a mwy fod ganddo frodyr a chwiorydd yng Nghrist. Dim rhyfedd bod Noel Gibbard yn gallu nodi: 'Yn ôl ym Mangor dyfnhaodd yr awydd yng nghalon Elwyn Davies, ac eraill, i gymdeithasu mwy gyda rhai o gyffelyb brofiad a chredo.'[37] Nid rhywbeth caeth oedd hyn er mwyn creu clic na rhan o ymgais i gau pobl eraill allan chwaith, ond ymateb radical o ganlyniad i waith goruwchnaturiol yr Ysbryd Glân (Galatiaid 5:22–23) yn ei fywyd. Gan ddyfynnu Ioan 13:34–35, pwysleisiodd Elwyn fod gan Gristnogion bob amser ac ym mhob man y cyfrifoldeb i garu ei gilydd.[38] Roedd ef ei hun yn esiampl arbennig o hyn mewn nifer o ffyrdd.

b) Yr ail lefel i'w nodi yw'r ffaith fod pob Cristion yn perthyn i'r eglwys.

Mae'r pwynt yn amlwg ac yn Ysgrythurol ond rhoddodd Elwyn rybudd cryf hefyd: 'Dyma'r man lle rydym yn dechrau,' meddai. 'Er mwyn perthyn i gorff Crist, mae'n rhaid i ni yn gyntaf berthyn i Grist.'[39] A dyma'r hyn yr oedd rhai o'n henwadau ni yng Nghymru yn sefyll drosto yn y gorffennol ond nid cymaint heddiw. Er enghraifft, pedair ar ddeg oedd Elwyn pan ymaelododd yng Nghapel Pendref, Caernarfon. Dyma ei sylw wrth edrych yn ôl ar yr achlysur: 'Doedd yna ddim holi am brofiad ar faterion megis prun a oeddem ni'n credu ai peidio a sut y buasem yn gwybod.'[40] Roedd e'n 'mynd drwy'r drefn' o gael ei dderbyn ond, meddai, 'doedd yr efengyl ei hun ddim yn amlwg o bell ffordd.' A dyna oedd fy mhrofiad innau mewn enwad gwahanol. Ond mae'r wir

---

37 Noel Gibbard, *Cofio Hanner Canrif: Hanes Mudiad Efengylaidd Cymru* 1948-1998 (Pen-y-bont ar Ogwr: Gwasg Bryntirion, 2000), 23.

38 J. Elwyn Davies, *Striving Together: The Evangelical Movement of Wales – its principles and aims* (Pen-y-bont ar Ogwr: Evangelical Press of Wales, 1984), 14.

39 Davies, *Striving Together*, 12.

40 Cyfweliad, 3.

eglwys, yn ôl y Testament Newydd, yn cynnwys credinwyr yn unig, hynny yw, rhai sydd wedi'u haileni ac yn adnabod y Gwaredwr. Dim ond y rheini sy'n ffurfio corff Crist (1 Cor. 12:27; 1:2).[41]

c) Mae'r lefel nesaf yn yr athrawiaeth yr ymlynai Elwyn wrthi yn dilyn, sef nad rhwng yr enwadau ond ar draws yr enwadau y mae gwir undod Cristnogol.

Dyna oedd ei brofiad fel myfyriwr ac yn ei weinidogaeth dros lawer o flynyddoedd. Un rheswm pam y trefnodd y Mudiad nifer o seiadau dros Gymru yn y 1950au a'r 1960au oedd ei gonsýrn dros ddarparu dysgeidiaeth Feiblaidd a chymdeithas i Gristnogion o wahanol eglwysi enwadol yn eu hardal eu hunain pan nad oedd gweinidogaeth Feiblaidd gyson ar gael na chyfle i gymdeithasu gyda Christnogion eraill yn eu heglwysi. Am yr un rheswm hefyd, yn 1967, trefnodd y Mudiad gymdeithasau dros Gymru i'r gweinidogion efengylaidd, ac roedd y rheini'n gweinidogaethu mewn nifer o wahanol enwadau. Roedd undod clòs yn eu plith, ond undod ar draws eu henwadau ac yn yr efengyl a'i gwirioneddau.

ch) Er mwyn egluro'r pwynt hwn ymhellach, rwy'n tynnu eich sylw at lefel arall yn nysgeidiaeth Elwyn, sef ei fod yn anhapus gyda chynlluniau i uno rhai enwadau yng Nghymru ond am resymau da.

Digwyddodd sawl peth yn 1962–1963 i wneud y cyfnod hwnnw'n allweddol iawn o safbwynt undod eglwysig. Cynigiodd Syr David James swm hael o arian ar yr amod fod yr enwadau Anghydffurfiol yng Nghymru yn uno ac mewn amser byr hefyd. Roedd y cynnig yn annisgwyl ac yn heriol, ond ymatebodd yr eglwysi mewn ffordd ffafriol ar y cyfan. Roedd hefyd deimlad o gynnwrf a disgwyliad ymhlith arweinwyr ac aelodau'r eglwysi. Cyhoeddodd y pedwar enwad gynllun yn 1963, *Tuag at Uno*, ac un arall mwy manwl ac uchelgeisiol yn 1965 dan y teitl, *Cynllun uno: Eglwys Unedig Cymru*. Nid oedd pawb yn hapus â'r datblygiadau hyn, ac yn eu plith roedd yr efengylwyr. Ond roedd Dr Martyn Lloyd-Jones eisiau i'r eglwysi uno! Ymateb annisgwyl? Efallai hynny. Ond gadewch i'r 'Doctor' esbonio:

---

41 Davies, *Striving Together*, 12.

'. . . fy nghred i yw y dylai'r enwadau i gyd yng Nghymru (gan gynnwys yr Eglwys esgobol) uno â'i gilydd ar unwaith, gan nad oes dim o bwys yn eu gwahaniaethu yn ddiwinyddol nac yn athrawiaethol! Ond, ar yr un egwyddor yn union, ni ellir disgwyl i'r sawl a anghytuna â hwynt, ar gwestiynau hanfodol a sylfaenol, fod yn rhan o'r eglwys unedig honno.'[42]

Aeth ymlaen i sôn am ystyriaethau pwysig ynglŷn â'r eglwys unedig oedd yn cael eu hystyried fel awdurdod, traddodiad a chred.

Ymatebodd Elwyn Davies ar ran y Mudiad i'r cynllun *Tuag at Uno* mewn taflen, *The United Church of Wales*.[43] Mae ymateb Elwyn yn fanwl, sensitif a diwinyddol, ac roedd yn rhagweld perygl mewn creu eglwys hollol newydd. Pam? Mae'r rheswm cyntaf a roddodd yn annisgwyl; doedd y cynllun ddim wedi manylu ar yr hyn y dylai'r enwadau ei ildio er mwyn uno. Ond rheswm arall, pwysicach iddo fe, oedd y methiant i fynegi a chyfiawnhau'r cynllun yng ngolau'r Beibl fel y prif awdurdod mewn materion o ffydd ac ymarweddiad. Rhoddai'r cynllun yn hytrach bwyslais ar yr ymarferol. Ar ddiwedd y daflen, awgrymodd Elwyn 'yr unig ateb' i'r sefyllfa eglwysig, sef troi'n ôl fel enwadau at y Testament Newydd a diwygio'n hunain a'n syniadau a'n hymarweddiad.

Yn ôl yr Athro Densil Morgan, erbyn 1962 caledodd agweddau Lloyd-Jones a'r Mudiad cryn lawer tuag at eciwmeniaeth.[44] Ymhellach ymlaen, mae'n tanlinellu'r pwynt yn gryfach fyth. Erbyn canol y chwedegau, meddai, roedd mynegiant o efengyliaeth o safbwynt y Mudiad yn tueddu at fod yn Galfinaidd a 'separatist and ... strongly judgemental of other forms of Christian faith.'[45] A oedd hyn yn wir? Rwy'n ofni bod yr Athro Morgan yn annheg yn ei ddehongliad o ymateb y Mudiad rhwng 1962 a 1965. Er mwyn deall 1962 yn iawn, mae'n angenrheidiol ein bod ni'n ei atgoffa ef a ninnau am y cefndir pwysig ac allweddol. Ni fydd neb yn gallu deall agwedd yr efengylwyr

42 D. Martyn Lloyd-Jones, *Llais y Doctor: Detholiad o waith Cyhoeddedig Cymraeg* (Pen-y-bont ar Ogwr: Gwasg Bryntirion, 1999), 90.
43 J. Elwyn Davies, *The United Church of Wales: Comments on the report of the Joint Committee of the Four Denominations* (Port Talbot: Evangelical Movement of Wales), dd.
44 Morgan, *The Span of the Cross*, 217.
45 Morgan, *The Span of the Cross*, 248.

yng Nghymru tuag at undod eglwysig heb werthfawrogi'r cefndir a'r digwyddiadau a arweiniodd at 1962. Yn y cyd-destun hwn, hoffwn dynnu sylw at bedwar peth.

Yn gyntaf, mae'n bwysig rhoi ychydig o gefndir hanesyddol er mwyn deall y sefyllfa a oedd yn wynebu'r efengylwyr yn y 1950au a'r 1960au. Cafodd Cyngor Eglwysi'r Byd ei sefydlu yn 1948 yn Amsterdam ac wedyn Cyngor Eglwysi Cymru yn 1956.[46] Cytunodd y pedwar enwad, sef yr Eglwys yng Nghymru, yr Eglwys Fethodistaidd ym Mhrydain, Eglwys Bresbyteraidd Cymru, yr Eglwys Unedig Ddiwygiedig yn Lloegr a Chymru – a hefyd rai eglwysi lleol bedyddiedig – i gyfamodi er mwyn creu perthynas newydd rhyngddyn nhw, gyda'r bwriad o ffurfio eglwys unedig yn y diwedd. Roedd pwysau, felly, ar eglwysi a hefyd ar efengylwyr i fod yn rhan o'r mudiad eciwmenaidd.

Mae Noel Davies yn pwysleisio'r ffaith fod cydweithrediad lleol wedi paratoi'r ffordd ar gyfer ffurfio Cyngor Eglwysi Cymru[47] ac, erbyn 1969, ymaelododd chwe deg o Gynghorau lleol.[48] Mewn rhai ardaloedd, gweithiodd y Cyngor Eglwysi lleol yn effeithiol iawn ac mewn gwahanol ffyrdd hefyd. Er enghraifft, yng Nghwm Llynfi yn y chwedegau lle roeddwn i'n gweinidogaethu, trefnodd y Cyngor Eglwysi nifer o bethau. Yn un rhan o'r cwm (Caerau), trefnodd yr eglwysi bron i gyd i ddathlu'r Sulgwyn gyda gorymdaith trwy strydoedd y pentref ac wedyn cynnal oedfa awyr agored. Nid yn unig y capeli a'r Eglwys yng Nghymru a gymerodd ran ond hefyd grŵp o Ysbrydegwyr! Mae un peth yn sicr: roedd pwysau ar yr eglwysi a'r efengylwyr i fod yn rhan o fudiad eciwmenaidd ar lefelau lleol, cenedlaethol a rhyngwladol. Felly, dyma un ffactor pwysig oedd wedi gorfodi efengylwyr i ail ystyried athrawiaethau Ysgrythurol fel natur yr eglwys a'u perthynas â'r enwadau.

Yn ail, roedd symudiad gwahanol, un ysbrydol a chyffrous, yn mynd ymlaen hefyd yng Nghymru ac ym Mhrydain yn ystod y pedwardegau, y pumdegau a'r chwedegau. Dyma rai o'r geiriau y gallwn eu defnyddio

---

46 Cytûn o 1999 ymlaen.

47 Noel A. Davies, *A History of Ecumenism in Wales 1956-1990* (Cardiff: University of Wales Press, 2008), 31.

48 Davies, *Ecumenism in Wales*, 41.

i ddisgrifio'n gywir y digwyddiadau annisgwyl ond nerthol oedd ar droed yng Nghymru ar y pryd ymhlith Cristnogion o wahanol enwadau – bywyd; bendith; gweddi ddyfal; pŵer; sêl; cyfarfodydd bythgofiadwy; disgwyliad, ond siom hefyd.

Bywyd? Ie, yn sicr. Mae'n amhosibl cyfrif faint o bobl yn y Colegau a thu allan a gafodd eu hachub rhwng 1947 a 1962. Roedd bendith aruthrol ar y Gair yn y Colegau, mewn cyfarfodydd pregethu, ymgyrchoedd ffrwythlon mewn trefi fel y Bala a Llanelli, a hefyd wersylloedd i blant a phobl ifainc o 1954 ymlaen a chynadleddau'r Cylchgrawn a'r Mudiad a'r IVF hefyd. Does dim gair arall ond bendith i ddisgrifio blynyddoedd cyntaf y Mudiad. Roedd pŵer ar rai pregethwyr yn y cyfnod hwnnw. Dyma oedd Calfiniaeth ar dân! Ond beth am y siom? Mae'r ateb i'r cwestiwn i'w weld yn y pwynt nesaf.

Yn drydydd, roedd ymddangosiad y Mudiad Eciwmenaidd, ac yn arbennig ar lefelau lleol a chenedlaethol, wedi gorfodi arweinwyr y Mudiad Efengylaidd a gweinidogion yn eu cymdeithasau efengylaidd yng Nghymru i ystyried, fel mater o frys, natur yr eglwys. Cyhoeddodd y Mudiad sawl pamffledyn cyn cyhoeddi *Yr Eglwys Gristnogol* yn 1966. Roedd hwn yn llyfryn yn disgrifio awdurdod a natur yr eglwys yn ôl y Testament Newydd, gan roi pwyslais ar awdurdod a digonolrwydd yr Ysgrythur a'r ffaith bod aelodau'r eglwys i fod yn bobl wedi'u haileni. Doedd neb yn y Mudiad Efengylaidd yn honni bod y llyfryn yn anffaeledig, fel y mae Noel Gibbard yn ei danlinellu drwy ddyfynnu o *Yr Eglwys Gristnogol*:

'Os ydym wedi crwydro o gwbl oddi wrth y ddysgeidiaeth feiblaidd [meddai'r awduron] gwahoddwn y sawl a ddarlleno i'n goleuo, a gobeithio y cawn y gras i gymryd ein cywiro. Awydd am ogoneddu Duw a bod yn ufudd i'w Air Ef yn unig sy'n ein cymell.'[49]

Ond y tu ôl i'r llyfryn yr oedd gwaith caled, trylwyr a gweddigar dros gyfnod hir gan sawl un ac, yn ychwanegol, gan nifer dda o weinidogion yn eu Cymdeithasau, a hefyd yng nghynadleddau'r gweinidogion yn y Bala. Rwy'n pwysleisio'r pwynt achos roedd y Mudiad wedi astudio athrawiaethau fel natur yr eglwys am bron dair blynedd cyn Hydref

---

49 Noel Gibbard, *Cofio Hanner Canrif*, 152.

1966 pan roddodd Lloyd-Jones ei anerchiad hanesyddol yn Llundain. Doedd y Cymry ddim yn dibynnu ar 'y Doctor' yn gyfan gwbl. Nid ymatebodd efengylwyr yng Nghymru yn sydyn heb ystyried yn ofalus.

Yn bedwerydd, er bod rhai efengylwyr wedi gwahanu oddi wrth eu henwadau, roedd rhai eraill wedi aros y tu mewn i'w sefyllfaoedd enwadol ond hefyd y tu mewn i'r Mudiad Efengylaidd. Roedd tensiwn weithiau, ac ymatebodd rhai unigolion gyda diffyg gras a doethineb tuag at eu brodyr. Doedd dim esgus am hynny o gwbl, ac nid wyf yn amddiffyn y fath ymddygiad. Ar y llaw arall, roedd nifer dda o ddynion y tu mewn a thu allan i'r enwadau wedi cadw eu cymdeithas gyda'i gilydd yn glòs ac yn ddidwyll iawn. Roedd rhai hefyd yn cefnogi eu brodyr mewn ffordd ymarferol megis pregethu yn eu heglwysi a'u calonogi. A dyna rywbeth a wnaeth Elwyn dros y blynyddoedd, ac roedd y Mudiad Efengylaidd yn sefyll yn gryf iawn dros hynny, sef, undod yn yr efengyl.

d) Y peth olaf yr hoffwn ein hatgoffa ein hunain amdano yw'r ffaith bod undod efengylaidd yn hollbwysig i Elwyn ac i'r Mudiad.

Dywedodd Mair, gwraig Elwyn, amdano: 'Gweithiodd yn ddiarbed i geisio sicrhau hyn. Ni ddylid gwahanu, meddai, ar bethau eilbwys. Roedd bob amser yn deg iawn gyda brodyr iddo yn yr eglwysi enwadol. Roedd eisiau i bawb fod yn gytûn.'

Mae'r llyfr a ysgrifennodd Elwyn ar undod, *Striving Together*, yn haeddu cael llawer mwy o sylw gan Gristnogion. Llyfr bach yw e gyda 56 o dudalennau. Gallwn awgrymu sawl rheswm pam y mae'r llyfr hwn yn haeddu ein sylw heddiw.

Yn gyntaf, yn fy marn i, dyma'r llyfr pwysicaf a ysgrifennodd Elwyn ac efallai'r llyfr pwysicaf a gyhoeddodd y Mudiad, o leiaf yn y 1980au. Mae pwysigrwydd y llyfr i'w weld yn y ffaith ei fod yn crynhoi hanes y Mudiad ond yng nghyd-destun yr eglwysi yng Nghymru. Wedyn mae'n mynd ymlaen i ddanlinellu rhai egwyddorion Beiblaidd er mwyn eu cymhwyso i'r sefyllfa gymhleth a rhoi arweiniad clir i efengylwyr.

Mae'r llyfr yn bwysig am reswm arall hefyd. Er bod y sefyllfa gyfoes wedi newid ers yr wythdegau, mae'r llyfr hwn yn dal i fod yn berthnasol iawn ac yn heriol i ni ynglŷn ag undod Cristnogol ac eglwysig. Nid mater nawr o wahanu oddi wrth yr enwadau cymaint ond efengylwyr yn gwahanu oddi wrth ei gilydd o achos pethau eilbwys neu hyd yn oed o achos rhywbeth mwy personol. Dyma lle mae llyfr Elwyn yn ein herio ni i gyd i feddwl a gweithredu ar sail yr Ysgrythur, ac nid ar sail pethau eilbwys.

Er mwyn ein helpu i wneud hyn, canolbwyntiodd Elwyn ar yr egwyddorion Beiblaidd a sylfaenol ynglŷn â'r eglwys ac undod. Er enghraifft, ar ôl esbonio beth yw'r eglwys neu Gorff Crist, pwysleisiodd ein bod ni'n un yn yr Arglwydd gyda dyletswydd i ddangos i'r byd ein hundod (Ioan 17:17, 21, 23). Yn rhy aml, rydym yn dangos i'r byd ein rhaniadau yn lle ein hundod.[50] Ond beth am ein hanghytundebau? Unwaith eto mae Elwyn yn realydd yn ei ffordd o wynebu'r broblem. Yn lle torri cymdeithas gyda rhai eglwysi efengylaidd, pwysleisiodd Elwyn yr angen i fynegi parch tuag at ein gilydd ac i gofio ein bod ni'n perthyn i'r un teulu, teulu Duw. Rhan o'n cyfrifoldeb ni hefyd yw gwneud pob peth posibl mewn parch a chariad i helpu'n gilydd fel eglwysi i ddeall ac ufuddhau mwy i'r Gair.[51] Yn ychwanegol, derbyniodd Elwyn ddehongliad Lloyd-Jones ynglŷn â'r gair 'sgism' trwy 1 Corinthiaid 12:25. Cristnogion yn unig sy'n gallu bod yn euog o hyn, nid trwy adael eglwysi enwadol ond trwy wahanu oddi wrth eu brodyr a'u chwiorydd yng Nghrist.[52]

Mae'n llyfr pwysig iawn, felly, ac mae'n haeddu cael ei olygu a'i ailgyhoeddi a'i ddarllen hefyd gan genhedlaeth newydd o Gristnogion. Yr hyn y mae'r llyfr yn ei wneud, wrth gwrs, yw mynegi'r baich a deimlai Elwyn dros undod rhwng Cristnogion ac eglwysi efengylaidd. Yn amlwg, rhoddodd o'i amser a'i egni i feddwl dros y pethau hyn, a gweddïodd hefyd yn gyson dros wir undod a chariad rhyngddynt.

Ymaelododd y Mudiad Efengylaidd â Chyngor Efengylaidd Prydain[53] yn 1967, a rhwng 1969 a 1972 cafodd Elwyn ei ddewis i fod yn Llywydd. Roedd y swydd honno wedi golygu llawer mwy o waith iddo fe a llawer

---

50 Davies, *Striving Together*, 17.
51 Davies, *Striving Together*, 33.
52 Davies, *Striving Together*, 8-9.
53 British Evangelical Council.

o deithio hefyd, ond fe'i gwnaeth yn fodlon iawn o 'achos bod undod efengylaidd yn fater pwysig ar ei galon yr holl amser', meddai Mair. 'Un cwestiwn a ofynnodd e'n aml oedd, "Pam y dylai brodyr wahanu?". '

Pam yr ymaelododd y Mudiad â'r BEC?[54] Roedd sawl rheswm, ond dau reswm sy'n berthnasol yma. Un rheswm oedd y cyfle i ymgynghori a chydweithio gydag arweinwyr eglwysi a gwahanol enwadau efengylaidd ym Mhrydain, ac i'r eglwysi gael cyfle i ddysgu oddi wrth ei gilydd.[55] Mae rheswm arall sy'n fwy sylfaenol, sef y cyfle a roddwyd i fynegi undod mor eang â phosibl ond ar sail yr Ysgrythur fel y prif awdurdod ym mhob peth. Enillodd Elwyn barch uchel gan arweinwyr ac eglwysi y tu mewn i'r BEC am ei weledigaeth a'i gonsýrn, ei ddoethineb a'i allu i feddwl yn glir ac yn ddiwinyddol o'r Gair.

Mae gennym ni heddiw lawer mwy i ddysgu am wir undod y tu mewn i'n heglwysi a hefyd rhwng eglwysi. Mae cryn ffordd gennym ni i fynd er mwyn gweithredu'r egwyddorion a oedd mor bwysig i Elwyn.

Diwygiad

Mae Pasg 1947 ac Ionawr 1948 yn ddyddiadau pwysig ym mywyd Elwyn ac yn hanes efengylwyr yng Nghymru. Gyda rhai eraill, trefnodd encil ym Mhlas-y-nant, Betws Garmon, ger Caernarfon ar gyfer y myfyrwyr ym Mangor. A dyna lle y cafodd Elwyn a dau arall eu tröedigaeth. Geiriau o'r adnod yn 1 Corinthiaid 15:34 a ddaeth yn ôl ato, ond y tro hwn gydag argyhoeddiad dwfn. Cyn diwedd yr encil, profodd faddeuant llawn a llawenydd mawr yn yr Arglwydd. Dros yr wythnosau canlynol, cafodd nifer o fyfyrwyr ym Mangor eu haileni, ac roedd yn gyfnod calonogol.

Heb iddo wybod ar y pryd, roedd cyfnod o fendith arbennig o'i flaen, gan ddechrau'n annisgwyl yn yr encil ddilynol yn Ionawr 1948. Ond cyn dweud rhagor am yr encil honno, hoffwn wahaniaethu rhwng gwaith cyffredin a gwaith anghyffredin yr Ysbryd Glân, gan y bydd hyn yn rhoi fframwaith diwinyddol i ni er mwyn deall a gwerthfawrogi'r hyn a ddigwyddodd i Elwyn a pham yr oedd ganddo gymaint o faich

---

54 Enw newydd yw Affinity.
55 Davies, *Striving Together*, 35.

dros ddiwygiad.

Rhan o waith cyffredin yr Ysbryd Glân yw'r aileni, ac wedyn mae E'n trigo ym mhob Cristion gan eu nerthu a'u galluogi nhw i adnabod eu Gwaredwr yn well a bod yn ufudd iddo. Mewn gweddi hefyd, neu amserau o ddarllen y Gair, mae'r Ysbryd Glân yn gweinidogaethu i Gristnogion. Felly, mae gwaith cyffredin yr Ysbryd Glân yn mynd ymlaen o hyd, a does neb yn gallu dod yn Gristion neu aros yn Gristion heb Ei waith a'i nerth.

Pwysleisiai Elwyn hyn yn gyson, sef, pwysigrwydd a ffrwyth yr Ysbryd Glân ynom ni. Er enghraifft, mewn anerchiad i Gynhadledd y Gweinidogion yn y Bala yn 1991, pan oedd yn trafod y pwnc 'Addoli mewn Ysbryd a Gwirionedd', cyfeiriodd at ganlyniadau ailenedigaeth: '. . . rhaid inni fynnu bod i ailenedigaeth ganlyniadau ysbrydol parhaol . . . Mae'r bywyd ysbrydol y mae Iesu Grist yn ei roi i ddynion yn brigo i'r wyneb o hyd . . . Mae'r ffynnon a esyd yr Arglwydd Iesu Grist o'n mewn yn rhoi o'i dyfroedd yn gyson. Ffynnon yw hi.' Ychwanegodd yn nes ymlaen: 'mae'n hanfodol sylweddoli ein bod yn gyfan gwbl ddibynnol ar yr Ysbryd Glân.' Gan ddyfynnu Ioan 7:37–39, 14:16–18, meddai Elwyn: 'Yr Ysbryd Glân o'n mewn yw'r elfen bwysicaf . . . yr Ysbryd Glân o'n mewn sy'n gyfrifol am y ffaith bod y ffynnon yn dal i darddu o hyd . . .' Ac mae hyn yn wir am bob Cristion ac yn rhan o'i waith cyffredin.

Ond, yn ychwanegol, mae'r Ysbryd Glân yn gallu gweithio mewn ffordd nerthol dros ben. Mae gwahaniaeth rhwng gwaith cyffredin ac anghyffredin yr Ysbryd, ond mae'r gwahaniaeth yn un o raddau'n unig, nid ansawdd. A dyma'r hyn a welwn yn yr ail encil ar gyfer pobl ifainc yn Nhŷ'n-y-Coed, Dolgellau, ym mis Ionawr 1948.

Y prif siaradwr yno oedd y Parch. T. Arthur Pritchard, ac yn ei ddyddiadur cofnododd ef brif nodweddion yr encil. Roedd caledrwydd mawr yno a diffyg rhyddid i'r siaradwr yn ystod y diwrnod a hanner cyntaf. Teimlodd y siaradwr ei fod yn cael ei orfodi i weddïo fore Sadwrn am rai oriau. Fore Llun hefyd roedd yna gwrdd gweddi da, ac roedd yn amlwg bod gweddi'n rhan ganolog o'r encil. Cafodd rhai yno dröedigaeth ar ôl cael eu hargyhoeddi o'u pechod. Hyd yn hyn,

roedd gwaith cyffredin yr Ysbryd Glân yn amlwg gyda rhai yn cael eu
haileni a'r siaradwr a'i ffrindiau'n cael rhyddid a help mewn gweddi.
Dyma beth mae'r Ysbryd Glân yn ei wneud yn barhaus, ond roedd
dimensiwn ychwanegol yn yr encil hefyd. Er enghraifft, ysgrifennodd
Arthur Pritchard yn ei ddyddiadur: 'yr Ysbryd Glân yn disgyn mewn
ffordd ryfeddol, [awyr]gylch yn newid' ar brynhawn Sadwrn ac ar y Sul
'pethau mawr wedi digwydd yno . . .'[56]

Ond ar ôl gorffen ei anerchiad fore Llun ar Rufeiniaid 6, mae e'n
methu cael geiriau digonol i ddisgrifio'r hyn a ddigwyddodd:

'Anodd cael geiriau i gyfleu beth a ddigwyddodd ar derfyn yr oedfa;
yr Ysbryd Glân yn disgyn mewn ffordd ryfeddol ar y cwmni. Profiad
newydd a dieithr, diwrnod bythgofiadwy . . .'

Dyma enghraifft o waith anghyffredin yr Ysbryd Glân.

Nid diwygiad oedd e, ond eto roedd yn rhagflas o'r hyn y mae'r
Arglwydd yn gallu ei wneud mewn diwygiad, ac yn brofiad dwfn a
gwefreiddiol o bŵer a grym yr Ysbryd Glân. Mewn diwygiad, wrth
gwrs, mae Cristnogion yn cael eu bywhau mewn ffordd fwy helaeth tra
bo mwy o anghredinwyr yn cael eu hachub mewn amser byr. Fe all hyn
ddigwydd unrhyw amser mewn unrhyw gyfarfod, gall gael ei gyfyngu i
un capel neu bentref neu ardal neu ei ledaenu dros y wlad i gyd. Mae'r
Arglwydd yn Ei benarglwyddiaeth yn penderfynu pryd, ble, sut ac i ba
raddau y bydd yr Ysbryd Glân yn disgyn mewn nerth ar Ei bobl.

Yr hyn sy'n ddiddorol, ac yn bwysig, i ni sylwi arno yma yw hyn. Er
nad oedd Elwyn a'i frodyr wedi profi diwygiad yno, eto fe gafon nhw'r
fraint o gael rhagflas o ddiwygiad, hynny yw, gwaith anghyffredin
yr Ysbryd Glân a hynny'n ddimensiwn nad yw llawer o Gristnogion
heddiw wedi ei brofi nac, yn fwy trist, yn ei ddisgwyl chwaith. Ond, ar ôl
cael y fath brofiadau, roedd gan Elwyn a rhai eraill awydd a baich dros
y blynyddoedd am i'r Arglwydd ymweld â ni eto yng Nghymru mewn
grym er mwyn dyrchafu'r Arglwydd Iesu. Mae Mair yn cadarnhau hyn:
'Doedd y pwyslais hwn byth yn mynd yn angof ganddo', a darllenai
lawer iawn am ddiwygiadau'r gorffennol, yn enwedig yng Nghymru.

56 Gibbard, *Cofio Hanner Canrif*, 21.

Dyma pam yr aeth Elwyn i Gwm-twrch, Abertawe, bob bore dydd Gwener yn y 1960au i weddïo am adfywiad gyda 'Pastor' George Griffiths a gweinidogion eraill. Am yr un rheswm hefyd, arweiniodd ddyddiau neu foreau o weddi ar gyfer gweinidogion ym Mryntirion am flynyddoedd yn y 1970au, y 1980au a'r 1990au. Yn ei galon roedd e'n dyheu'n eiddgar am ymweliad yr Arglwydd unwaith eto â Chymru .

Hyd yn oed ar ôl encil Dolgellau 1948, profodd Elwyn a'i frodyr yr un dimensiwn o waith anghyffredin yr Ysbryd mewn rhai ymgyrchoedd, cynadleddau, cyfarfodydd gweddi a'i weinidogaeth ei hun. Er enghraifft, cafodd e ei ordeinio a'i sefydlu fel gweinidog yn eglwys Jerwsalem (Annibynwyr), Blaenau Ffestiniog, eglwys eithaf mawr, ym mis Medi 1950. Rhwng 1954 ac 1955 roedd cyfnod o fendith yn y Capel ymhlith y bobl ifainc. Wedyn, yng Nghynhadledd Saesneg gyntaf y Mudiad yn 1957 yn Sandfields, roedd bendith fawr dan weinidogaeth Lloyd-Jones. Roedd rhaid i'r 'Doctor' adael yn gynnar am Lundain a siaradodd Elwyn yn ei le yn y cyfarfod olaf. Cyngor Lloyd-Jones i Elwyn oedd, 'Dywedwch wrthynt am yr hyn a ddigwyddodd yn Nolgellau.' Adroddodd Elwyn hanes Dolgellau fel yr awgrymodd Lloyd-Jones gyda'r canlyniad bod 'presenoldeb Duw yn drwm yn y cyfarfod a phawb yn hwyrfrydig i adael ar y diwedd.'

Casgliadau

Cyn gorffen ystyried diwygiad, rhoddaf rai sylwadau ymarferol er mwyn crynhoi neges y bennod hon ond hefyd i'n helpu ni i ymateb yn ein sefyllfa gyfoes i'r Gair ac i esiampl ac athrawiaeth Elwyn Davies.

a) Yn gyntaf, mae perthynas glòs ac anwahanadwy rhwng yr efengyl a gwaith cyffredin ac anghyffredin yr Ysbryd Glân.

Roedd hyn yn bwysig i Elwyn ac mae'n dal i fod yn bwysig i'r Mudiad Efengylaidd ac eglwysi efengylaidd heddiw. Gan ddyfynnu 1 Pedr 1:23, ysgrifennodd Elwyn: 'Trwy'r un efengyl ag a gyhoeddodd yr Arglwydd Iesu Grist wrth Nicodemus y mae Duw yn aileni dynion: trwy ffolineb "yr hyn a bregethwn", chwedl yr apostol Paul, y mae'r wyrth yn digwydd. Dyna pa mor bwysig yw'r efengyl, a dyna pa mor allweddol bwysig yw'r weithred o'i chyhoeddi.'⁵⁷

Gallwn fynegi'r egwyddor mewn ffordd negyddol hefyd. Hynny yw, nid yw'r Ysbryd Glân yn bendithio heresi nac unrhyw ddiwinyddiaeth nad yw'n Ysgrythurol ac yn Grist-ganolog. Yn nhrefn Duw, mae hyn yn anochel ac yn rhesymol. Gair Duw 'yw'r gwirionedd' (Ioan 17:17) a gafodd ei ddatguddio gan Dduw Ei Hun a'i ysgrifennu i lawr mewn ffordd anffaeledig gan yr Ysbryd Glân trwy wahanol awduron dros gyfnod hir. Nid rhywbeth diddorol yn unig yw'r Beibl yn nhraddodiad yr Eglwys, oherwydd mae'r Beibl yn golygu llawer mwy. Gair Duw yw e, Gair anffaeledig, Gair unigryw sydd hefyd 'yn fyw a grymus' (Heb 4:12). Ac yng nghanol y Beibl, yn rhedeg trwyddo fel llinyn arian, mae'r efengyl. Onid yw'n rhesymol wedyn mai dim ond y Gair a ysgrifennodd Ef, a'r Gwaredwr sydd i'w weld ynddo, y mae'r Ysbryd Glân yn eu bendithio? Gogoneddu Crist yw gwaith yr Ysbryd Glân (Ioan 16:14) ac, o ganlyniad, os ydym ni eisiau bendith yn ein heglwysi, credu a phregethu Gair Duw sy'n amod ac yn angenrheidiol.

Mae Lloyd-Jones yn cadarnhau'r pwynt hwn yn fanwl ac yn gryf: '... yr angen mawr yw pregethu grymus, argyhoeddiadol, yn nerth yr Ysbryd Glân, cyhoeddi barn, galw am edifeirwch, cynnig iachawdwriaeth rad trwy waed Crist, cyfiawnhad trwy ffydd yn unig, a'r ailenedigaeth wyrthiol. Ond mae'n rhaid credu'r gwirioneddau hyn a bod yn sicr ohonynt cyn y gallwn weddïo am y tywalltiad yna o'r Ysbryd Glân a all yn unig ein galluogi i atal y llifeiriant bygythiol ...'⁵⁸

Byddai Elwyn Davies wedi cytuno gant y cant.

b) Yn ail, mae perthynas glòs ac anwahanadwy rhwng diwygiad a gwaith efengylu.

Gwelwn hyn yn hanes y Mudiad yn y 1940au a'r 1950au yn arbennig. Ymwelodd Duw â'r rhai a ddaeth ynghyd yn Nolgellau a lleoedd eraill, ac o ganlyniad roedden nhw ar dân dros yr efengyl a thros gyrraedd pobl â'r efengyl. Nid 'actifyddion' yn unig oedden nhw ond rhai oedd yn adnabod Duw ac yn Ei garu Ef â'u holl galon ac â'u holl nerth.

57 Davies, ' "Yr Hyn a Wyddom" – Epistemeg Gristnogol', *Ysgrifau Diwinyddol*, 1, 52.
58 Lloyd-Jones, *Llais y Doctor*, 95.

Er enghraifft, rai misoedd ar ôl yr encil yn Nolgellau, cynhaliwyd ymgyrch yn y Bala. Roedd yr wythnos yn llawn o gyfarfodydd gweddi a phregethu gyda rhai Cristnogion ifainc yn tystiolaethu ac yn canu gyda'r delyn. Doedd hi ddim yn hawdd ar y dechrau; ar y drydedd noson roedd bendith, ac wedyn 'yn y pedwerydd cyfarfod agorodd y llifddorau.' Mae Noel Gibbard yn mynd ymlaen i ddisgrifio'r noson:

'Disgynnodd yr Ysbryd Glân a gweithio'n rymus ar galonnau nifer fawr. Argyhoeddwyd hwy o bechod ond roedd yn rhaid hefyd eu cyfeirio at Grist, a threfnwyd cyfarfod i'r ymofynwyr pryderus.'[59]

Beth oedd effaith y noson?

'Trydanwyd yr holl ardal gan y newyddion da,' meddai Noel Gibbard, a 'lloriwyd y cryfion a chodwyd y gweiniaid. Nid oedd gywilydd gan bobl amlwg y dref i ddwyn tystiolaeth i'r Gwaredwr . . .'

Gan fod cyswllt mor agos rhwng efengylu a gwaith yr Ysbryd Glân, nid oes hawl gennym ni i ddewis rhyngddynt. Yn hytrach, ein cyfrifoldeb yw rhannu'r efengyl gyda phobl y tu allan, ond mewn dibyniaeth lwyr ar Dduw, a chan ddisgwyl y bydd yr Ysbryd Glân ar waith trwy'r efengyl. Os yw'r Ysbryd Glân yn gweithio, ac yn arbennig mewn ffordd anghyffredin, bydd ein hefengylu'n llwyddiannus iawn.

Tybed a oes modd i ni ddal y ddau beth gyda'i gilydd mewn cydbwysedd Beiblaidd heddiw?

c) *Yn drydydd, mae perthynas glòs ac anwahanadwy rhwng diwygiad a gweddi.*

Roedd gan Elwyn yr argyhoeddiad fod hyn yn wir, yn hanfodol ac yn Feiblaidd. Does dim i gymryd lle gweddi. Os ydym ni eisiau gweld Duw'n gweithio'n rymus unwaith eto yng Nghymru, fe ddysgodd Elwyn ni dro ar ôl tro bod rhaid rhoi lle canolog i weddi, ond nid i unrhyw fath o weddi. Yn hytrach, dylai ein gweddïau fod yn onest, yn edifeiriol ac o'r galon gan geisio Duw Ei Hun a'i ogoniant a'i bresenoldeb. Yn aml iawn gyda'r fath weddi, mae'r gweddïwr yn profi rhyddid i ymbil o flaen yr Arglwydd ar sail addewidion y Gair. Nid damcaniaeth yn unig

---

59 Gibbard, *Cofio Hanner Canrif*, 25.

oedd hyn i Elwyn. Roedd ef ei hun yn edrych am i'r fath weddi gael ei rhoi iddo fe neu i rai eraill. A chafodd y fraint o weddïo fel hyn nifer o weithiau.

Hoffwn roi enghraifft o adeg benodol pan weddïodd Elwyn gyda rhyddid yn yr Ysbryd. Wythnos gyntaf Ionawr 1948 a bore Llun oedd hi. Roedd yr ail encil yn cael ei chynnal yn Nolgellau a nawr, ar y diwrnod olaf, roedd yna gwrdd gweddi. Cymerodd Elwyn ran, ac wrth addoli Duw a gofyn am Ei fendith ar gyfer y bregeth olaf, dyfynnodd adnod, sef Luc 11:13. Cafodd ryddid i bledio'r addewid gan ofyn am i'r Tad roi mwy o'r Ysbryd Glân iddyn nhw yn ôl yr addewid. Atebodd Duw y weddi hyd yn oed cyn i Elwyn orffen gweddïo! Yn sydyn, tra oedd e mewn gweddi ac yn ymbil, disgynnodd yr Ysbryd Glân arno, 'a fy llenwi â chariad Duw i'r fath raddau,' meddai, 'i mi eistedd lawr yn beichio crïo a chwerthin yr un pryd.'[60] Ac yn hwyrach ar ôl y bregeth, digwyddodd yr un peth i bawb yn yr encil. Dyma i chi ragflas o ddiwygiad, amser o realiti, mwynhad a bendith aruthrol ac anghyffredin; enghraifft o waith anghyffredin yr Ysbryd Glân.

Mae Duw'n gallu gwneud hyn. Ac mae E'n fodlon gwneud hyn hefyd. Ond a ydym ni'n fodlon rhoi blaenoriaeth i weddi fel y gwnaeth Elwyn a'i ffrindiau? Dyma'r her i ni heddiw yn hytrach na dim ond siarad a darllen am ddiwygiad. Beth amdani?

---

60 Gibbard, *Cofio Hanner Canrif*, 22.

Teyrngedau ac Atgofion

J. Elwyn Davies (1925–2007)

R. Geraint Gruffydd

Teyrnged a ymddangosodd yn *Y Cylchgrawn Efengylaidd*, Hydref 2007, ac yn *Y Ffordd Gadarn*, Ysgrifau ar Lên a Chrefydd gan R. Geraint Gruffydd, Detholwyd a golygwyd gan E. Wyn James, Gwasg Bryntirion, 2008.

Bu farw'r Parchedig John Elwyn Davies (Elwyn o hyn ymlaen) brynhawn Sul, 29 Gorffennaf 2007, yng nghartref preswyl Brynderwen yng Nghaerfyrddin, ac yntau wedi dathlu ei ben-blwydd yn ddwy a phedwar ugain ryw ddeufis ynghynt. Buasai ef a'i wraig Mair yn briod am un mlwydd ar bymtheg a deugain, ac y mae'n amheus a fu erioed bâr ffyddlonach i'w gilydd: ni allai Elwyn fod wedi cyflawni ond cyfran fechan o'r hyn a gyflawnodd oni bai am gefnogaeth ddiysgog Mair. Yr oedd yr un ffyddlondeb yn union yn nodweddu agwedd eu plant, ynghyd â'u cymheiriaid, at eu rhieni: Alun, Gwen, Hywel, Siân, Rhiain ac Emyr; yn nhŷ Rhiain a'i gŵr Parry yng Nghaerfyrddin y cafodd Elwyn a Mair gartref cysurus a phob gofal yn ystod eu blynyddoedd olaf gyda'i gilydd.

Yn Nherfyn, Rhostryfan, hen gartref ei dad, y ganed Elwyn 26 Mai 1925. Ganed ei frawd Gwylfa bedair blynedd yn ddiweddarach, ond fe'i collasom ef bum mis o flaen Elwyn – coffa da iawn amdano. Yn nhref Caernarfon yr oedd y teulu'n byw, fodd bynnag, gan mai yno y gweithiai'r tad, Mr Robert George Davies: mae gennyf gof amdano fel person arbennig o hynaws, ac felly hefyd ei fam (Mary Jarvis cyn priodi), ond ei bod hi'n ogystal yn berson hirben a chanddi allu trefniadol amlwg. Yng Nghaernarfon y cafodd y bechgyn eu haddysg, yn Ysgol Gynradd y Bechgyn i ddechrau ac yna yn Ysgol Ramadeg Syr Hugh Owen. Yr oeddynt yn ddisgyblion digon addawol i gael eu derbyn yng nghyflawnder yr amser yn fyfyrwyr yng Ngholeg Prifysgol Gogledd Cymru, Bangor, Elwyn yn 1943 a Gwylfa yn 1947. Buasai'r teulu'n addoli yng Nghaernarfon yn Eglwys Pen-dref i ddechrau ac yna yng nghapel Salem yr Annibynwyr.

Erbyn 1943 yr oedd Elwyn a'i fryd ar y weinidogaeth gyda'r Annibynwyr ac fe'i derbyniwyd i Goleg Bala-Bangor (coleg diwinyddol yr enwad ym Mangor) gyda'r bwriad o astudio Diwinyddiaeth yno wedi graddio yn y Celfyddydau; y Gyfraith, ar y llaw arall, oedd dewis faes Gwylfa. Perchid gallu ac ymroddiad Elwyn o'r cychwyn, a chyn hir fe'i gwnaed yn Llywydd yr SCM, sef Mudiad Gristnogol y Myfyrwyr, y gymdeithas Gristnogol fwyaf llewyrchus o ddigon ym Mangor ar y pryd. Fel Llywydd yr SCM y trefnodd wedi'r rhyfel i gasglu parseli o fwyd a dillad i'w hanfon at y bobl a ddioddefai gyni dychrynllyd ymhlith adfeilion yr Almaen. Yn ôl ei dystiolaeth ei hun, tra oedd wrth y gwaith clodwiw hwn, fe'i hargyhoeddwyd o falchder ysbrydol, a'r argyhoeddiad hwnnw'n arwain at ei dröedigaeth efengylaidd mewn encil yn ystod gwyliau'r Pasg 1947. Graddiodd yn BA gyda gradd IIi mewn Athroniaeth yr haf hwnnw, a chychwyn ar ei astudiaethau diwinyddol ar gyfer ei radd BD. Bu mewn cynhadledd i fyfyrwyr Gristnogol yn Oslo yn ystod yr haf, a chael ei herio a'i ysbrydoli gan ferch ifanc o Gristion, Ingeborg Zieseche, a oedd yn marw o'r dicáu ac eto'n para'n ffyddiog a llawen; bu hefyd yn yr Almaen yn ymweld â rhai o'r bobl a helpwyd drwy'r ymgyrch gasglu parseli.

Pan ddychwelodd Elwyn i'r Coleg ym Mangor fis Hydref 1947, yr hyn a âi â'i fryd bellach oedd efengylu. Trefnodd encil ym Mhlas-y-nant, Betws Garmon fis Ionawr 1948, a daeth amryw byd ohonom — gan gynnwys fy ngwraig a minnau — i gofleidio'r ffydd Gristnogol yn ei chyflawnder yn ystod yr encil hwnnw; pa mor herciog bynnag fu ein cerddediad wedi hynny, ni allwn fyth ddiolch digon i Elwyn am ein gosod ar ben y ffordd. Trefnodd ymgyrch yn y Bala yn ystod Pasg 1948 a greodd argraff ddofn ar y gymdogaeth gyfan. Cyn diwedd 1948 yr oedd *Y Cylchgrawn Efengylaidd* wedi ei gychwyn, ac yr oedd pabell yn enw'r *Cylchgrawn* ar faes Eisteddfod Genedlaethol Dolgellau, 1949. O dipyn i beth denodd Elwyn ato nifer o gyd-weithwyr tra galluog ac ymroddedig, megis Emyr Roberts, T. Arthur Pritchard, Harold Jones, Emily Roberts, Gwilym Humphreys, Geraint Morgan a Herbert Evans, ac enwi detholiad o'r rhai amlycaf yn unig.

Erbyn y flwyddyn academaidd 1949–50 yr oedd Elwyn yn ei chael yn fwyfwy anodd i wneud cyfiawnder â'i waith academaidd, yn rhannol am fod galw parhaus arno i gynghori ymholwyr ynglŷn â materion ysbrydol. Cyn diwedd y flwyddyn rhoddodd y gorau i'w astudiaethau ar gyfer ei radd BD a phenderfynu derbyn galwad i fugeilio Eglwys Jerwsalem yr Annibynwyr ym Mlaenau Ffestiniog. Nid ofn gwaith academaidd a oedd arno – soniodd y cawr hwnnw o ysgolhaig, y diweddar Athro J. E. Caerwyn Williams, am 'ddoniau meddyliol ac ysbrydol arbennig y Parch. Elwyn Davies' – ond ymdeimlad na ellid mo'i anwybyddu â galwad uwch. Cafodd ei ordeinio a'i sefydlu yn weinidog Jerwsalem ddiwedd Medi 1950 a bu yno am bum mlynedd, yn fawr ei ddylanwad ar yr eglwys a'r ardal. Chwe mis wedi'r ordeinio a'r sefydlu fe'i priodwyd â Mair Eluned Humphreys, a fuasai'n gyd-fyfyriwr ag ef ym Mangor, merch y Parchedig James Humphreys, Rhosllannerchrugog, un o dywysogion Eglwys Bresbyteraidd Cymru, a'i wraig Rachel. Crybwyllwyd eisoes y fath lawenydd ac atgyfnerthiad a ddug y briodas hon, ynghyd â genedigaeth eu chwe phlentyn, i Elwyn.

Wedi pum mlynedd yn Jerwsalem, agorwyd drysau newydd o flaen Elwyn a'i deulu. Yn 1955 cafodd ei benodi'n Ysgrifennydd Teithiol yr IVF (cyfundeb undebau efengylaidd y prifysgolion) yng Nghymru, a chyfuno hynny â swydd Ysgrifennydd Cyffredinol Mudiad Efengylaidd Cymru, swydd y bu ynddi am bymtheng mlynedd ar hugain. Erbyn 1955 yr oedd y Mudiad wedi ymffurfio, a chylchoedd ei weithgarwch wedi eu diffinio i raddau pell. Ym mis Mehefin 1955 symudodd Elwyn a'r teulu i fyw i'r Bala, gyda chymorth teulu graslon Pantyneuadd (y cyntaf o amryw deuluoedd a fu'n gymwynasgar mewn dull cyffelyb). Ymhen llai na blwyddyn yr oedd Mair Jones o Langennech hithau wedi symud i'r Bala i ymgymryd â'r gwaith swyddfa: bu ei chyfraniad hi a Brenda Lewis, a ymunodd â'r staff yn 1964, i dwf y Mudiad newydd yn amhrisiadwy. Bu'r teulu, a swyddfa'r Mudiad, yn y Bala am saith mlynedd, a chael lle ty cyn y diwedd mewn ystafelloedd ym mhlastai bychain Eryl Aran a Bryn-y-groes.

Yna, yn 1962 symudodd Elwyn a'i deulu i Gwmafan ger Port Talbot a'r swyddfa i Station Road, Port Talbot. Gwahoddwyd Elwyn i fod yn weinidog rhan-amser ar Eglwys Seion yr Annibynwyr, Cwmafan, a bu'r teulu'n byw ym mans y capel cyn symud i Flaen-y-wawr, Pen-y-bont ar Ogwr, nad oedd nepell o bencadlys newydd y Mudiad ym Mryntirion,

Pen-y-bont. Gyda'r symudiad hwn daeth galwad bellach iddo fod yn weinidog rhan-amser ar Eglwys Free School Court ym Mhen-y-bont, lle yr arhosodd am un mlynedd ar ddeg: yng Nghwmafan a Phen-y-bont (ac am gyfnod byr ym Mhontarddulais hefyd) gadawodd ei ôl yn ddwfn ar y cynulleidfaoedd y bu'n eu bugeilio. Ei brif gyfrifoldeb yn ystod y cyfnod hwn, fodd bynnag, oedd llywio ac arolygu twf y Mudiad Efengylaidd, gyda help amryw gyd-weinidogion a chyd-aelodau staff hynod ymroddedig a galluog. Dan ei law fe ffynnodd y seiadau, yr ymgyrchoedd efengylu, y cynadleddau, y gwersylloedd, y cyhoeddiadau a'r siopau llyfrau, ac yn 1985 agorwyd Coleg Diwinyddol Efengylaidd Cymru ym Mryntirion, ac Elwyn am flynyddoedd yn Llywydd y Coleg. O dipyn i beth fe ddaeth y neges efengylaidd yn hyglyw trwy'r wlad, er nad oedd yr ymateb yn ddim byd tebyg i'r hyn yr oedd Elwyn yn dyheu amdano.

Chwaraeodd ei ran yn y byd efengylaidd ehangach hefyd, gyda chefnogaeth a chyngor parod Dr Martyn Lloyd-Jones a fu'n gyfaill pur iddo ar hyd y blynyddoedd. Am dair blynedd (1969–72) bu Elwyn yn Llywydd y 'British Evangelical Council' – cofiaf y Canon Michael Green yn holi amdano'n gynnes pan ymwelai ag Aberystwyth – a threuliodd ef a Mair gyfnodau bendithiol yn gweinidogaethu yn y Wladfa, yn Awstralia (ddwywaith) ac yn y Taleithiau Unedig. Ar un olwg cynrychioliai'r Mudiad yr adwaith nerthol yn erbyn rhyddfrydiaeth ddiwinyddol a oedd yn un nodwedd ar fywyd eglwysi Protestannaidd y Gorllewin o ddiwedd y Rhyfel Byd Cyntaf ymlaen, ond cyfunai â hynny bwyslais cyson ar yr agwedd brofiadol ar y neges a'r bywyd Cristnogol: Methodistiaeth Galfinaidd yn wir! Cofiaf bennaf lladmerydd yr adwaith hwn yng Nghymru, yr Athro J. E. Daniel, yn fy holi'n fanwl am yr hyn a ddigwyddodd ym Mangor dan arweiniad Elwyn ddiwedd 1947 a dechrau 1948, a llawenhâi'n fawr o glywed yr hanes: yr oedd yn amlwg fod ganddo barch mawr tuag at Elwyn.

O safbwynt dynol gellir dweud â chryn sicrwydd mai creadigaeth Elwyn yn bennaf oedd Mudiad Efengylaidd Cymru, ac nid am lawer o arweinwyr crefyddol y gellir dweud fod eu gweledigaeth wedi ei chorffori mewn mudiad a oedd yn parhau i ledaenu eu neges ymhell wedi i'w cyfnod hwy ddod i ben. Eto f'argraff i erioed oedd nad oedd

Elwyn yn arbennig o hoff o weinyddu a phwyllgora a gwleidydda (yn ystyr eglwysig y gair). Yr wyf yn amau iddo gael y trafodaethau am ailstrwythuro posibl y Mudiad yn ystod yr 1970au a'r 1980au yn broses na châi fawr ddim diléit ynddo, er iddo lywyddu dros y cyfnewidiadau a ddilynodd yn ddoeth a grasol. Prif hyfrydwch Elwyn erioed oedd myfyrio ar genadwri'r Beibl – yn enwedig ei hoff Efengyl Ioan – ac yna gyfleu ffrwyth ei fyfyrdod i gynifer o bobl ag a ddymunai wrando arno. Yn aml iawn wrth glywed Elwyn yn traethu, yr oedd y gwrandawr yn ymwybodol ei fod yn drwm dan eneiniad yr Ysbryd Glân. Yn wir, fel Dr Martyn Lloyd-Jones o'i flaen, yr oedd yn anfodlon esgyn i bulpud heb ymdeimlo â'r eneiniad hwnnw ar ei ysbryd ei hun. Cofiaf ganmol un o bregethwyr Cynhadledd Gymraeg y Mudiad wrtho un tro, ac yntau'n cytuno fod ei bregeth gystal ag y gellid ei chael 'heb yr eneiniad'! Agwedd arall ar yr un meddylfryd oedd ei gred gyndyn nad oedd dim ond Diwygiad arall a ddeuai â Chymru at ei choed yn ysbrydol. Yr oedd yn byw ac yn bod yng nghwmni gwirioneddau mawrion yr efengyl a'r rheini'n faeth i'w feddwl ac i'w ysbryd.

Symudodd Elwyn a Mair i Heulwen, Pen-y-cae, Port Talbot yn 1992 ac oddi yno i Ar-y-bryn, Parc Penllwyn, Caerfyrddin yn 1997. Fel y nodwyd ynghynt, cartref eu merch, Rhiain, a'i gŵr Parry oedd Ar-y-bryn, a hwy a ofalodd amdanynt – yn orchestol – o'r adeg honno ymlaen. Dwy flynedd ynghynt yr oedd Rhiain a Parry wedi colli, drwy ddamwain drychinebus, eu mab bychan Dafydd Elwyn, a bu hwn yn ergyd o'r trymaf i Elwyn a Mair yn ogystal ag i Rhiain a Parry a'u dwy ferch fach. Daeth colledion eraill i'w rhan gyda threigl y blynyddoedd. Buasai Dr Martyn Lloyd-Jones, mentor Elwyn ar lawer cyfrif, farw yn 1981 a'i gyfaill hoff Emyr Roberts yn 1988; felly hefyd gyfaill mawr arall, T. Arthur Pritchard, yn 1997. Flwyddyn cyn hynny cawsai Elwyn wybod gan yr arbenigwr yn Ysbyty Treforys, Dr Richard Weiser, fod Clefyd Parkinson arno, ond y gwneid popeth a ellid i reoli'r symptomau. (Tystiodd Dr Weiser wrth Mair wedi marw Elwyn fod ei ysbryd tangnefeddus, a'i ddewrder wrth wynebu ei salwch, wedi gwneud argraff arhosol arno.)

Serch hynny ni fu'r blynyddoedd olaf heb eu huchelfannau yn hanes Elwyn. Gwelwyd cyhoeddi ei anerchiadau i Gynhadledd Gymraeg y

Mudiad Efengylaidd 1996, *O! Ryfedd Ras*, yn 1998: cyhoeddiad arbennig o werthfawr. Ac yn 2001 dathlodd Elwyn a Mair eu priodas aur. Drwy'r amser, fodd bynnag, yr oedd Mair hithau'n dioddef yn gynyddol gan wynegon y cymalau, a olygodd gyfres o lawdriniaethau poenus. Eto fe'u cefais hwy ill dau bob amser yn llawen a siriol, ac er i Elwyn gael cwymp yn 2003 yr oedd yn rhaid cael llawdriniaeth i gywiro ei ddrwgeffeithiau, ac er i'w glefyd effeithio, o bryd i'w gilydd ar eglurder ei feddwl, tystiolaeth ei fab Hywel yw iddo barhau yn ef ei hun, 'yr un hen Elwyn', hyd y diwedd. Bu'n dyst ffyddlon i'w Arglwydd am dros drigain mlynedd wedi'r ymwneud tyngedfennol a fu rhwng y ddau adeg Pasg 1947, ac y mae gan gannoedd lawer yng Nghymru le i ddiolch i'w Duw am Elwyn, ac am Mair.

Atgofion Cynnar
Rina Macdonald

Yr oedd Elwyn wedi chwarae rhan bwysig iawn yn fy mywyd i ers yn ifanc pan oeddem yn byw yn y stryd nesaf i'n gilydd yng Nghaernarfon. Cofiaf i fy mam ddweud lawer tro ei bod yn cofio Elwyn, Gwylfa ei frawd, oedd yr un oed â mi, a minnau yn eistedd ar yr un sedd yn y bws oedd yn teithio o Gaernarfon i Rostryfan. Roeddent yn mynd gyda'u rhieni i weld eu nain, ac roeddwn innau'n mynd gyda'm rhieni innau i weld ffrindiau yn Rhostryfan. Yr oedd y darlun ohonom ein tri yn ffitio i un sedd bws wedi creu argraff ar fy mam, a hithau'n meddwl 'Tybed beth ddaw o'r tri yma pan dyfant i fyny?' A diolch, yn wir, fe ddaeth y tri ohonom, trwy ras Duw, i adnabod yr Arglwydd Iesu Grist.

Mynychem yr un ysgol, sef y County School fel y'i gelwid bryd hynny, er bod Elwyn dair blynedd yn hŷn na mi. Un tro, trefnodd Elwyn i ryw bymtheg ohonom ni y rhai iau, yn fechgyn a merched, seiclo o Gaernarfon i Drefor, oedd tua phymtheg milltir i ffwrdd, a hynny ar ôl ysgol. Cyfarfod ar y Maes am bedwar o'r gloch a'i chychwyn am Drefor. Cofiaf iddo ein cynghori i beidio â rasio ond seiclo'n gyson a dal ati—cyngor y gwnaeth Elwyn ei weithredu ar hyd ei fywyd, sef dal ati a dyfalbarhau, fel y mae'r Gair yn pwysleisio. Wedi cyrraedd Trefor, gadael ein beiciau yn yr Aelwyd yno, cerdded dros ddau o fynyddoedd yr Eifl i Lanaelhaearn, ac yna cerddded y ddwy filltir yn ôl i Drefor. Yna seiclo'n ôl adref. Gorchest ar ôl gweithio yn yr ysgol drwy'r dydd.

Yr oedd Elwyn yn hoffi chwarae pêl-droed, a bu'n aelod o'r tîm cyntaf yn yr ysgol am rai blynyddoedd. Dywedodd ffrind imi'n ddiweddar, un a oedd yn y chweched dosbarth gydag Elwyn, ei fod wedi trefnu cwrdd gweddi am pump o'r gloch mewn festri capel ar nos Sadwrn, a bod tua deuddeg i bymtheg ohonynt o'r ysgol yn y cyfarfod, ac ar ôl hynny roedd y rhan fwyaf ohonynt yn mynd gyda'i gilydd i'r pictiwrs, yn iaith Caernarfon, hynny yw, i'r sinema.

Petai cyfarfodydd undebol rhwng yr eglwysi yn y dref, fe fyddem ein tri yno, sef Elwyn, Gwylfa a fi, a rhyw ddau arall.

Cwrddais ag Elwyn eto yn yr Undeb Cristnogol yng Ngholeg y Brifysgol ym Mangor: Elwyn yn y brifysgol a minnau yng ngholeg hyffordddi y Santes Fair. Roeddem yn sgwrsio rhyw ddiwrnod, a dywedodd wrthyf, 'Rina, nid wyf yn meddwl eich bod yn Gristion.' Elwyn o bawb yn dweud y fath beth! Ac yntau'n fy adnabod mor dda, a finnau'n ferch dda yn mynychu'r capel dair gwaith ar y Sul ac yn dymuno byw yn dda! Gofynnodd i mi, 'A ydych chi'n credu yn yr Arglwydd Iesu Grist?' 'Ydwyf,' meddwn innau yn onest a heb amau. Yna gofynnodd eilwaith, 'A ydych yn credu yn yr ARGLWYDD Iesu Grist?' Pam gofyn yr ail waith? 'Ydwyf,' meddwn eto. Yna gofynnodd, 'Ai Iesu Grist yw Arglwydd—yw Arglwydd—eich bywyd, neu chi eich hun?'

Dechreuais anesmwytho a gwrthryfela'n fewnol. Y fi sydd â'r hawl ar fy mywyd fy hun, meddyliwn, a fi sy'n penderfynu beth rwyf fi eisiau ei wneud. Mae'n iawn mynd i'r capel ar y Sul a dysgu am Iesu Grist, ond roeddwn eisiau byw yn annibynnol ac ar wahân oddi wrtho. Ymresymais â mi fy hun: Os rwy'n dweud fy mod yn credu yn yr Arglwydd Iesu Grist, a'i fod yn Arglwydd, yna caiff fod yn Arglwydd ar bob rhan o fy mywyd i. A'r noson honno ildiais fy mywyd i'r Arglwydd Iesu Grist, a diolchaf i Dduw am i Elwyn fy wynebu â'i Arglwyddiaeth Ef.

Rwyf wedi profi dros y chwe deg blynedd wedyn mai gweithio allan Arglwyddiaeth Crist ym mhob rhan o'm bywyd a phlygu i'w ewyllys Ef yw hanfod y bywyd Cristnogol.

Cip ar Ddyddiau Caernarfon

Joan Hughes

Ytro cyntaf y gwelais i Elwyn oedd yn Ysgol y Sir yng Nghaernarfon (wedi hynny yr Ysgol Ramadeg ac yn awr Ysgol Syr Huw Owen). Roedd tua thair blynedd yn hŷn na mi, ac felly nid oeddem yn dod i gysylltiad agos. Fodd bynnag, cofiaf fel y byddem ni yn cael mynd i wrando yn achlysurol ar rai o oed Elwyn yn trafod gwahanol bynciau, ac fel roeddent yn pwyso a mesur y dadleuon o blaid ac yn erbyn. Roedd y ffordd y byddai Elwyn yn ymdrin â'r pwnc, ac yn gosod ei ddadl, yn creu argraff y pryd hynny. Ni fyddai byth yn ymfflamychu na cheisio ennill pwynt mewn unrhyw ffordd, dim ond rhoi ei safbwynt drosodd yn glir a phwyllog.

Nid anghofiodd dref Caernarfon na'r ysgol. Dyma'r hyn a ysgrifennodd yn ei lyfr *Striving Together* pan ofynnais iddo ei lofnodi ym mis Awst 1984: 'Gydag atgofion annwyl am yr hen dre a'r ysgol.' Credaf mai'r tro diwethaf iddo ddod i Gaernarfon oedd pan fu'n aros gyda Hywel rhyw ychydig flynyddoedd yn ôl. Cafodd weld ei gefnder a mynd dros yr hen amser.

Ar wahân i'w lyfrau a'i anerchiadau yn y Gynhadledd, gwyddom mai ei gryfder mawr arall oedd ei waith personol. Ym mis Medi 1949 y cefais i brofiad o hynny gyntaf. Roedd Elwyn yn arwain ymgyrch yng Nghaernarfon gyda'r Mudiad, a'r Parch. Emyr Roberts yn pregethu. Cefais brofiad o'r Arglwydd y noson honno, a chefais fy arwain i weddïo. Cerddodd Elwyn gyda mi at y bws i fynd adref. Roedd ganddo bersonoliaeth ddeniadol, ond yr hyn a gofiaf yw nad oedd yn tynnu sylw ato'i hun ond yn cyfeirio sylw at yr Arglwydd. Ei frawddeg olaf i mi oedd, 'Cofiwch ofyn i'r Arglwydd am adnod i sylfaenu eich profiad arni.' Dyna a wnes, a bu'r Arglwydd yn drugarog yn ateb y bore wedyn.

Wedi imi ysgrifennu llith yn mynegi fy llawenydd a'i anfon ato, daeth ar y ffôn i'r gwaith – roedd Bryn Eryr, ei gartref, dros y ffordd i'r swyddfa bryd hynny. Trefnodd inni gyfarfod gan ei fod eisiau fy nghyflwyno i ffrind iddo, Celt Hughes, a oedd yn Ysbyty Eryri, Caernarfon. Erbyn hynny, ni allai Celt symud na llaw na throed, na gwneud dim drosto'i hun. Ni allai siarad ychwaith ond, fel yr oeddech yn arfer gydag ef, byddech yn gallu dirnad yr hyn yr oedd yn ceisio'i ddweud wrth iddo ddechrau gair.

Byddai Elwyn yn mynd â Celt yn y gadair olwyn, a byddem yn cael cwrdd gweddi ar y Morfa. Buom yn ffodus i gael tywydd braf ym mis Medi hyd ganol mis Hydref. Clywais Elwyn yn dweud am y modd yr oedd Arthur Pritchard wedi cael gweledigaeth o fflamau'n mynd trwy Gymru. Wrth edrych yn ôl, roedd ffydd Elwyn am y gwaith oedd yn mynd i ddigwydd yng Nghymru yn amlwg. Teimlaf mai hynny oedd dechrau'r Mudiad.

Digwyddiad arall yng Nghaernarfon oedd Ymgyrch yn Ebrill 1950, ac Elwyn yn pregethu ar y maes ar nos Sadwrn. Roedd eneiniad yr Ysbryd Glân arno yn ddiamau. Wedyn daeth merch ifanc 20 oed ataf a dweud na chlywodd erioed ddim byd tebyg; roedd wedi cael bendith. Bu'r ferch ifanc honno farw o lid ar yr ymennydd ymhen rhyw ddwy flynedd, ac roeddwn mor ddiolchgar ei bod wedi cael profiad Cristnogol yn yr Ymgyrch.

Rhywbeth arall sy'n dangos ei gonsýrn am Gaernarfon oedd ei gais i Dennis Jenkins (pan oedd yn weinidog yn Neiniolen) i ddechrau seiat efengylaidd yn y dref. Cofiaf fod gyda'r ddau yn trafod, a chofiaf weld mor awyddus oedd Elwyn i gael cymdeithas oedd wedi ei sylfaenu ar y Gair.

Wrth gwrs, ni allwn sôn am Elwyn heb feddwl am Mair. Bûm yn teithio unwaith gyda Mair o Lanymawddwy, pan oedd ym Mrynuchaf, a minnau wedi bod yn aros gydag Emily a Wenna. Roedd Elwyn a Mair yn agos at briodi y pryd hynny. Cyrhaeddodd y bws ar y Maes yng Nghaernarfon. Gwelaf yn awr Elwyn yn rhedeg o Swyddfa'r Post at y bws, a'r ddau yn ysgwyd llaw. Nid cofleidio – doedd dim arwynebol a chyhoeddus yn eu perthynas, ond dealltwriaeth ddofn a chynnes. Y briodas ddelfrydol, fel y gwyddom.

Wrth feddwl am ffyddlondeb a gwasanaeth Elwyn i'r Arglwydd, credaf na allaf ddweud dim ond ategu teitl un o'i lyfrau, *O! Ryfedd Ras.*

Dyn o Weledigaeth

T. Arthur Pritchard

O'r *Evangelical Magazine*, Mehefin/Gorffennaf 1990

Cwrddais ag Elwyn am y tro cyntaf yn hydref 1947. Cwrdd â'n gilydd wnaethon ni, i lunio rhaglen ar gyfer penwythnos o gynhadledd neu encil Gristnogol oedd i'w chynnal yn Nolgellau yn y Flwyddyn Newydd. Ychydig a wyddem ni bryd hynny beth oedd gan yr Arglwydd ar ein cyfer, ond gwyddom ein dau yn awr i'r hyn a ddigwyddodd yn Nolgellau fod yn foddion i greu cyfeillgarwch agos iawn rhyngom.

Profodd y rhai a ddaeth i'r 'encil' bresenoldeb yr Ysbryd Glân yn ein plith mewn ffordd arbennig iawn, a daeth llawer iawn i ffydd yn Iesu Grist yn ystod yr encil ac yn fuan wedyn. Hefyd cawsom sicrwydd y byddem yn gweld gwaith newydd dan ras Duw yn dod yn fwy a mwy amlwg yn ein gwlad.

Y weledigaeth y byddai hyn yn dod yn wir a wnaeth Elwyn yr hyn ydoedd. Ysbrydolwyd gwaith ei fywyd gan awydd gwirioneddol i weld hyn yn dod yn ffaith, a chyfrannodd at wireddu hyn ym mhob ffordd bosibl. Fyddai dim byd llai wedi ei alluogi i adael ei weinidogaeth fugeiliol, a oedd mor agos at ei galon, ac ymgymryd â gweinidogaeth ehangach, gan ddod yn Ysgrifennydd Cyffredinol Mudiad Efengylaidd Cymru maes o law.

Tystiolaeth fod Duw wedi ei baratoi ar gyfer gweinidogaeth o'r fath oedd y ffaith fod ganddo gryfder cymeriad, penderfyniad a dyfalbarhad, ynghyd â phersonoliaeth gynnes a chydymdeimladol. Ac yntau yn ddyn o ffydd ac argyhoeddiad dwfn, roedd yn amyneddgar a pherswadiol wrth rannu ei weledigaeth ag eraill, eto roedd yn barod i gydnabod fod ewyllys yr Arglwydd yn aml yn cael ei hamlygu drwy fwriadau gweddigar pobl Dduw. Profodd lawer ohonom gynhesrwydd a didwylledd ei gyfeillgarwch drwy'r blynyddoedd, ac roedd hyn yn fraint. Yn hinsawdd faterol ein dydd, bu'n amddiffynnydd dewr i'r ffydd ac yn ddyn oedd â baich gwirioneddol dros eneidiau.

Diolchwn i Dduw am un y gallwn ddweud amdano nad oedd 'yn anufudd i'r weledigaeth nefol'.

Ymgyrch yn Nhrefor

Grace Roberts

P an glywais am farwolaeth y Parch. J. Elwyn Davies ar ddydd Sul 29 Gorffennaf, profais chwithdod a hiraeth mawr am y blynyddoedd ar ddiwedd y 1940au a dechrau'r 1950au pan oedd Emyr Roberts, fy mhriod, yn weinidog ifanc ym mhentref Trefor yn Arfon. Roedd yn amser anodd, a sylweddolai Emyr a'i gyd-weithwyr fod llawer o'r bobl ifanc, wedi erchyllterau'r rhyfel a'r colledion ofnadwy, yn dewis peidio â dychwelyd i'r capeli.

Roedd Trefor a'r cyffiniau yn ardal oedd yn dibynnu ar y chwarel ithfaen am fywoliaeth, ac o gymharu â chyfnodau diweddarach, blynyddoedd digon llwm oedd y blynyddoedd hynny. Bu capel Gosen M.C., am rai blynyddoedd, heb fugail, a theimlai Emyr fod angen adfywio'r eglwys a cheisio ysgogi ac arwain yr ifanc yn ei ofalaeth. Dyna pryd yr oedd Elwyn Davies yn fyfyriwr yng ngholeg yr Annibynwyr ym Mangor (Bala-Bangor fel y'i gelwid). Roedd mudiad Cristnogol y myfyrwyr (yr SCM) yn weithgar yn y coleg, a chafodd Elwyn ei argyhoeddi fod rhaid mynd â'r efengyl allan at y bobl. Daeth nifer o'r myfyrwyr a threfnu ymgyrchoedd efengylaidd gyda gweinidogion oedd yn awyddus i'w cael i rannu a thystio i'w ffydd, a threfnwyd wythnos o gyfarfodydd yn Nhrefor, a rhai o'r ymwelwyr yn aros ar aelwydydd yn y fro. Cynhelid cyfarfodydd gweddi bob bore i'r gweithwyr, ac âi rhai i dystio a siarad â'r bobl yn y gwaith ar awr ginio. Cynhelid wedyn gyfarfod cyhoeddus bob nos i gyhoeddi'r newyddion da, a deuai un neu ddau o bobl ifanc – oedd wedi profi maddeuant a realiti eu ffydd yn Iesu Grist fel eu Gwaredwr – i dystio i'w ffydd, eu profiad a'u llawenydd.

Fy mhrofiad i ar y pryd oedd fy mod yn teimlo'n annigonol, ac ymdrechwn yn galed i orchfygu fy hunanoldeb a'm balchder a'm diffyg cariad a gofal am gymdogion. Bu'r wythnos honno yn fendith fawr i Emyr a minnau ac i nifer o bobl Trefor. Cawsom sicrwydd o rodd fawr

Duw yng Nghrist a'i farw trosom ar y groes i'n cymodi â Duw. Elwyn fu'r cyfrwng i'm harwain i dderbyn y rhodd fawr honno, 'heb ofyn dim i mi', ac i sylweddoli bod 'Iesu Grist o'n hochr ni'.

Daeth y Beibl yn llyfr newydd inni a'r emynau mawr yn brofiad real. Er enghraifft:

Mi dafla' 'maich oddi ar fy ngwar
  wrth deimlo dwyfol loes;
euogrwydd fel mynyddoedd byd
  dry'n ganu wrth dy groes.

Diolch am Elwyn a'i barodrwydd i wasanaethu ei Arglwydd a rhoi cymaint i gynifer ohonom dan ei weinidogaeth ar hyd ei oes. Mae'r gwaith a ddechreuwyd dros hanner canrif yn ôl yn para, a bu bugeiliaid newydd yn llafurio yn y maes ers dwy genhedlaeth. Diolch am y tystion ffyddlon sy'n gweithio ac yn gweddïo'n ddyfal am adfywiad eto yn ein dydd.

Tad yn y Ffydd

Rhiain Lewis

O'r *Evangelical Magazine*, Tachwedd/Rhagfyr 2007

Daeth J. Elwyn Davies yn weinidog ar ein heglwys, Jerwsalem, Blaenau Ffestiniog, yn 1950. Yn y coleg, roedd yn gyfeillgar â'm hewythr ac fe'i galwn wrth ei enw cyntaf, ond pan ddaeth yn weinidog cefais orchymyn pendant gan fy Nain i'w alw'n 'Mr Davies'.

Dechreuodd ddosbarth i baratoi pobl ifanc ar gyfer ymaelodi â'n heglwys. Aeth fy ffrind Nerys (Cooper yn awr) i ddosbarthiadau'r flwyddyn gyntaf. Dywedodd wrthyf un diwrnod, 'Rydw i wedi dod yn Gristion'. Roeddwn wedi synnu. Penderfynais yn y fan a'r lle na fyddwn i yn gwneud yr un modd. Roeddwn i mor dda ag y dymunwn fod!

Aeth chwech ohonom i'r dosbarth derbyn y flwyddyn ganlynol. Esboniwyd i ni berthnasedd marwolaeth Crist. Dyna'r tro cyntaf erioed imi glywed bod Iesu Grist yn berthnasol, mewn modd personol, i unrhyw un heblaw gweinidogion. Yn ei ffordd dawel a thaer, gyda gwên ar ei wyneb, eglurodd Mr Davies ein hangen i edifarhau a derbyn Crist yn Waredwr personol. Esboniodd nad oedd unrhyw ddiben mewn dod yn aelod o'r eglwys heb wir adnabod yr Arglwydd Iesu Grist ac ymddiried ynddo. Er hynny, yn fy nghalon, roeddwn yn eithaf gwrthwynebus. Ond, yn ystod un noson anesmwyth rai misoedd yn ddiweddarach, deuthum i foment o wirionedd. Yn y tywyllwch gweddïais am beidio â bod yn ddall yn gorfforol nac yn ysbrydol. Ac ar fy ffordd o'r ysgol y diwrnod hwnnw euthum i weld Mr Davies yn ei gartref. Ie, byddai'n fy ngweld wrth gwrs. Cymerodd amser yn dawel i esbonio'r efengyl ac i weddïo gyda mi. O'r diwrnod hwnnw gwyddwn fy mod yn Gristion. Gwnaeth nifer o'm ffrindiau broffes o ffydd yr adeg honno, a threfnwyd Undeb Cristnogol wythnosol.

Pregethodd Mr Davies yn ein priodas. Roeddem bob amser yn mwynhau cymdeithas gydag ef a Mrs Davies. Drwy'r blynyddoedd, fel y gwnaeth gydag eraill, rhoddai ei sylw llawn i ni bob amser, gan roi cynghorion doeth ac anogaethau cynnes. Roedd yn ddyn ysbrydol, calon gynnes a charedig, ac yn wir dad yn y ffydd – ac fe'i galwn yn Mr Davies bob amser!

Bugail Doeth

Geraint Morgan

Anwyldeb a difrifoldeb oedd nodweddion Elwyn. Roedd yn cymryd y gwaith o bregethu fel gwaith arswydus. Nid yn ddihid neu esgeulus yr oedd yn esgyn i'r pulpud, a chyda phob difrifoldeb y byddai'n gweddïo mewn cyfarfod gweddi. Roeddem bob amser yn ymwybodol ei fod ef yn ceisio presenoldeb Duw.

Iddo ef, gwaith Duw oedd efengylu, a gwaith Duw oedd adeiladu credinwyr yn y ffydd. Dyna paham y byddai'n rhoi amser hir i siarad gyda rhywun oedd yn ceisio'r gwirionedd. A dyna paham hefyd y byddai'n trefnu cyfres o gyfarfodydd i hyfforddi'r newydd-ddyfodiaid yn y ffydd. Yr oedd pawb yn ymwybodol bod eu hiechyd ysbrydol o'r pwys mwyaf iddo. Mawr iawn oedd ei ofal bugeiliol.

Byddai'n ceisio sianelu brwdfrydedd y dychweledigion i weithgarwch effeithiol ac i dystiolaethu mewn gair a gweithred i'r gras newydd a ddaeth i'w bywyd. O ganlyniad i'w anogaeth ef y gwelir amryw dystiolaeth ac erthygl gan rai ifanc yn y ffydd yn y rhifynnau cynnar o'r *Cylchgrawn Efengylaidd*.

Roedd Elwyn bob amser yn ein hannog i ofalu peidio â rhoi tramgwydd diachos i ffyniant yr efengyl. Un enghraifft o hyn oedd mater trefnu ein priodasau. Byddai'n annog parau ieuainc i anrhydeddu eu gweinidog – er nad oedd y gweinidog hwnnw, efallai, o argyhoeddiad efengylaidd – trwy ofyn iddo gymryd y briodas. Ac yna byddai Elwyn ei hun yn barod i fod yn was priodas, ac felly yn abl i lywio'r gweithgareddau fel na byddai'r areithiau yn troi'n chwithig neu'n amhriodol. Mewn amryw o sefyllfaoedd, bu ei gyngor yn un doeth ac ymarferol.

Mawr oedd ei faich am ddiwygiad – a hynny oherwydd ei brofiad helaeth o waith yr Ysbryd Glân yn ei fywyd personol ei hun a hefyd yn ei weinidogaeth.

Ni allaf feddwl am bennill mwy priodol i'w ddyfynnu ynghylch dirgelwch ei fywyd na'r hyn a roddwyd mewn cerdyn ym mhob copi o un o rifynnau cynnar y *Cylchgrawn Efengylaidd*:

N'ad fod gennyf ond d'ogoniant
  Pur, sancteiddiol, yma a thraw,
Yn union nod o flaen fy amrant,
  Pa beth bynnag wnêl fy llaw:
    Treulio 'mywyd,
F'unig fywyd, er dy glod.

Cynnal Gweledigaeth

Noel Gibbard

O'r *Cylchgrawn Efengylaidd*, Hydref 2007. Y Parch. Ddr Noel Gibbard yw awdur y gyfrol *Cofio Hanner Canrif: Hanes Mudiad Efengylaidd Cymru 1948-98*, Gwasg Bryntirion, 2000.

Gwerthfawrogaf y cyfle i ysgrifennu ychydig am Elwyn. Ar wahân i'r ffaith ei fod yn berson gwerth ei adnabod, bu'n gymorth parod i mi lawer gwaith ar adegau o bwys yn fy mywyd. Cyfoethogodd fi mewn sawl ffordd, ac rwyf yn ddyledwr iddo. Dyna yw tystiolaeth Helen, fy mhriod, hefyd.

Gwyddwn am y Parch. J. Elwyn Davies cyn mynd i'r coleg ym Mangor. Gwyddwn mai ef oedd golygydd y *Cylchgrawn Efengylaidd*, a derbyniais gopïau o'r cylchgrawn hwnnw a mi yn ddisgybl yn Ysgol Ramadeg y Gwendraeth. Yn un o'r rhifynnau cynnar, darllenais erthygl gan Mair Humphreys, Rhosllannerchrugog, 'Dr Jekyll a Mr Hyde', hithau'n dangos sut yr oedd deuoliaeth yn ei bywyd cyn dod i ffydd yn yr Arglwydd Iesu Grist. Dyna'r math o drafod a ddigwyddai yn yr ysgol hefyd, yn ystod y cyfnod hwnnw.

Erbyn i mi gyrraedd y coleg roedd Elwyn Davies a Mair Humphreys newydd briodi, ac wedi setlo yn 'Bronllwyn', Blaenau Ffestiniog, lle roedd Elwyn yn weinidog Jerwsalem, capel yr Annibynwyr. Yno, yn eu cartref, y cwrddais â hwy gyntaf. Pregethwn ym Mryn Bowydd, a mynd i'w gweld ar ôl oedfa'r hwyr. Roedd yn dda clywed am y cyffro ysbrydol a gychwynnodd ym 1947, ac am eu profiad yn setlo yn y Blaenau. Yn gynnar iawn daeth amryw o rai ifainc i ffydd yn y Gwaredwr, ac ar ymweliad arall â'r Blaenau, i bregethu yng nghapel Jerwsalem, gwelais rai ohonynt yn dod i chwilio am 'Mr Davies'. Peth gwerthfawr wrth ymweld â chapel Jerwsalem oedd bod yn y cyfarfod gweddi cyn yr oedfa, yng nghwmni Herbert Evans, William Roberts a Mrs Jones, y cyntaf yn llawn o win newydd a'r ddau arall yn gredinwyr aeddfed.

Cysylltwyd fi ag Elwyn mewn ffordd arall, oherwydd yn y coleg cyd-letywn â'i frawd, Gwylfa. Deuai Elwyn hefyd ar ei dro i Fangor, ac ar ôl ychydig flynyddoedd yn y Blaenau, daeth yn fwy cyson fel Ysgrifennydd Teithiol yr 'Inter Varsity Fellowship'. Byddwn yn cwrdd ag ef i drafod y gweithgarwch ym Mangor, a chael fy nghadarnhau yn yr hyn a wyddwn eisoes am Elwyn. Profais eto ei dynerwch cadarn a'i ddirnadaeth ysbrydol. Medrai drafod trefniadau, profiad personol, a goblygiadau credu yn y Gwaredwr. Ef a awgrymodd i mi, fel y gwnaeth i eraill, mae'n siŵr, y dylwn, fel myfyriwr, wynebu fy nghyfrifoldeb ariannol tuag at waith Duw yng Nghymru.

Esbonio manwl

Mynychwn gynadleddau hefyd lle roedd Elwyn yn arwain neu yn annerch. Cafodd dwy thema sylw arbennig ganddo, sef Efengyl Ioan, pennod 15, a Gweddi'r Arglwydd, Mathew, pennod 6, adnodau 5 i 15. Nid oedd amser yn golygu dim i Elwyn unwaith y dechreuai bregethu. Gwrandewais arno'n pregethu sawl gwaith am awr, ac ambell dro am awr a hanner, ond pa mor hir bynnag oedd y teithio, roedd Elwyn bob amser yn cyrraedd pen y daith. Nodweddid ei bregethu gan esbonia daeth fanwl. Fel arfer, trafodai baragraff, fel Gweddi'r Arglwydd, ond rhan o bennod oedd honno, a rhaid oedd deall y cysylltiadau'n fanwl. Beth oedd y cefndir? Beth oedd y thema? Ar wahanol achlysuron, wrth bregethu, hoffai Elwyn ddefnyddio eglurebau o fywyd y cartref. Er enghraifft, unwaith soniai am ofal Duw dros ei bobl. Cyfeiriodd at y fam ofalus, ddiwyd, yn paratoi pryd o fwyd. Yn naturiol, byddai'n meddwl am y pryd arbennig hwnnw, ond roedd ei llygad hefyd ar yr angen am weddill y dydd, ac yn wir ar yfory. A byddai angen pob un o'r teulu yn ofal iddi. Felly Duw hefyd. Ef sy'n rhaglunio, ac wrth wneud hynny mae angen pob un o'i blant yn hysbys iddo, a phob un ohonynt yn werthfawr yn ei olwg.

Atgofion

Mae'n rhaid sôn am y 'van', wel, nid y 'van' yn gymaint, ond gyrru Elwyn. Cofiaf fod gydag ef ar daith, sawl gwaith, ac roedd yn amlwg mai cyrraedd gynted ag oedd bosibl oedd nod y gyrrwr, ond roedd yn yrrwr diogel hefyd. Yn yr un cyfnod, hyfrydwch oedd ymweld â'r teulu ar ôl iddynt symud i dre'r Bala, ac yna i Eryl Aran. Rhyfeddol oedd y stori am y modd y prynwyd plasty Eryl Aran, a deall fod llygad ffydd yn edrych dros y clawdd at blasty arall, Bryn-y-groes, a chyn hir daeth y lle hwnnw yn ganolfan i'r Mudiad Efengylaidd.

Roedd Helen a minnau yn llawen iawn ei gael yn ein priodas yng Nghalfaria, Aberdâr. Roedd y capel hwn yn lle arwyddocaol iawn i Helen ac Elwyn. Yno y magwyd Helen, a bu Elwyn yn pregethu yno ddeng mlynedd cyn hynny. Dod a wnaeth yn lle ei gyfaill, Celt Hughes, oherwydd ei fod yn wael ei iechyd, a chyfeillgarwch Dafydd a Jonathan oedd y berthynas rhwng y ddau. Roedd Celt wedi bod yng Nghalfaria unwaith, cyn dyfodiad Elwyn, a chwrdd plant oedd ymlaen y bore hwnnw. Cofia Helen amdani yn sefyll wrth ochr Celt yn y pulpud, er mwyn gwneud ei rhan hithau yn y cyfarfod. Rhoddwyd galwad i Celt i ddod i Galfaria, ac roedd tad Helen yn un o'r cwmni o'r capel a aeth i Gaernarfon i'w weld yn yr ysbyty. Bu Celt farw cyn dydd yr ordeinio.

Methodd Elwyn â dod i'm cyrddau ordeinio ym Mhen-y-wern, Dowlais, ond daeth i'm cyfarfod sefydlu ym Merea, Bynea, a chyd-bregethu gyda'r Dr Tudur Jones. Dyma oedd gwledd mewn gwirionedd. Roedd hwn hefyd yn ddiwrnod arwyddocaol, ar wahân ei fod yn gwrdd sefydlu. Dyma'r dydd y bu farw'r Prifathro Gwilym Bowyer, fy mhrifathro i a'm brodyr Ithel a Hedley, a thad-yng-nghyfraith Hedley hefyd. Pregethodd Elwyn ar y rhan gyntaf o bennod 14 o Efengyl Ioan.

Cynghorwr doeth

Daw amser i wneud penderfyniadau pwysig yn hanes pob un ohonom, a pheth gwerthfawr dros ben yw cael rhywun i'ch cynghori. Sawl gwaith bu Elwyn yn gefn i mi, a dyma un enghraifft. Ar ôl cyfnod o flynyddoedd yn y Bynea, cefais wahoddiad i ddarlithio mewn coleg arbennig, a'm tueddu naturiol oedd derbyn y gwahoddiad, ac eto roedd anesmwythyd yn fy nghalon. Cysylltais ag Elwyn, a threfnwyd i mi ei weld. Y pryd hwnnw, argreffid y *Cylchgrawn* yn Llansawel, ac roedd gofyn i Elwyn fod yno un prynhawn, a gofynnodd i mi ddod yno i'w gyfarfod. Ar ôl gweld yr argraffydd bu Elwyn a minnau yn cerdded am gryn dipyn o amser. Meddyliodd Elwyn am y posibiliadau i gyd, a chredai yn eithaf pendant na ddylwn dderbyn y gwahoddiad. Cefais dawelwch meddwl ar ôl hyn, ac ymhen blwyddyn, fwy neu lai, cefais gyfle i fynd i ddarlithio i Goleg Beiblaidd y Barri.

Credai Elwyn ei bod yn holl-bwysig i weinidogion y Gair ddod at ei gilydd i astudio a gweddïo. Roedd angen pregethu efengylaidd, cyson, ac un cymorth ar gyfer hyn oedd trefnu cyfarfodydd i gymdeithasu. Nid oedd cyfarfod gweinidogion yng nghylch Merthyr pan euthum i Ddowlais. Roedd Elwyn yn gwybod hynny, a daeth draw i'n cartref i drafod y posibiliadau. Aeth y ddau ohonom draw i weld y Parch. Eurfyl Jones, yn Nhrecynon, Aberdâr, a chytuno i gychwyn cyfarfod Saesneg. Ar ôl cyfarfod yno am ychydig amser, symudwyd i Bontypridd, er mwyn rhoi cyfle i fwy o weinidogion ymuno â ni.

Gwnaeth Elwyn bopeth posibl i hyrwyddo'r dystiolaeth Gymraeg yng Nghymru: trwy siarad personol, trwy'r *Cylchgrawn*, efengylu, a hybu achosion efengylaidd Cymraeg. Gofidiai am ddiffyg tystiolaeth Gymraeg yng nghylch Pen-y-bont a Chaerdydd. Trefnwyd ambell gyfarfod ym Mryntirion, Pen-y-bont, ac Elwyn a minnau yn pregethu. Nid oedd hyn yn foddhaol, ond annog dyfalbarhad a wnaeth Elwyn. Gwnaeth Wyn James, Gwylfa, brawd Elwyn, a minnau gyfarfod i drafod y posibiliadau. Pen draw hyn oedd cyfarfod mewn cartref yng Nghaerdydd, ac yna cyfarfod yn Nhŷ'r Cymry. Gwaetha'r modd, collwyd cwmni Elwyn am gyfnod oherwydd ei fod ef a Mair yn Awstralia. Ar ôl dychwelyd, pregethodd gyda ni, a chymryd fel testun y darn cyntaf yn y drydedd bennod o'r Llythyr at y Colosiaid.

'Dal i ddisgwyl'

Pan euthum ati i ysgrifennu hanes y Mudiad Efengylaidd, nid oedd yn bosibl gwneud hynny heb fynd at lygad y ffynnon, neu, yn wir, lygaid y ffynnon, sef Elwyn a Mair. Am gyfnod o flwyddyn a hanner, fwy neu lai, cefais y fraint o ymweld â hwy yn eu cartref yng Nghaerfyrddin. Arferai Elwyn ymgolli yn yr hanes, ac weithiau, byddai Mair yn torri ar ei draws, ac yn dweud, 'Nage Elwyn, nid felly roedd hi.' Aethpwyd dros yr hanes yn fanwl, a thrafod ambell bwnc, yn arbennig diwygiad. Un tro, cyfeiriodd Elwyn at ei berthynas â Doctor Martyn Lloyd-Jones, a'r pwyslais ar ddiwygiad. Ac wrth sôn am ddiwygiad, meddai Elwyn,

'Rwyf wedi fy sbwylio i bopeth arall', a gwelwyd deigryn ar ei ruddiau. Tebyg oedd ei ymateb yn ystod ei waeledd yn y cartref yn Llangynnwr. Pan soniodd am ddiwygiad, dywedais wrtho, 'Ry'ch chi'n dal i ddisgwyl', ac mewn llais gwan, ond digon pendant, dywedodd, 'Rwy'n dal i ddisgwyl.' Mae'n amhosibl anghofio'r dimensiwn o ddiwygiad wrth gofio am Elwyn Davies.

Dolen gydiol

Nid oedd Elwyn yn un i gyfaddawdu, ond roedd, bob amser, yn barod i gyfannu. Hoffaf feddwl am Elwyn fel dolen gydiol. Sicrhaodd barhad y dystiolaeth efengylaidd trwy gylchgrawn. Er bod gwahaniaethau rhwng yr *Efengylydd* a'r *Cylchgrawn Efengylaidd*, yn yr hanfodion roedd cytundeb. Gwnaeth rhai o gyfranwyr yr *Efengylydd* gyfrannu i'r *Cylchgrawn*, yn cynnwys Nantlais ac Owen Thomas, Llantrisant. Beth amser yn ôl, rhoddodd Elwyn Feibl R. B. Jones, y Porth, i mi, er mwyn ei gyflwyno i'r coleg ym Mryntirion. Derbyniodd yntau'r Beibl oddi wrth David Evans, Pen-y-bont, un arall – ynghyd ag R. B. Jones – o gwmni'r *Efengylydd*, ac Elwyn oedd un o'i olynwyr yn y 'Mission' ym Mhen-y-bont. Roedd gwahaniaeth diwinyddol rhwng y ddau gylchgrawn, gan fod y *Cylchgrawn* yn cynrychioli traddodiad mwy Calfinaidd na'r *Efengylydd*. Amlygwyd gwahaniaethau diwinyddol o fewn y Mudiad Efengylaidd yntau, ac roedd Elwyn ar y blaen i gadw gweinidogion, ac eraill, rhag dieithrio oddi wrth ei gilydd. Roedd undeb y saint yn bwysig iddo, fel oedd yn amlwg yn ei waith yng Nghymru, gyda'r 'British Evangelical Council', a'i daith i Awstralia i hybu undeb efengylaidd.

Roedd Elwyn ar y blaen hefyd gyda'r trafodaethau rhwng Coleg y Barri a'r Mudiad Efengylaidd, er mwyn ffurfio coleg efengylaidd. Llwyddwyd i wneud hynny ym 1985, a sicrhau dilyniant y dystiolaeth efengylaidd. Bu Elwyn yn Llywydd Coleg Diwinyddol Efengylaidd Cymru am gyfnod o flynyddoedd. Un o'i ddyheadau oedd gweld dysgu trwy gyfrwng y Gymraeg yn digwydd yn y coleg. Roedd hybu'r dystiolaeth Gymraeg yn ein gwlad yn pwyso'n drwm arno. Ni flinai Elwyn o gwbl wrth bwysleisio gwreiddiau Cymraeg y Mudiad Efengylaidd. Ond nid oedd neb ychwaith a wnaeth fwy nag Elwyn i hyrwyddo ochr ddi-Gymraeg y gwaith, a diogelu'r ddwy wedd fel rhan o un gweithgarwch.

Pan wnaeth Elwyn ymddeol ym 1990, ceisiais dalu teyrnged iddo, heb anghofio Mair. Dyma'r soned, gydag ychydig newidiadau:

Diolch am Elwyn

Mor fach oedd teulu'r ffydd pan fentraist ti
I'r Coleg ar y Bryn ar ddechrau'r daith,
Er bod y gred bod Duw yn Dad i ni,
A grym brawdoliaeth dyn o hyd ar waith;
Yr Ysbryd Glân a greodd ynot boen,
A'r esgor ddaeth â thi i olau dydd;
Fe'th fabwysiadwyd di i deulu'r Oen,
Dechreuaist gerdded ar hyd llwybrau ffydd.
Tyfaist i fod yn dad i lawer iawn,
Hwy gawsant fwyd o'th law, a chlust i'w cwyn,
A phrofodd llawer un ar gyfyng awr
Y cysur cadarn yn y geiriau mwyn.
Mor fawr yw'n dyled ni i ti a Mair,
Am gynnal gweledigaeth teulu'r Gair.

Atgofion Diolchgar

Ioan Davies

Pleser o'r mwyaf yw ymateb i'r gwahoddiad i gofio am weinidogaeth y Parchedig Elwyn Davies. Fel myfyriwr yng Ngholeg y Brifysgol, Bangor, y deuthum i gysylltiad ag ef gyntaf pan oedd yn Ysgrifennydd Teithiol i'r IVF (Inter-Varsity Fellowship) neu'r UCCF erbyn hyn. Edrychem ymlaen at ei ymweliadau o leiaf unwaith bob tymor, a gwerthfawrogem yn fawr ei bregethu Beiblaidd a gwresog. Y pryd hynny, roedd yr Ysgrifennydd Teithiol yn gyfrifol am yr Undebau Cristnogol oedd yn holl golegau Prifysgol Cymru – Caerdydd, Abertawe, Aberystwyth a Bangor (yn ddiweddarach, rwy'n meddwl, y sefydlwyd Undeb Cristnogol Llanbedr Pont Steffan) ond ni fyddai Elwyn Davies yn cuddio'r ffaith ei fod wrth ei fodd yn dod i Fangor. Wedi'r cyfan, dyna'r lle y bu ef ei hun yn fyfyriwr diwyd, ac mewn Encil SCM ym Mhlas-y-Nant, rhwng Caernarfon a Beddgelert, y daeth Duw i lawr mewn bendith amlwg ac achub nifer o Gymry a fu'n gyfrwng brwd yn llaw Duw i ddechrau Mudiad Efengylaidd.

Un o uchafbwyntiau Undeb Efengylaidd Bangor yn ystod fy mlynyddoedd i (1958–1964) oedd yr Encil blynyddol a drefnid ym Mhlas-y-Nant ychydig ddyddiau cyn dechrau tymor y Pasg. Fwy nag unwaith byddai'n bwrw eira a'r golygfeydd o'r mynyddoedd cyfagos a Llyn Cwellyn yn ddigon o ryfeddod. Seiat Agored fyddai ar y rhaglen y noson gyntaf. Dyna fy mhrofiad cyntaf o seiat brofiad, ac er nad oedd yn beth cyffforddus iawn bob amser i gyfrannu'n onest a chadarnhaol, o dan arweiniad cadarn ond tyner Elwyn Davies roedd bod yn bresennol yn brofiad adeiladol a gwerthfawr dros ben. Fel y gellid disgwyl, roedd yna sesiynau wedi eu neilltuo i weddïo, trafod ac astudio'r Gair, ac ar ôl bod yno am ddeuddydd cyfan yn gwrando ar anerchiadau Elwyn Davies ar rannau allweddol y Gair, fel Rhufeiniaid 5–8, neu Ioan 15 neu, rywbryd arall, Luc 11 (Gweddi'r Arglwydd), byddem wedi ein hadfywio a'n paratoi yn dda i fod yn dystion mwy teilwng i'r Iesu.

Yn ychwanegol at hyn, roedd yna edrych ymlaen at ymweliadau Elwyn Davies gan rai oedd ag anawsterau penodol, fel rhai oedd yn astudio diwinyddiaeth neu Efrydiau Beiblaidd. Rhyddfrydol iawn oedd y rhan fwyaf o'r darlithiau yn yr adrannau hyn y pryd hynny. Diystyrid y safbwynt efengylaidd yn llwyr, a rhaid oedd i'r Cristnogion efengylaidd ddarganfod drostyn nhw eu hunain sut oedd deall ac esbonio rhannau anodd y Beibl, fel penodau cyntaf Genesis, awduriaeth y pum llyfr, undod proffwydoliaeth Eseia, neu ffynonellau'r Efengylau cyfolwg! (Mor wahanol yw hi erbyn hyn gyda'r fath ystod helaeth o gyhoeddiadau efengylaidd o safon sydd i'w cael yn ein siopau Cristnogol ac ar y we.) A phwy yn well, yn niwedd 1950au a dechrau'r 1960au, nag Elwyn Davies, oedd wedi wynebu'r cwestiynau hyn ei hunan ac wedi myfyrio yn eu cylch ac yn gallu ein rhoi ar y llwybr cywir. Byddai gan rai broblemau personol hefyd y dymunent iddo'u trafod. Roedd ganddo'r ddawn brin i wrando a meddwl cyn siarad. Teimlech ei fod yn eich deall a'i fod yn rhoi ei sylw cyfan i'ch problem.

Dyna rai o'r argraffiadau sy'n aros yn y cof ers dyddiau coleg. Ystyriaf fy hun a'm cyfoedion yn freintiedig iawn o fod wedi cael y fath bersonoliaeth yn ddelfryd ymddwyn (*'role model'*) mewn cyfnod oedd mor allweddol yn ein hanes. Roedd ei gymeriad tadol a'i lais cynnes yn ennill ein serch ac yn hawlio ein parch dwfn yr un pryd. Parhaodd yr un gwerthfawrogiad ac edmygedd ohono ar hyd y blynyddoedd. Nid yn unig yn ystod dyddiau coleg ond yn fwy diweddar, ac yntau yn cario beichiau trymion fel Ysgrifennydd Cyffredinol y Mudiad Efengylaidd, elwais fwy nag unwaith o rannu fy nghwyn ag ef a theimlo'n well o wneud hynny.

Terfynaf fy sylwadau gydag ychydig adnodau o'r Epistol at yr Hebreaid, Pen.13, ad. 7 ac 8: 'Cadwch mewn cof eich arweinwyr, y rhai a lefarodd air Duw wrthych; myfyriwch ar ganlyniad eu buchedd, ac efelychwch eu ffydd. Iesu Grist, yr un ydyw ddoe a heddiw ac am byth.' Yn sicr, roedd Elwyn Davies yn un o'r cyfryw.

Ysgrifennydd Teithiol

Geraint Fielder

O'r *Evangelical Magazine*, Tachwedd/Rhagfyr 2007. Un o'r llyfrau a ysgrifennwyd gan Geraint Fielder yw *Excuse Me, Mr Davies – Hallelujah: Evangelical Student Witness in Wales 1923-1983*, Gwasg Bryntirion, 1983. Mae'r gyfrol honno'n sôn am gyfraniad Elwyn Davies, ac eraill, i'r dystiolaeth Gristnogol yng ngholegau Cymru, ac ef yw'r Mr Davies y cyfeirir ato yn nheitl y llyfr.

Elwyn Davies oedd y dylanwad unigol mwyaf ar fy mywyd Cristnogol fel myfyriwr o bell ffordd. Byddai llawer o'm cyfoedion yn dweud yr un modd. Cafodd dröedigaeth pan oedd yn fyfyriwr ym Mangor yn 1947, ac arweiniodd ei dystiolaeth y Sul canlynol at dröedigaeth y fyfyrwraig Mair Humphreys, a ddaeth yn wraig iddo ymhellach ymlaen ac yn gynorthwyydd ardderchog yn y gwaith.

Mae digwyddiadau hynod ddiddorol y blynyddoedd 1947-9 ym Mangor ac ymhellach yn allweddol i ddeall y ffordd y datblygodd bywyd efengylaidd yng Nghymru am genhedlaeth. Yn ystod ei flynyddoedd fel Ysgrifennydd Teithiol yr IVF [*Inter-Varsity Fellowship*] yng Nghymru (1955-62), mae tair nodwedd yn sefyll allan i mi.

Yn gyntaf, sefydlodd y patrwm o roi'r brif weinidogaeth yng nghynadleddau'r Undebau Cristnogol neu 'encilion'. Roedd hynny'n gymorth i osod y cywair drwy'r Undebau Cristnogol, a byddai'r thema y deliai â hi yn dod i'r amlwg yn aml fel y prif nodyn ym mywyd yr Undebau Cristnogol – tystiolaeth i'r ffordd y siaradodd Duw drwy'r cenadwriau hynny.

Yn ail, roedd y seiat wrth galon ei ddawn i feithrin y bywyd ysbrydol. Câi pawb eu hannog i rannu eu profiad Cristnogol presennol, boed hynny'n galondid neu beidio. Roedd hynny'n ffordd effeithiol iawn o sicrhau bod pawb a oedd yn bresennol yn mesur eu cynnydd, nid yn unig drwy faint o athrawiaeth a gafodd ei ddeall a'i derbyn, ond hefyd yn ôl y graddau yr oedd hynny'n effeithio ar fywyd a chymeriad yr unigolyn.

Yn drydydd, yr hyn a ddeffroid fwyaf yng nghalonnau myfyrwyr gan weinidogaeth Elwyn oedd dyhead am ddiwygiad. Dywedai myfyrwyr yn aml mai hynny oedd y persbectif mwyaf gwerthfawr a gawsant drwy ei weinidogaeth.

Drwy'r athrawiaeth a rannai am ogoniant Duw, siapiwyd ein meddwl ni am efengylu a diwygiad, a chymerasom yr athrawiaeth yn eiddo i ni.

Gyda chryn barchedig ofn ond hefyd ymdeimlad o fraint y dilynais ef fel ysgrifennydd teithiol.

Ysgrifennydd Cyffredinol

Gareth H. Davies

O'r *Evangelical Magazine*, Mehefin/Gorffennaf 1990, ar adeg ymddeoliad Elwyn Davies o'i waith fel Ysgrifennydd Cyffredinol Mudiad Efengylaidd Cymru. Roedd y Parch. Gareth H. Davies (1927–2005) yn weinidog Eglwys M.C. Rhydaman, ac fel nifer o weinidogion eraill, e.e. y Parch. T. Arthur Pritchard (1917–1997), y Parch. Emyr Roberts (1915–1988) a'r Parch. J.D. Williams (1915–2006), cydweithiodd gydag Elwyn Davies yng ngwaith Mudiad Efengylaidd Cymru.

Pan grybwyllwch Skakespeare, meddyliwch am ddrama; neu Handel ac mae eich meddwl yn troi at gerddoriaeth; crybwyllwch J. Elwyn Davies, ac ni allwch osgoi meddwl am Fudiad Efengylaidd Cymru. Mae'r gwaith a'r dyn yn anwahanadwy. Dyma'r gwir, nid yn unig am ei bod yn ffaith hanesyddol, ond hefyd oherwydd ei ymroddiad llwyr a chyflawn i waith y Mudiad.

Yn hanesyddol, roedd yno yn y dechreuadau. Yn 1948 mae ei enw yn ymddangos ar rifyn cyntaf Y *Cylchgrawn Efengylaidd*, fel Ysgrifennydd Gohebol. I ddarllenwyr yr *Evangelical Magazine*, gallai'r cychwyniadau hynny fod wedi eu hamwisgo yn niwl y dirgelwch Celtaidd; ond i ni a oedd mor ffodus i gael rhan yn y gwaith, roedd y rhain yn ddyddiau o eglurdeb newydd yn ein canfyddiad o'r efengyl dragwyddol, o oleuni'r Ysbryd Glân, ac o gynhesrwydd oedd yn llosgi yn ein calonnau tuag at yr Arglwydd a'n Gwaredwr. Doedd yna ddim Mudiad Efengylaidd Cymru bryd hynny – dim ond 'Ffrindiau'r Cylchgrawn'. Roedd dau ffactor yn ein huno: ein profiad unol o ras Duw, a rhodd ragluniaethol Duw o iaith gyffredin a siaradem ac a garem. Roedd gennym weledigaeth i'r Cymry a siaradai Gymraeg ac a oedd yn ddieithriaid i'r efengyl a'r Gwaredwr a gyhoeddai'r efengyl.

Nid dyma'r amser i olrhain hanes y Mudiad, dim ond i gydnabod lle Elwyn dan law Duw yn yr hanes hwnnw. Roedd ef yno ar bob cam; wrth brynu Eryl Aran, y Bala – datblygiad allweddol – ac yna Bryn-y-groes; symudiad y swyddfa i Bort Talbot yn 1962, pryd yr oedd ef a'i deulu yn barod i gael eu dadwreiddio o'u cartref yng Ngogledd Cymru; darpariaeth ryfeddol Bryntirion yn 1970; ac yn natblygiad sfferau eraill yng ngweinidogaeth y Mudiad dros y blynyddoedd.

Ymhlith y rhinweddau a'i cynysgaeddodd ar gyfer y dasg, rhaid nodi dimensiwn y gweledydd – breuddwydiodd freuddwydion, a thrwy ras Duw gwelodd rai ohonynt yn dod i gyflawniad; cadernid pwrpas, wedi ei dymheru gan barch at farnau pobl eraill – bu'n stori o ddwyn brodyr ynghyd i fod â'r un meddwl a'r un pwrpas; disgyblaeth drefnus meddwl hyfforddedig; a chalon bugail pobl Dduw. Golygodd ei waith ei fod yn bugeilio staff y Mudiad. Cynghorodd a gofalodd am lawer o weinidogion drwy gyfnodau anodd. Bu'n gyfryngwr ac yn gynghorwr mewn perthnasoedd wedi torri. I lawer bu'n ddyn Duw i eraill a bu'n dad iddynt yng Nghrist.

Cofio Elwyn

Hefin Elias

Cyfarfûm ag Elwyn gyntaf ar ôl mynd i Fangor i astudio diwinyddiaeth. Fel aelod gyda'r Annibynwyr, roeddwn yn un o fyfyrwyr Coleg Bala-Bangor. Ychydig flynyddoedd ynghynt roedd Elwyn hefyd, oedd yn Annibynnwr, wedi astudio yn yr un Coleg, ac felly roedd tir cyffredin rhyngom o ddechrau ein hadnabyddiaeth.

Deuai Elwyn i Fangor yn rheolaidd yn rhinwedd ei swydd fel ysgrifennydd teithiol gyda'r Undebau Cristnogol. Hawdd oedd dod i'w adnabod, a chawsom lawer sgwrs ddifyr gan drafod pynciau megis yr angen ysbrydol ymysg myfyrwyr, yr enwadau a Chymru fel cenedl. Roedd yn ffyddiog y gellid newid y sefyllfa. Credai yn angerddol fod angen diwygiad, a phwysleisiai bwysigrwydd glynu wrth yr Ysgrythur a gweddi i sicrhau hynny. Fel ysgrifennydd teithiol, bu'n ffyddlon a diwyd wrth ei waith, ac y mae llawer o gyn-fyfyrwyr o hyd yn sôn am y cymorth a'r gefnogaeth a gawsant ganddo.

Yn un o gyfarfodydd yr Undeb Cristnogol ym Mangor y cyfarfûm gyntaf â'm gwraig, Ceinwen. Gan ei bod hi yn chwaer i Mair, gwraig Elwyn, roedd fy nghysylltiad ag Elwyn a Mair yn sicr o dyfu fwyfwy wrth i Ceinwen a minnau gydgerdded. Cefais groeso twymgalon bob amser ar eu haelwyd, ac rwyf yn ddiolchgar iawn am eu caredigrwydd. Cefais gyfle i adnabod Elwyn yn ei gartref, ac roeddem yn mwynhau sgwrsio a rhannu â'n gilydd. Er ei fod yn ddyn sobr ac o ddifri, roedd hiwmor iach bob amser yn agos i'r wyneb yn ei gymeriad.

Un hoff iawn o esbonio'r Ysgrythur oedd Elwyn. Roedd yn feistrolgar iawn wrth arwain encil. Rwy'n dal i gofio cynnwys cyfres o anerchiadau adeiladol ym Mhlas-y-nant (bron hanner canrif yn ôl) wrth iddo gymryd tair sesiwn i esbonio I Cor. 1:30–31: 'Eithr yr ydych chwi ohono ef yng Nghrist Iesu, yr hwn a wnaethpwyd i ni gan Dduw yn ddoethineb, ac yn gyfiawnder ac yn sancteiddrwydd, ac yn brynedigaeth: fel megis ag y mae yn ysgrifenedig, Yr hwn sydd yn ymffrostio, ymffrostied yn yr Arglwydd.' Yn yr encilion hefyd, câi gyfle i fwynhau cymdeithas ag unigolion a grwpiau bach.

Pan ddaeth yr amser i mi gychwyn ar fy ngwaith yn y weinidogaeth ym Mhort Talbot, roedd Elwyn a'r teulu eisoes wedi symud i Gwmafan, a chymerodd Elwyn ofal dros gapel Seion. Gan ein bod yn byw mor agos at ein gilydd, a Swyddfa'r Mudiad ym Mhort Talbot, cawsom nifer o sgyrsiau buddiol, ac roedd bob amser yn barod i rannu ei gyngor, a bu'n gefnogol i'm gwaith yn yr eglwys.

Yn ystod y cyfnod hwn fe dyfodd gwaith y Mudiad a bu Elwyn yn flaenllaw wrth i'r gwaith gynyddu yn y Gymraeg ac yn arbennig ar yr ochr Saesneg. Parhaodd y cysylltiad rhyngom wedi i ni symud i fyw i Gaerdydd, er i ni weld llawer llai o'n gilydd. Cymerodd ef a Mair ddiddordeb yn ein teulu, a byddem yn cyfarfod ar achlysuron teuluol arbennig yn ein cartref ni ac yng Nghaerfyrddin. Gwerthfawrogwn y fraint o gael ei adnabod am dros hanner canrif.

Cynghorwr Da a Phregethwr Proffwydol

Dewi Arwel Hughes

Dr Dewi Arwel Hughes yw Ymgynghorydd Diwinyddol Tearfund, yr asiantaeth ddyngarol Gristnogol. Mae'r gyfrol *Power and Poverty: Divine and Human Rule in a World of Need*, 2009, ymhlith cyhoeddiadau Dewi Hughes.

Mae'n rhaid ein bod ni fel teulu yn hysbys i Elwyn yn fuan ar ôl iddo symud gyda'r teulu i'r Bala yn 1955. Roeddem yn byw yn Nhyn-y-bont bryd hynny sydd tua phedair milltir o'r Bala i fyny Cwm Tryweryn. Ein man addoli oedd capel Annibynwyr Tyn-y-bont, a byddai Elwyn yn pregethu yno yn gyson. Rhaid i mi gyfaddef fod fy nghalon yn syrthio pan fyddai'n cael ei gyhoeddi fel pregethwr y Sul canlynol. Gwyddwn y byddem yn cael clamp o bregeth ac y byddai'n rhaid eistedd yn llonydd – oedd bron yn amhosibl – ar fainc galed am amser oedd yn teimlo rhywbeth fel tragwyddoldeb yn y lle na fyddai neb yn dymuno treulio tragwyddoldeb ynddo! Fedrwn i ddim deall pam roedd mam yn edrych ymlaen at y Suliau pan oedd Elwyn yn pregethu, ond edrych ymlaen a wnâi.

Bu mam farw yn echrydus o sydyn ar ei ffordd adref o'r Ysgol Sul fis Mai 1957, ac mae gen i gof bach bod Elwyn wedi cymryd rhan yn ei hangladd ym mynwent Eglwys Anglicannaidd Fron-goch. Yn Hydref 1958 fe symudasom fel teulu i fyw yn y Stryd Fawr yn y Bala, a buom yn gyd-aelodau ag Elwyn a'i deulu nes iddynt symud i'r de.

Yn 1962 fe gefais brofiad o ras yn un o wersylloedd Cymraeg y Mudiad Efengylaidd yn Mryn-y-groes, eu hail ganolfan yn y Bala ers 1960. Trwy wersylloedd a chynadleddau'r Mudiad a'r IVF ar ôl hynny, roeddwn yn gweld Elwyn bob yn hyn a hyn, ac roedd yn cymryd diddordeb mawr yn fy ngyrfa bob amser.

Cof gennyf am sgwrs yn ystod yr haf yn 1967 pryd y treuliais y gwyliau fel Is-Warden gwersylloedd Bryn-y-groes. Mae haf 1967 yn arwyddocaol yn fy hanes oblegid cefais radd Prifysgol a gwraig yr un pryd. Dechreuodd Maggie a minnau ganlyn yng nghyfnod yr arholiadau a gofynnais iddi fy mhriodi cyn diwedd y tymor. Yn ystod gwyliau'r haf penderfynasom briodi fis Medi cyn dychwelyd i'r coleg – Maggie i orffen ei gradd mewn Seicoleg a minnau i ddechrau cwrs BD. Roedd ein rhieni, yn ddigon teg, yn poeni ein bod yn fyrbwyll, a dweud y lleiaf! Wedi'r cyfan, ugain oed oedd y ddau ohonom a doeddem ond wedi bod yn canlyn am gwpwl o fisoedd.

Dwi ddim yn cofio'n union pryd nac ym mhle y cefais sgwrs gydag Elwyn am fy mwriad i briodi, ond roedd yn hollol gadarnhaol a llawen ynglŷn a'r peth. Gwyddai fod fy chwaer, Haf, wedi gofalu amdanaf ar ôl marw mam pan oeddwn yn ddeg oed. Gwyddai hefyd nad oedd fy nhad yn rhyw ofalus iawn ohonof a bod gan Haf ei theulu ei hun i ofalu amdano erbyn 1967. Yr hyn a ddywedodd wrthyf oedd fod arnaf angen fy nghartref fy hun a bod Duw wedi darparu rhywun i mi fedru dechrau sicrhau hynny. Mae'r ffaith fy mod ar fedr dathlu 43 mlynedd o fywyd priodasol eithriadol o hapus yn tystio i gywirdeb ei ddirnadaeth.

Rai blynyddoedd yn ddiweddarach, dywedodd hanes diddorol wrthyf am un ymweliad arbennig o'i eiddo i bregethu yn nghapel Tyn-y-bont. Wrth iddo baratoi i bregethu y Sul hwnnw, meddai, nid oedd Duw wedi dangos iddo beth oedd i bregethu arno. Mae'n amlwg mai ei ffordd o baratoi i bregethu oedd myfyrio a gweddïo nes ei fod yn dod i sicrwydd yn ei galon fod Duw wedi rhoi gair iddo i'w rannu gyda'i gynulleidfa. Nid rhywbeth damcaniaethol oedd gwaith yr Ysbryd Glân iddo yn y gwaith o bregethu. Roedd yn disgwyl clywed gan Dduw yn uniongyrchol. Ond wrth iddo baratoi ar gyfer y Sul arbennig hwnnw yn Nhyn-y-bont, roedd Duw yn dawel. Hyd yn oed pan ddaeth yr amser i gychwyn am Dyn-y-bont o'r Bala, doedd ganddo ddim syniad beth oedd yn mynd i bregethu arno. Ond pan oedd yn mynd heibio i eglwys Fron-goch, oedd lai na hanner milltir o gapel Tyn-y-bont, daeth y bregeth iddo yn ei chrynswth. Wrth draddodi'r neges yma ychydig funudau ar ôl ei derbyn, roedd yn hollol sicr yn ei ysbryd mai neges i fy mam ydoedd. Os dwi'n cofio'n iawn, yr hyn a ddywedodd wrthyf oedd mai dim ond mam oedd yn y gynulleidfa y prynhawn hwnnw. Roedd wedi cael neges uniongyrchol gan Dduw i mam – ac os oedd yntau'n cofio'n iawn roedd hyn ryw bythefnos cyn iddi farw.

Roedd mam wedi cael ei magu ar aelwyd grediniol oblegid roedd ei thad wedi cael profiad dwfn o'r Ysbryd Glân yn Niwygiad 1904. O'r hyn dwi wedi ei ddysgu amdani ers i mi fy hunan gael profiad o ras, roedd mam hithau yn grediniwr o'i hieuenctid. Ond cefais lawer o gysur o wybod ei bod wedi cael gair arbennig gan Dduw iddi hi ei hunan ychydig cyn cael ei galw i'w bresenoldeb tragwyddol. Does gen i ddim cof a wnes i ofyn i Elwyn neu beidio beth oedd cynnwys y neges ond dwi'n amau ei fod yn methu cofio ei hunan beth oedd. Rhaid bodloni bod gan Dduw hefyd ei negeseuon preifat i'w bobl.

Elwyn

Bobi Jones

Yr oedd J. Elwyn Davies ac eraill eisoes wedi cwpla'r arloesi cyntaf ynglŷn â Mudiad Efengylaidd Cymru cyn i mi ddod i'w adnabod ef. Dod i mewn i 'hen' fudiad a wneuthum i a oedd eisoes felly, ym Mangor ac yng Nghwm Gwendraeth, wedi profi dyfnder yr ias gychwynnol. Yr oedd cytundeb cynnes eisoes gan griw gweledigaethus o bobl ifainc ynghylch canologrwydd y Beibl a sylfeini clasurol y ffydd gan gynnwys difrifoldeb dwys ynghylch llygredigaeth dyn, a'r angen i'r ysbryd dynol ddod yn fyw i berthynas â Duw, ac i ddiolchgarwch ysu o'r galon oherwydd i'r Arglwydd Iesu Grist yn yr Iawn dalu yn ei waed dros bechaduriaid edifeiriol.

Hynny yw, yr oedd yna wir eciwmeniaeth Dduw-ddiffiniedig eisoes rhwng nifer o bobl ifainc a'i gilydd yng Ngogledd a De Cymru ynghylch ffydd newydd-hen. Dyma'r dimensiwn llorwedd, ar draws dwy ardal yng Nghymru, ynghylch ffyddlondeb i'r efengyl Feiblaidd. Ceid hefyd eciwmeniaeth fertigol â chanrifoedd cyfoethog Dewi Sant, Siôn Cent, Morgan Llwyd, Griffith Jones, Williams Pantycelyn, Daniel Rowland, Howell Harris, Thomas Charles, Thomas Jones, John Elias, Henry Rees, Owen Thomas a Martyn Lloyd-Jones. Roedd Duw felly wedi bywhau Undeb fertigol a llorwedd yn y wlad hon. Ac yr oedd Elwyn ac eraill hefyd wedi sefydlu'r *Cylchgrawn Efengylaidd* i fod yn llais newydd i ganmol y Ffydd Ddiffuant honno. Cynhaliwyd encilion i gydddysgu hanfodion yr efengyl, a datblygodd y rheini'n ymgyrchoedd ac yn gynadleddau. Felly, yr oedd yna Gymdeithas a Mudiad ar gyfer Cristnogion gwasgarog digymdeithas eraill, yma ac acw, a oedd wedi mentro dal yn driw i'r ffydd dragwyddol Feiblaidd er gwaetha'r cynnydd mewn relatifrwydd, lluosedd, a difaterwch. Yr oedd yr Ysbryd Glân ar waith yn nannedd y Chwalfa gyffredinol.

Bellach, yr oeddwn i fel Cristion efengylaidd unig yn gallu troi i gyfeiriad lle y gwyddwn fod yna gysondeb, dibynolrwydd, profiad o

fywyd ysbrydol cyffrous, meddwl praff, ac awydd i gyflawni ewyllys
Duw. Hyn, i mi, oedd pwysigrwydd llafur Elwyn ac eraill. Yng nghanol
y chwitchwatrwydd crefyddol a'i seciwlariaeth sefydliadol, agorasant
ardd i'r egin gleision. Darparent gaer yn gymdeithasol i gredinwyr
digyfaddawd.

Rhagluniaeth a drefnodd, felly, fod yna arweinydd ifanc dawnus,
J. Elwyn Davies, ynghyd â chriw o gynorthwywyr gwir ysbrydol –
gyda lladmerydd doeth, Martyn Lloyd-Jones, megis Griffith Jones
gynt, – wrth law i ysbrydoli a chynghori. Yn achos Elwyn, a'r Mudiad
newydd, deuthum yn ddyledus iawn am amryw fendithion lle y buont
gyda'i gilydd yn gyfrwng hefyd i lawer gan Dduw i ddwyn ffrwyth
yng Nghymru. Buont yn fendith i ni'n deuluol ac yn bersonol drwy'r
gwersylloedd. Cefais amryw sgyrsiau personol gydag Elwyn a gwrando
ar lawer o'i bregethau; ac nid ymadawn ag ef byth heb wybod am
bresenoldeb Iesu Grist gyda ni.

Ond yr wyf am sôn yn syml am un mater enghreifftiol ymarferol.
Byddwn i o bryd i'w gilydd yn trafod gydag ef waith yr Undeb Cristnogol
(ymhlith myfyrwyr yn Aberystwyth) a'r Seiat wythnosol a gynhelid
yn yr un dref. Oherwydd y dieithrio crediniol ymhlith y Sefydliad
Crefyddol yng Nghymru yn sgil rhagdybiau nad oes angen i mi eu
hailadrodd yn awr, yr hyn a ddaeth yn gliriach gliriach oedd y newyn
taer a'r hiraeth angerddol ymhlith gweddill cynyddol o Gristnogion
yma ac acw i yfed o ffrydiau glân gwirioneddau'r ffydd Feiblaidd,
nid yn ôl tybiaethau seciwlar dynol ond yn ôl y Gair ei hun ac yn ôl
dealltwriaeth credinwyr cryf yr oesoedd. Roedd angen cymdeithas
gyhyrog o ddifrif. Ac yn Seiat Aberystwyth yn y 60au, tybiwyd yn gam
neu'n gymwys fod yna alwad fain ond real ymhlith y Cymry Cymraeg
i gamu ymhellach. Dywedais wrth Elwyn am yr awydd ymrwymedig
yn y Seiat i geisio sefydlu Seiadau bychain tebyg i un Aberystwyth yng
nghanolbarth Cymru. Cefais ymateb brwd ac ymarferol ar unwaith.
Cytunasom y byddem ninnau fel Seiat a'r Mudiad ei hun ar y cyd
yn mynd yn gyfrifol am drefnydd i sefydlu Seiadau yn y rhanbarth.
Ymhen rhyw bythefnos wedyn cefais alwad arall gan Elwyn. Soniai ef
am efengylydd ifanc a oedd yn anesmwyth ynghylch arferion ei enwad
am sawl rheswm, sef Gordon Macdonald. Ymatebodd Gordon yn

gadarnhaol i'r alwad. Ac ar ôl dod i Aberystwyth, efô a Rina, ynghyd â thri theulu arall – John Ifor a Kitty Jones, Ieuan a Katie Jones, Wil a Jenny Morgan, a sefydlodd yr Eglwys Efengylaidd Gymraeg ar 1 Hydref 1967. Ac erbyn hyn, yr ydym yn gynulleidfa braf rhwng y babanod a rhai dros bedwar ugain oed, ond gyda'r mwyafrif o dan yr hanner cant.

Bu Elwyn a'i deulu yn fawr eu diddordeb ymarferol yn ein gwaith ers hynny. Wedi hyn, cafwyd ffrwd fechan o achosion tebyg ym Mangor, yng Nghaerdydd, ym Mae Colwyn, yn Llambed, yn Llangefni, yn Nhalsarnau, yn Nhregaron a Waunfawr, ac yng Nghaerfyrddin. Cafwyd symudiad cyfatebol yn Saesneg, a ddaethai'n rhan gyfredol yn y Mudiad bellach, a bu hwnnw'n dra ffrwythlon yn plannu achosion. Erbyn hyn, cyd-weithir tua'r dyfodol yn hyderus oherwydd nerth nodedig Coleg Diwinyddol Efengylaidd Cymru ym Mryntirion, ac oherwydd gwybod yn gynyddol bresenoldeb Duw mewn meddwl, profiad, ac ewyllys. Ond yn y Gymraeg y dechreuwyd y Mudiad: bu ei wreiddiau yn ddwfn yng 'ngwareiddiad Calfinaidd' y Cymry (fel y dywedai R. Tudur Jones). Mawr yw ein diolch i Elwyn am iddo lywio'r symudiad o'r dechrau gyda gofal a bendith gariadus.

Sôn a wneuthum yma am un enghraifft allweddol ymhlith llawer, lle y gwelwyd Elwyn yn ei ddull tawel cadarn yn hybu gwaith yr Ysbryd er clod i Dduw. Bu a bydd y cyfeillgarwch annwyl gydag Elwyn ac yn arbennig y sgyrsiau a gefais gydag ef ynghylch Efengyl Ioan yn neilltuol yn aros gyda mi bob amser fel un o freintiau melys fy mywyd.

Pregethwr a Bugail o Ddifrif

Menna Thomas

O'r *Evangelical Magazine*, Tachwedd/Rhagfyr 2007

Fel eraill lawer ledled Cymru, ystyriaf mai Elwyn Davies oedd fy nhad yn y ffydd. A minnau wedi fy nwyn at Grist drwy ei weinidogaeth, cefais y fraint ddifesur o'i gael yn fugail am nifer o flynyddoedd pan oeddwn yn Gristion ifanc, ac ymhellach ymlaen ef a'n derbyniodd yn aelodau fel teulu yn Eglwys Efengylaidd Freeschool Court, Pen-y-bont ar Ogwr.

Mae llawer wedi sôn am ei weledigaeth a'i ymrwymiad i'r efengyl, ei anogaeth a'i galondid i unigolion ac eglwysi, ei gyngor cadarn ac arweiniad doeth, a'i fewnwelediadau i anghenion pobl mewn llawer o sefyllfaoedd gwahanol. Cawsom y fraint o fod yn dystion i'r nodweddion hynny i gyd a'u profi yn Seion, Cwmafan, yn ystod y chwedegau.

Roedd yr eglwys heb fugail, ac yn rhagluniaeth Duw, yn 1962, daeth y teulu Davies i fyw yn y pentref. Ymhen fawr o dro fe'i gwahoddwyd i gymryd gofal o'r weinidogaeth bregethu, ac fe wnaeth hynny'n ychwanegol at ei waith fel Ysgrifennydd Cyffredinol Mudiad Efengylaidd Cymru. Rydym ni a eisteddai dan ei weinidogaeth o wythnos i wythnos yn cofio'i esboniadau manwl, a draddodid â chynhesrwydd a difrifwch ac a fynegid yn aml â'r gair taer 'Clywch!'. Wrth iddo bregethu, rhoddid galwad yr efengyl yn glir, ac ni ellid dianc rhag y casgliad y dylem ystyried ein sefyllfa yn ei goleuni. Pregethu pwerus oedd hyn, yn dyrchafu Crist. Mae yna bobl o hyd, fwy na deugain mlynedd yn ddiweddarach, sy'n cofio pregethau neilltuol, ac yn arbennig y gyfres a bregethodd ar Efengyl Ioan. Mewn Astudiaethau Beiblaidd fe'n dysgodd i barchu awdurdod yr Ysgrythurau, ac na ddylem byth eu trin yn ysgafn. Yn ei ffordd dyner, byddai'n cywiro unrhyw lacrwydd yn ein meddwl drwy ein harwain at gasgliad rhesymegol unrhyw sylw a wnaed heb ofal dyladwy, fel y gallem weld y cyfeiliornad ein hunain.

Er nad oedd ei waith gyda'r Mudiad yn caniatáu amser ar gyfer yr hyn a alwai yn weinidogaeth fugeiliol lawn-amser, roedd yn ei chyflawni beth bynnag yn ein tyb ni! Roedd swm y gwaith personol a wnâi yn syfrdanol, ac roedd gan lawer achos i fod yn ddiolchgar i Dduw am y cymorth a'r anogaeth a roddodd. Yn hyn, fel ym mhopeth, roedd ei briod annwyl, Mair, yn gymorth cyson a di-feth iddo.

Ni wnaeth pawb ymateb i alwad yr efengyl, ond nid oedd unrhyw un yn amau o gwbl y duwioldeb a oedd yn amlwg yn y ddau. Fe'n bendithiwyd yn wir gan eu presenoldeb yn ein mysg.

Rhannu Hiraeth

David Ollerton

Gweinidog, pregethwr ac arweinydd ym maes plannu a chryfhau eglwysi yw'r Parch. David Ollerton. Mae'n un o brif sylfaenwyr y rhwydwaith Cristnogol Cymru Gyfan (*Wales Wide*).

Y tro cyntaf imi gyfarfod â Mr a Mrs Davies oedd yn 1978 pan gefais fy ngwahodd i frawdoliaeth y gweinidogion ym Mhen-y-bont ar Ogwr. Fi oedd gweinidog ifanc Eglwys Bentecostaidd Bethlehem, Cefncribwr, ac er nad oeddwn yn Bentecostiad fy hun cymysgwn ymhlith y dynion fel rhywun oedd 'o'r tu allan' braidd. O'r cychwyn, croesawodd Elwyn fi, fy nghalonogi, fy amddiffyn a'm cadarnhau ym mhob ffordd. Daeth yn rhywfaint o dad ysbrydol. Aethom i gynhadledd y gweinidogion yn y Bala gyda'n gilydd, ac fesul dipyn fe dyfodd ei ddylanwad arnaf.

Deuthum i rannu ei hiraeth am weld y bobl efengylaidd i gyd, y Diwygiedig a'r Carismataidd, yn tyfu mewn parch, undod a gwirionedd. Câi ei anesmwytho gan y duedd ymhlith gweinidogion ac eglwysi i fynd ar wahân mewn grwpiau bychan oddi wrth y rhai y dylent fod mewn cymdeithas efengylaidd â nhw. Nodweddiadol ohono oedd gweithio i gael yr eglwys Apostolaidd yn rhan o'r British Evangelical Council (BEC) sef Affinity erbyn hyn. Rwy'n dal heb wybod sut y gwnaeth hynny! 'Yr ydym i gofio hefyd ein brodyr sydd mewn grwpiau eglwysig Pentecostaidd a charismataidd. Onid ydym i gymhwyso iddyn nhw hefyd yr egwyddorion sydd i fod i reoli ein perthynas â'n gilydd fel Cristnogion?'

Roeddem yn rhannu awydd dwfn i weld a theimlo presenoldeb yr Ysbryd Glân yn ein bywydau a'n heglwysi. Caed nod parhaol o ganlyniad i effaith y digwyddiadau yn Nolgellau ym mis Ionawr 1948 pan ddaeth yr Ysbryd Glân mewn modd mor bwerus ar y fintai o bobl ifanc. A chanlyniad y weledigaeth a phroffwydoliaeth, a soniodd am y mudiad a ddeuai ac a ddylanwadai ar Gymru benbaladr, oedd peri iddo hiraethu am Ei bresenoldeb a'i rym. 'Yr ydym i weddïo am Ddiwygiad ond yr ydym i weddïo hefyd bob dydd am bresenoldeb a grym yr Arglwydd, i'r graddau y bydd yn caniatáu hynny i'w bobl, ac i ddal ati i weddïo am hynny'n gyson.' Rhoddodd Dr Lloyd-Jones ei anogaethau ar ôl ei brofiadau ym Mryste a'r Bala yn 1949.

Rhoddodd Elwyn Davies imi hefyd ymdeimlad o orffennol gogoneddus Cymru, yn ystyr yr efengyl, a chonsýrn am weld eglwysi'n ffynnu ar draws y genedl. Roedd wedi gweld grwpiau bach yn cael eu sefydlu, ymgyrchoedd efengylaidd yn cael eu cynnal, a thwf dylanwad awdurdod beiblaidd a'r efengyl, a hiraethai am weld hynny eto. Soniodd â gofid a phoen am y gwahanu a'r ynysu a achoswyd gan bolisïau o beidio â chymdeithasu â chyd-efengylwyr yn yr enwadau.

Wedi imi ddychwelyd i Gymru yn 1998, gan ddysgu Cymraeg a gweithio gydag eglwysi ac arweinwyr ar hyd a lled Cymru, fe alwn yn aml yn Ar-y-Bryn, Caerfyrddin. Siaradem am anghenion, materion ac arwyddion o obaith yng Nghymru, a thrafodem ei ysgrifeniadau cyfredol, yn arbennig am yr undod efengylaidd o Efengyl Ioan. Credaf iddo deimlo bod ei fab wedi dod i oed.

Anian Rasol

Derek Swann

O'r *Evangelical Magazine*, Tachwedd/Rhagfyr 2007. (Cyfieithwyd i'r Gymraeg gan Ceinwen Swann.)

Ffoniais gyfaill yn Lloegr i ddweud wrtho am farwolaeth Elwyn ac, ar ôl gair o gydymdeimlad, meddai, 'Elwyn, a'i anian rasol'. Credaf mai fel hyn y bydd llawer ohonom yn ei gofio. Dyn pobl ydoedd, ac wrth iddo siarad â chi roedd fel petai ganddo'r holl amser yn y byd i'w roi i chi. Byddai'n gwrando'n feddylgar ac amyneddgar, gofyn ychydig gwestiynau, ac yna yn ei ffordd dawel, annogmataidd, byddai'n awgrymu datrysiad. Weithiau byddech yn clywed yr hyn nad oeddech am ei glywed, oherwydd gallai Elwyn fod yn ddoeth a gonest. Gallech fod yn sicr bob amser o gael gwrandawiad llawn cydymdeimlad. Gwrandawai fel brawd neu dad, yn dibynnu ar eich oedran! Gwyddech pan ddywedai y byddai'n cofio amdanoch mewn gweddi y byddai'n gwneud union hynny.

Bendith bob amser oedd ei glywed yn gweddïo. Roedd ei glywed yn cyfarch Duw yn y llais tyner, fymryn yn gryg hwnnw, fel 'Tad Nefol' yn gwneud i chi sylweddoli ei fod yn ddyn a oedd yn gwir adnabod Duw. Yn ei weddïo gallai eich dwyn i bresenoldeb Duw. Dywedodd rhywun a weithiai gydag ef nad peth anghyffredin, pan gurech ar ei ddrws a'i agor, oedd ei ganfod ar ei liniau.

Symudai Elwyn mewn nifer o gylchoedd a chyffyrddodd â nifer o fywydau. Diolchwn i Dduw am bob coffadwriaeth amdano.

Arweinydd Doeth

John Aaron

Rwy'n cofio myfyriwr ifanc yn ei flwyddyn gyntaf ym Mhrifysgol Abertawe yn ymuno, yn swil braidd, â chwmni bach oedd yn cwrdd yn un o fflatiau un ystafell ardal Uplands o'r ddinas. Roedd hyn tua diwedd gwanwyn 1970, ac roedd y cyfarfod wedi ei drefnu gan rai o bobl ifanc Bethani, Rhydaman, oedd hefyd yn fyfyrwyr yn y Coleg. Roeddent wedi gwahodd y Parch. Elwyn Davies i'w harwain, ac yntau'n ddigon parod i roi noson o'i amser i deithio i Abertawe ac annerch llond llaw o gynulleidfa. Roedd y myfyriwr yn swil oherwydd nad oedd yn gyfarwydd iawn â phobl efengylaidd. Roedd wedi ei godi mewn capel gweddol ryddfrydol ac nid oedd â llawer o syniad beth i'w ddisgwyl oddi wrth astudiaeth Feiblaidd mewn fflat un ystafell. Ond roedd wedi gorfod cydnabod bod i Gristnogaeth y ffrindiau newydd hyn ryw wirionedd a sicrwydd nad oedd yn rhan o'i brofiad ef.

Dechreuodd Mr Davies siarad am y Gwynfydau, a hynny mewn ffordd newydd iawn i'r myfyriwr. Soniai amdanynt nid fel rhyw nodau delfrydol i anelu tuag atynt, ac nid fel amryw ddisgrifiadau o unigolion duwiol gwahanol, ond fel profiadau a oedd yn gyffredin i bob Cristion – bod yn dlawd yn yr ysbryd wrth deimlo tlodi ysbrydol, galaru oherwydd pechod, cynyddu mewn addfwynder a gostyngeiddrwydd wrth sylweddoli beth ydyw i ddibynnu o ddydd i ddydd ar faddeuant, sychedu am gyfiawnder oddi mewn yn hytrach na'r rhagrith a'r aflendid naturiol. Ac wrth wrando arno deallodd y myfyriwr am y tro cyntaf beth oedd ystyr yr ymadrodd 'awdurdodol eiriau'r nef'. Wrth glywed yr esbonio syml a dwys o'r adnodau cyfarwydd roedd yn amhosibl peidio â chredu mai dyma, wrth gwrs, oedd eu hystyr, a bod eu hystyr yn hollol berthnasol a phersonol, ac yn bwysicach nag unrhyw beth arall yn y byd. Dyma yn sicr oedd y bywyd Cristnogol, ond nid oedd eto yn unrhyw ran o'i brofiad ef.

Yna, gan greu arswyd yn ei galon, dechreuodd Mr Davies holi'r wyth neu naw oedd yn bresennol am eu profiadau nhw. Holai'n dyner ac yn hamddenol, gan dynnu ohonynt hanes eu tröedigaeth, a'u hynt a'u helynt ysbrydol. Âi o un i un o amgylch y cylch a gwingai'r bachgen oddi mewn wrth geisio meddwl beth i'w wneud. Ai dweud celwydd a cheisio dynwared atebion y gweddill, neu ai cydnabod rhywbeth nad oedd erioed wedi'i gydnabod iddo'i hunan cyn hyn, sef bod profiadau'r bywyd Cristionogol yn ddieithr iddo?

Daeth yr holi at yr un nesaf ato yn y cylch, ac fe soniodd hithau am y cysur a gâi o eiriau emynau. Daliodd Mr Davies yn y pwnc ac aeth ymlaen i ddisgrifio'r newid hyfryd yma a ddeuai i'r credadun ifanc, sef bod geiriau ac ymadroddion cyfarwydd, ond llwyr annealladwy, yn sydyn yn dod yn hollol glir a golau, ac yn esboniad a disgrifiad o'r profiadau mwyaf personol. Sylweddolodd y myfyriwr, gyda rhyddhad aruthrol, nad oedd ailgydio yn yr holi i fod, a bod dihangfa wedi agor o'i flaen.

Nid wyf yn cofio unrhyw beth arall am y noson, ond rwyf wedi dyfalu yn aml tybed a oedd Mr Davies wedi dirnad y sefyllfa yn llwyr ac wedi sicrhau na fyddai embaras i neb. Mi fyddai hynny yn hollol nodweddiadol ohono.

Dyledus i Elwyn Davies

Dafydd Job

O'r *Cylchgrawn Efengylaidd*, Hydref 2007

M ae fy atgof cyntaf o'r Parchedig Elwyn Davies yn glir iawn yn fy meddwl. Roeddwn wedi dod i brofiad o'r Arglwydd a'i drugaredd ar fy mhen fy hunan, a hynny wedi cyfnod dyrys iawn o chwilio fy enaid. Nid oeddwn yn deall fawr ddim am wirioneddau'r ffydd ar y pryd – gwyddwn yn unig fod Duw wedi maddau i mi, a'i fod yn fy ngalw i'w wasanaethu.

Ryw wythnos a hanner wedi'r profiad ysgytwol hwnnw fe'm cefais fy hun yn mynd i Fryn-y-groes, y Bala, gyda chriw o fyfyrwyr o Fangor. Encil mis Tachwedd 1973 oedd yr achlysur, gyda Mr Davies yn pregethu. Fe aeth â ni i Efengyl Ioan, ac roedd y cyfan yn fwyd i enaid sychedig. Yn ôl ei arfer fe bregethai'n hir, gan egluro'r Beibl yn fanwl iawn – nid yr hyn y byddech yn ei dybio a fyddai'n apelio at bobl ifainc. Ond roedd yn gyfnod o fendith ymhlith myfyrwyr colegau Bangor ac Aberystwyth. I minnau roedd yn agor y drws i fyd newydd, lle roedd y Beibl yn allwedd i gyfrinachau mawr Duw, ac i gyfrinach byw fel plant iddo yn y byd hwn. Fe'i clywais sawl tro yn y cyfnod hwn mewn encilion, a chyfarfodydd yng Ngholeg Bala-Bangor.

Athrawiaeth a phrofiad

Roeddem yn cael gweld nad casgliad digyswllt o ysgrifeniadau yn croniclo ymchwil dynion am Dduw mo'r Beibl. Yn hytrach, dyma ddatguddiad dibynadwy Duw ohono'i hun, ac o iachawdwriaeth yn ei Fab, Iesu Grist. Cyflwynwyd athrawiaethau mawr gras i ni, ac ymdeimlem ein bod mewn traddodiad rhyfeddol. Gallem olrhain ein gwreiddiau ysbrydol yn ôl trwy'r tadau anghydffurfiol yng Nghymru. Daethom i weld nad hen system dreuliedig amherthnasol oedd Calfiniaeth ar ei gorau, ond Cristnogaeth fyw a chyhyrog y Testament

Newydd. Wrth drafod athrawiaeth llygredigaeth gwelsom dwyll a chyfrwystra ein calonnau ein hunain. Wrth glywed am etholedigaeth deuai gras anghymharol Duw i'r blaen, a thaniwyd ni ag awydd i gyrraedd eraill gyda'r neges hon. Pwysleisiwyd fod yna elfen brofiadol yn hyn i gyd, a daeth gweddi yn rhywbeth mwy nag adrodd pader. Dyma linell gyswllt hanfodol gyda'n Tad yn y nefoedd. Doedd neb a glywodd Elwyn Davies yn troi ei wyneb tua'r nefoedd i ddweud 'Ein Tad' mewn unrhyw amheuaeth mai siarad yr oedd ag Un byw, sanctaidd a thrugarog. Felly daeth cenhedlaeth ohonom i weld bod gweddi, myfyrdod yn y Gair ac eistedd o dan y Gair trwy wrando pregethu cywir, yn ganolog i fywyd ysbrydol iach.

Baich arall mawr ar ei galon oedd undod Cristnogion efengylaidd. Byddai'n llawenhau o weld criw ohonom o wahanol gefndiroedd yn dod ynghyd i efengylu yn yr Eisteddfod, neu i'r Gynhadledd yn Aberystwyth. Bu ei gefnogaeth bersonol a'i gyngor yn gymorth mawr pan oeddwn yn weinidog gyda'r Presbyteriaid, yn un o'r enwadau traddodiadol, fel ag y bu wrth i mi symud i wasanaethu yn yr Eglwys Efengylaidd ym Mangor. Pan aed ati i sefydlu'r AECW, gan ddwyn eglwysi efengylaidd i gynghrair â'i gilydd, bu'n gweithio'n ddiflino i sicrhau nad oedd troi cefn ar y rhai na allent ymuno â'r gynghrair honno.

Yna roedd y gwaith pwyllgora. Yng ngeiriau'r diweddar Barchedig Gareth Davies, 'Nid gwastraff amser yw pwyllgora, ond disgyblaeth i'w harfer er lles y deyrnas.' Wrth gael fy nhynnu i mewn i bwyllgorau'r Mudiad Efengylaidd, gwelais faich Elwyn Davies dros Gymru. Credai'n angerddol mai angen Cymru oedd adennill ei gafael ar yr efengyl a fu'n glod ac yn ddiogelwch iddi drwy'r canrifoedd. Ac os golygai hynny dreulio dyddiau lawer yn trafod a chynllunio mewn pwyllgor, yna rhaid oedd bwrw iddi.

Hiraeth am Ddiwygiad

Wrth wneud hyn roedd yna ymwybyddiaeth na fyddai dim o'n hymdrechion yn llwyddo heb i'r Arglwydd fendithio. Felly, ochr yn ochr â'r gweithgarwch, roedd yr hiraeth am ddiwygiad. Ac iddo ef nid rhyw fan gwyn fan draw oedd diwygiad. Yn hytrach, Duw yn nesu at ei bobl mewn trugaredd ydoedd, a'r drugaredd honno yn gorlifo i eraill wrth iddyn nhw weld yr Arglwydd Iesu yn fwy clir.

Ni welodd ateb ei weddïau am ddiwygiad, ond credai, gyda'r rhai eraill fu'n llafurio gydag ef, nad ofer ei weddïo na'i weithgarwch. Wrth drosglwyddo'r gwaith i ddwylo eraill, credai y deuai ffrwyth eto o'r cyfan, ac y gwelid yr Ysbryd yn tramwyo drwy ein tir. A dyna'r her i ninnau wrth wynebu ein cenhedlaeth. A fynnwn weld Crist yn Arglwydd yng nghalonnau ein cyd-Gymry? Os felly, a ydym yn barod i gymryd y dorch a gariwyd ganddo, a'i dal yn uchel fel bod ein Cymru ni yn cael clywed am fawrion weithredoedd Duw?

Diolch am gael ei adnabod, a boed i'r Deyrnas y bu'n gweithio'n ddyfal drosti lwyddo yn ein dyddiau ni.

Efengylydd

Meirion Thomas

Un peth trist i mi'n bersonol am fod yn fyfyriwr yn y 1970au oedd bod rhyddfrydiaeth ddiwinyddol wedi creu cyfnodau o 'amheuaeth sych, digysur, tywyll, dyrys . . .' Bu ymweliadau J. Elwyn Davies â'r Undeb Cristnogol, Eglwys Ebeneser, Bangor, ac Encilion Bryn-y-groes yn foddion gras i nifer fawr ohonom. Roedd realiti ei ddefosiwn personol, ffresni ei esboniadau manwl a threiddgar o air Duw yn fodd i ail gynhesu ein serchiadau tuag at Dduw ein Tad ac Iesu Grist.

Ond heb os i mi, yn y cyfnod hwnnw, roedd bod yn bresennol yn y seiadau ym Mryn-y-groes o dan arweinyddiaeth Mr Davies yn brofiad bythgofiadwy. Cofiaf un yn arbennig lle bu nifer yn awgrymu pynciau y gellid eu trafod. Ond pan wnaeth un ferch ifanc rannu yn onest ei brwydr ysbrydol ynglŷn â sicrwydd iachawdwriaeth fe gydiodd Mr Davies yn y pwnc. Am tuag awr a hanner cawsom wir seiat brofiad o dan arweinyddiaeth ofalus, gadarn a bugeiliol Elwyn Davies.

Roedd gweld bugail ysbrydol wrth ei waith yn foddion gras. Bu'n ein cywiro gan ddyfynnu'n annwyl adnodau neu rannau o'r ysgrythur yn sail i'r hyn a ddywedem. Dangosai barch at bob sylw. Rhybuddio, annog a rhannu profiad personol – roedd hynny i gyd yn ymblethu'n rhyfeddol o dan law ofalus arweinydd y seiat. Un peth a'm trawodd am Mr Davies yn y seiat honno ac a sylwais am bob achlysur arall i mi fod yn ei gwmni, boed yn gyfarfod pregethu cyhoeddus, swyddfa Bryntirion, pwyllgor, cynhadledd gweinidogion neu sgwrs bersonol, oedd ei natur gwbl ddiymhongar a gostyngedig er yn gadarn ei argyhoeddiad a'i gyngor. Gostyngeiddrwydd yw gwisg brydferthaf gweision Duw. Roedd gweld Elwyn Davies yn arddangos y wisg mewn ffordd mor gyson ddirodres yn her ac yn sialens i rai ifainc a'u bryd ar y weinidogaeth lle gall balchder a hunan dyb lechu'n hawdd.

Roedd ei gyngor bob amser yn gwbl Feiblaidd ond heb ddiystyru elfennau y byddai rhai wedi eu hanwybyddu. Cofiaf y tro yr es i ato am ganllaw i ddeall rhyw fater ac iddo agor y maes wrth ddweud pa mor bwysig oedd peidio â diystyru Freud a'i bwyslais ar brofiadau cynnar ieuenctid, yn enwedig mewn perthynas neu ddiffyg perthynas â rhieni. Aeth ymlaen i restru nifer o bosibiliadau wrth ddeall ein hunan a phobl o'n cwmpas. Ond roedd y weddi ar ddiwedd y sesiwn yn tanlinellu'n glir mai mewn cymdeithas â Duw trwy ei Fab y mae deall ein safle a'n statws yn hyn o fyd a'r byd a ddaw.

Rhwydd fyddai meddwl mai esboniwr a diwinydd craff yn unig oedd Elwyn Davies, ond cofiaf yn dda noson yn Eisteddfod Llwchwr a ddangosodd ei galon fel efengylydd twymgalon. Ar ddechrau'r noson roeddwn yn arwain cyfarfod awyr agored ar sgwâr Waunarlwydd, a chynigiodd Mr Davies bregethu'n fyr! Roedd newydd sylwi ar focs a fu'n dal matsys wedi ei daflu ar y pafin a dywediad bachog arno yn nodi pa mor fyr yw ein bywyd ar y ddaear. Mentrais ei atgoffa mai pum munud yn unig oedd y bregeth i fod.

Gwenodd a mynd i'r afael â'i waith o annog a rhybuddio yn angerddol y rhai a wrandawai wrth basio heibio mai ceisio Duw oedd eu braint a'u cyfrifoldeb – yn wir, roedd Duw wrthi yn eu ceisio nhw. Wrth iddo orffen a rhoi'r meic yn ôl yn fy llaw, gwenodd eto a dweud, wrth edrych ar ei oriawr, 'Pedwar munud, tri deg eiliad, Mr Thomas!' Aethom ymlaen i oedfa efengylu yn y capel gerllaw a Mr Davies yn pregethu ar y testun 'Teilwng yw'r Oen'. Angerdd, symlrwydd, cyfoesedd perthnasol a Christ-ganolog oedd prif nodweddion yr efengyl y noson honno wrth i'r efengylydd ein hannog i wadu pob teilyngdod dynol ac ymddiried yn unig yn y teilyngdod perffaith a roddwyd gan Dduw ei hun. Teimlais y noson honno mai'r efengyl oedd calon ac ystyr bywyd y gŵr yma. Does dim cywilydd gennyf ddweud ei fod yn un o'm harwyr pennaf.

Ar yr Aelwyd

Hywel Meredydd Davies

O'r *Cylchgrawn Efengylaidd*, Haf 1990, ar adeg ymddeoliad J. Elwyn Davies o'i waith fel Ysgrifennydd Cyffredinol Mudiad Efengylaidd Cymru.

Mae'n rhaid imi gyfaddef nad yw'n hawdd ymateb i wahoddiad y Golygydd i ysgrifennu gair am fy nhad – yn bennaf oherwydd y gwn y byddai'r syniad yn groes graen i'w ddymuniad ef. Er bod fy nhad yn ffigwr cyhoeddus, eto mae'n berson preifat iawn, sy'n anfodlon iawn i ddenu sylw ato'i hun mewn unrhyw ffordd. Serch hynny, rwyf am fentro, pe na bai ond i gydnabod yn gyhoeddus ein braint fel plant o gael tad mor arbennig.

I'r rhai nad ydynt yn adnabod fy nhad, hoffwn ei gyflwyno fel un a oedd yn barod iawn i ddangos ei dalent wrth drin pêl droed ar y lawnt gartre, yng Nghwmafan. Dilynodd yrfa fel Ysgrifennydd Cyffredinol y Mudiad – a chafodd tîm pêl droed Cymru golled!

Roedd yn un am dynnu coes pan oeddem ni'n blant ifainc. Cofiaf gael trafodaeth gydag ef unwaith tra oeddem yn eistedd yn y car yn disgwyl i Mam ddod allan o'r syrjeri. Dillad oedd y pwnc trafod, ac roeddwn i'n adleisio safbwynt yr ifanc ar y pryd – nad oedd dim gwahaniaeth beth oedd pobl yn ei wisgo. Yn sydyn reit, tynnodd fy nhad fy sylw at fachgen ifanc oedd yn cerdded heibio i'r car wedi ei wisgo fel pync rocer. Ac meddai fy nhad, 'Dyna'r gweinidog newydd lleol.' 'Na!' meddwn innau (wrth ystyried ei wisg). 'Wel, pam lai?' gofynnodd 'nhad. 'Roeddwn yn meddwl nad oedd gwisg yn cyfrif.' A dyna ddinistrio fy nadl.

Roedd fy nhad yn driw iawn i ni fel plant, a'i gonsýrn yn fawr dros y chwech ohonom – bob un fel ei gilydd. Trafodai bynciau'r dydd gyda ni gan fynegi ei wybodaeth eang a'i farn ddoeth ar faterion o bwys. Dysgodd i bob un ohonom fel plant feddwl trosom ein hunain a gweld rhagoriaeth y ffydd Gristnogol dros ffyrdd eraill o fyw.

Roedd ei fywyd yn un prysur iawn oherwydd ei gyfrifoldeb gyda'r Mudiad Efengylaidd a'r eglwysi a oedd dan ei ofal. Yn ei absenoldeb byddai Mam yn gorfod rhoi trefn ar y chwech ohonom – tipyn o gamp! – a'i oleuo wedi iddo ddod adref am ein hymddygiad yn ystod y dydd.

Cynhaliai fy nhad ddyletswydd deuluaidd ar yr aelwyd gan ein cynghori yn gyson ynglŷn â'r ffydd Gristnogol a'i gwerthoedd. A hynny heb iddo byth roi pwysau arnom i gredu, ond yn hytrach ein hannog i geisio wyneb Duw drosom ein hunain.

Y dylanwad mwyaf arnom fel plant oedd y ffordd ymarferol y cymhwysai ef a Mam y ffydd i'w bywydau eu hunain yn gydwybodol a gostyngedig. Cofiwn yn gynnes ac yn ddiolchgar eu delfrydau uchel, eu baich tros weddïo am ddiwygiad ysbrydol yn ein gwlad, eu gofal ymarferol dros waith pobl Dduw ledled Cymru (heb anwybyddu'r cenhadon), eu lletygarwch, a'u haddfwynder mewn perthynas â phobl mewn angen. Gwnaeth hyn i gyd argraff fawr arnom – argraff a oedd yn hysbyseb ddiymwad o blaid dilyn ôl eu troed.

Mae profiad a gefais mewn parti ffrind ysgol pan oeddwn yn ddwy ar bymtheg oed yn crynhoi'r argraff a wnaeth fy rhieni arnaf. Gwneuthum broffes o ffydd yn dair ar ddeg, ond bu'r profiad yn y parti yn fodd i gadarnhau fy mod wedi dewis y llwybr cywir.

Aeth criw ohonom o ddosbarth chwech Rhydfelen i'r parti ryw nos Sadwrn. Wedi cyrraedd y cartref a chyfarch hwn a'r llall, cefais sioc a siom wrth weld ymddygiad llac ac anghyfrifol rhai o'm ffrindiau agosaf yn yr ysgol. Yr hyn a'm trawodd fwyaf oedd gweld pobl y byd yn mwynhau eu hunain, a'r mwynhad hwnnw mor arwynebol a gwag. Roedd yr hyn a gynigiai'r 'byd' mor ddisylwedd a thrist: ni fedrwn ond cydnabod hynny. Wrth sefyll ynghanol rhialtwch y parti, daeth atgofion o'm magwraeth yn fyw i'm cof.

Cofiais am natur glòs, barchus a chynnes perthynas fy rhieni â'i gilydd, a'u consýrn drosom ni fel plant. Penderfynais yn y fan a'r lle wrthod cofleidio'r byd a'i ddeniadau, ond yn hytrach gofleidio ac arddel ffydd a gwerthoedd rhagorach fy rhieni. A hynny am fy mod wedi gweld buddioldeb ac ymarferoldeb eu ffydd drwy brofiadau a threialon bywyd.

Ni fûm yn y parti am fwy na hanner awr, and roedd hynny'n ddigon i mi werthfawrogi fy rhieni a'm magwraeth. Bodiais adref o Gaerffili i Gwmafan – yn ddiolchgar iawn am gartref Cristnogol i ddychwelyd iddo.

Llwyddodd fy nhad i drafod pob un ohonom ni'r plant yn unigolion, heb ffafrio'r un ohonom na chwaith ein trin yn unffurf. Gall y chwech ohonom gofio llu o adegau pan fu ei gyngor yn amhrisiadwy o werthfawr. Cofiaf iddo fy nghysuro ryw haf yn Aberystwyth, wedi i mi glywed i mi fethu mewn nifer o arholiadau yn yr ysgol. Fe'm cysurodd gyda'r geiriau, 'Rhaid i ni gredu yn y drefn ar dy gyfer.' Ac ugain mlynedd yn ddiweddarach, gallaf ddiolch i Dduw am ei gyngor doeth ac amserol.

Diolchaf fod Duw wedi ein bendithio a'n cyfoethogi â thad mor ddoeth, annwyl, ac addfwyn, â mam a oedd yn golygu cymaint iddo ef ac i ninnau, ac â rhieni a oedd gyda'i gilydd mor ymroddedig i achos Iesu Grist yn ein gwlad.

Oherwydd nad yw'r un fagwraeth yn ddelfrydol, fe fyddai'n anghyfrifol ar fy rhan i ramanteiddio am y gorffennol. Ac eto, fe lwyddwyd i'n 'dysgu ni yn ffordd doethineb' ac fe'n 'tywyswyd ni yn llwybrau uniondeb' gan ein tad daearol (Diarhebion 4:11). Ac i'n Tad nefol y diolchwn am y fraint o gael y fath fagwraeth.

Yr Ysbryd a'r Gwirionedd

Eira Jones

Dwi'n cofio'r tro cyntaf imi ei weld. Fe ddes i i'r bywyd ym mis Chwefror 1984. Fe fues i yn y Gynhadledd am ddiwrnod. Roedd Elwyn a Mair Davies yn eistedd ar y prom, a dyma Annie Derrick, Pontarddulais, yn fy nghyflwyno fi iddo. Rwy'n ei gofio fe'n dweud, 'Roeddwn i'n gwybod amdanoch chi sbel cyn i chi ddod i'r bywyd.' Trwy'r Parch. Arthur Pritchard oedd hynny. Roedd Arthur Pritchard yn gwybod fy mod i dan argyhoeddiad am amser, mae'n debyg, cyn hynny. Ac roedd Elwyn Davies yn gwybod.

Wedyn fe ddaeth i Noddfa, Pontarddulais, ym mis Awst 1986 a chyn hynny. Roedd tua wyth i ddeg ohonom yn y gynulleidfa. Beth oedd yn ein taro ni oedd hyn – ei fod yn mynnu eich bod chi'n deall yr hyn roedd e'n ei ddweud. Byddai'n gweld golwg ddryslyd ar fy wyneb i. 'Oeddech chi'n deall hynna, Eira?' A wyddoch chi, yn fy nodiadau mae nifer o bethau y gwnes i eu sgrifennu i lawr sawl tro. Fe ddysgais i gymaint ganddo fe yr adeg hynny.

Rwy'n cofio un oedfa. 'Argyhoeddi'r byd o bechod' oedd dan sylw. A chefais i fy argyhoeddi'n ddwfn. Er imi geisio sgrifennu nodiadau, roeddwn i'n ffaelu sgrifennu rhagor achos roeddwn i'n meddwl mod i mor annheilwng, ac roedd e'n cyfleu cariad Crist. Doedd dim ohono fe ei hunan o gwbl yn y pregethu, dim ond cariad Crist.

Yn ystod ei ymweliadau â ni, fe aeth trwy Efengyl Mathew, yna trwy Efengyl Ioan. Roedd e'n hoff iawn o Efengyl Ioan, fel y gwyddoch. Pwysleisiai bwysigrwydd argyhoeddiad o bechod, cyfiawnder a barn. Ac mewn un oedfa fe ddaeth yr Ysbryd Glân i lawr. Roeddwn i wedi fy llorio.

Fe fuodd e'n gwasanaethu yn Noddfa dros gyfnod o dri mis i ddechrau, yna chwe mis, ac wedyn naw mis. Roedd y cyfnod hwnnw'n arbennig. Ac wrth gwrs, fe fuon ni'n ffrindiau wedi hynny am amser.

Ohonoch eich hunan, allwch chi byth weld yr argyhoeddiad o bechod. Dyw dyn ddim yn gallu gweld. Dim ond yr Ysbryd sy'n gallu dangos i chi – eich argyhoeddi. A dangos cymaint y mae'r bobl o'n cwmpas ni ar goll, ac mai dim ond yr argyhoeddiad o bechod sy'n gallu dod â nhw at Grist. Hynny wnaeth fy llorio i, ac mae e'n dal gen i heddiw, achos heb argyhoeddiad dyw pobl ddim yn gwir werthfawrogi beth mae'r Arglwydd wedi'i wneud drostyn nhw.

Fe ddaeth Noddfa dan fendith yr adeg hynny, yn bendant. Daeth rhai i'r bywyd. Ac fe dyfodd Noddfa o hynny 'mlaen. Rwy'n ddiolchgar i Elwyn Davies ac Arthur Pritchard. Mewn cyfnod byr, fe gefais y gwirioneddau mawr. Ac yn lle mod i'n byw ar fy mhrofiad, roeddwn i'n gallu gweld yr Ysgrythur yn fy mhrofiad.

Rhai Argraffiadau

John Emyr

O'r *Cylchgrawn Efengylaidd*, Hydref 2007

Wedi i'r newyddion dorri am ymadawiad John Elwyn Davies, daeth llu o negeseuon cydymdeimlo i law aelodau'r teulu, ac mae nifer o'r negeseuon hynny'n dweud beth oedd y cyfaill a'r gweinidog wedi ei olygu i'r sawl a gydymdeimlai. Er enghraifft, meddai un llythyrwr o'r Eidal, 'Cofiaf sut y bu iddo ef, gyda gwir ofal tadol, bryderu amdanaf a chymryd gofal o'm henaid ...' Yr un fyddai tystiolaeth nifer a gafodd y fraint o'i adnabod. Roedd ei ddiddordeb ynoch chi – chi eich hun yn eich gwir gyflwr diymguddio – yn ddihysbydd, a gwyddech fod ei ddiddordeb yn ddilys, diragrith a llawn ewyllys da.

Un o'm hatgofion cynharaf amdano yw'r un a gofnodais (yn y *Cylchgrawn Efengylaidd*) yn ôl yn 1974. Ef oedd y siaradwr gwadd mewn encil ym Mryn-y-groes, a sylweddolwn wrth wrando arno (a minnau'n fyfyriwr beirniadol a balch) mai cennad ydoedd a berthynai i'r 'dorf ardderchog' o efengylwyr a fu'n troedio daear Cymru ers canrifoedd ac sydd bellach yn prinhau. Roedd cynnwys ei neges am ddameg yr heuwr yn bwysig wrth gwrs. Trawiadol hefyd oedd ei ddull o'i thraddodi. Nid diddordeb ffiniol, didaro neu ddifater, oedd yr efengyl iddo. Hi oedd hanfod a phwrpas ei fodolaeth, ac roedd hynny i'w glywed yn ei lais ac i'w weld yn ei wyneb a'i holl osgo wrth lefaru. Iddo ef, nid gweithgaredd cyffredin ymhlith gweithgareddau cymharol ddibwys oedd pregethu'r newyddion da a chyflwyno Iesu Grist i bechaduriaid. Y peth hwn, pregethu a chyflawni amrywiol ddyletswyddau gweinidog eneidiau, oedd y peth a roddai iddo foddhad dwfn a synnwyr o alwedigaeth – mwy o foddhad na'r dyletswyddau gweinyddol a ddeuai yn sgil arwain Mudiad Efengylaidd Cymru, er bod iddynt hwythau eu lle.

Fe'i doniwyd â dawn arbennig i ennill ffrindiau. Er enghraifft, tua diwedd yr Ail Ryfel Byd, daeth yn ffrindiau â milwr o'r enw Ekkehard o'r Almaen a fu'n garcharor rhyfel. Ceir sôn am Ekkehard yn y rhagarweiniad i'r gyfrol *O! Ryfedd Ras* (1998) lle mae Elwyn Davies yn sôn am ei dröedigaeth tua'r un cyfnod. Tyfodd cyfeillgarwch dwfn rhyngddynt, ac ymhen blynyddoedd lawer roedd y cyfeillgarwch hwnnw'n parhau. A phan aeth Gwen, fy mhriod, a minnau i aros am rai dyddiau ar aelwyd Ekkehard yn nwyrain Berlin ym mis Hydref 1996, roedd croeso'r cyn-garcharor (a gyfrannodd dros y blynyddoedd at osod ei wlad ar ei thraed yn economaidd) yn fwrlwm brwd oherwydd y cyfeillgarwch gwerthfawr a fu rhyngddo ef a'm tad-yng-nghyfraith.

Elwyn Davies oedd y cyntaf i gydnabod bob amser mor ddyledus oedd i'w gymar, Mair Eluned Davies. Ers dyddiau rhamantus eu cyfeillgarwch cyntaf yng Ngholeg Prifysgol Cymru, Bangor, ac yna yn awyrgylch hudol fferm fynydd eu cyfeillion oes, John a Mari Jones, yn Llanymawddwy, Mair oedd ei awen a'i brif gynorthwyydd. Gyda'i gilydd roeddent yn bartneriaeth mor rymus â rhaff deircainc na ellir ei thorri ar frys, ac roedd ymweld â'u cartref dros y blynyddoedd, i mi, o leiaf, fel ymweld â choleg profiad. Deuech oddi yno yn llawn eich llogell feddyliol, gyda nerth a chynhysgaeth i wynebu bywyd.

Roedd y teulu'n golygu llawer iddo, a gwelid hynny yn ei garedigrwydd ymarferol tuag at bob un o'r plant, y plant-yng-nghyfraith, yr wyrion a'r wyresau. Bydd gwraig a phlant, gan amlaf, yn cael cyfle i weld sut un yw dyn ar ei aelwyd yn ogystal ag yn llygad y cyhoedd. Yn ymateb i'm holi a'm stilio, cefais y pwyntiau canlynol gan Mair Eluned Davies:

Gostyngeiddrwydd

Roedd ganddo egni a phenderfyniad i hybu gwaith arloesol ymlaen, ond fe'i cyfrifai ei hun bob amser fel aelod o dîm o frodyr, a'i bwyslais mawr oedd ar gariad ac undod yn eu mysg. (Crynhodd nifer o'i ganfyddiadau am undod Cristnogol yn y llyfryn *Striving Together: The Evangelical Movement of Wales – its principles and aims* (1984).)

Canfyddiad ysbrydol

Wrth wneud ei waith o ddydd i ddydd, roedd yn effro i ganfod pobl oedd â deunydd arweinydd ynddynt, a threuliai amser gyda nhw. Gofynnai iddynt wasanaethu ar bwyllgorau rhanbarthol, cylchoedd gweinidogion, etc. Credai fod Duw yn galw pobl i waith ei deyrnas ond bod gofyn eu canfod, treulio amser gyda nhw a chynnal eu breichiau yn gyson.

Gwrandäwr gofalus

Roedd yn barod bob amser i roi clust i bobl oedd â phroblemau dyrys. Ni welwyd erioed mohono'n ymesgusodi neu'n gwrthod. Roedd ganddo galon gweinidog, ac roedd ganddo'r ddawn i fynd at wraidd problemau.

Ymroddiad di-sigl i'r Gymraeg

Mewn dyddiau pan nad oedd cymaint o sôn am ddwyieithrwydd, roedd yn selog o'r farn y dylai holl agweddau gwaith y Mudiad fod yn ddwyieithog. Roedd rhai gweinidogion, yn y blynyddoedd cynnar, eisiau i'r Gynhadledd yn Aberystwyth fod yn Saesneg (gan ein bod i gyd yn deall yr iaith honno). Ond roedd nifer o'r Cymry yn mynnu bod rhaid cael Cynhadledd Gymraeg. Heb lawer o gyfarpar, roedd rhaid wrth gryn waith ac ymroddiad i fynnu bod y Gymraeg yn cael chwarae teg.

Canolbwyntio ar yr hyn sy'n hanfodol

Ni allech fod yn hir yn ei gwmni heb sylweddoli mai person a ganolbwyntiai ar hanfod y bywyd ysbrydol ydoedd. Sut y gall y Cristion unigol fyw bywyd o gymdeithas â Duw? Sut y ceir arweiniad sicr? Oherwydd ystyriaethau o'r fath y daeth Efengyl Ioan mor llywodraethol o bwysig. (Mae tudalennau ei Feibl wedi gwisgo'n denau mewn rhannau o'r efengyl hon, penodau 14–17 yn enwedig.) Dywedai fod Iesu Grist wedi treulio oriau gyda'i Dad nefol mewn gweddi, a'i fod yn ei weinidogaeth gyhoeddus yn gwneud y gweithredoedd yr oedd y Tad wedi gorchymyn iddo eu gwneud 'yn ei enw'. Dylem ninnau, fel disgyblion i'w Meistr, dreulio amser yn gweddïo (fel unigolion

ac fel eglwysi) gan ddeisyf am gael gwybod beth yw ewyllys Duw.
(Edmygai'r rhai a neilltuai ddiwrnod i weddïo cyn cynnal pwyllgor o
bwys drannoeth.)

Yn y bôn, dyn un weledigaeth ydoedd – cryf iawn ei egwyddorion,
effro iawn i bwysleisiadau a allai niweidio'r ffydd efengylaidd. Byddai
bob amser yn ymateb yn gadarnhaol i unrhyw gais rhesymol i siarad
ar raglen radio neu deledu. (Roeddwn i bob amser yn synnu ei fod yn
gallu gwneud hyn gan wybod pa mor flinedig yr oedd ar brydiau.) Pan
oedd yng ngwaith y Mudiad, gelwid arno'n fynych i amddiffyn y ffydd
efengylaidd, ac fe wnâi hynny bob amser yn gwrtais and yn gadarn,
gydag argyhoeddiad di-flewyn-ar-dafod.

Gweddïo am fendith ysbrydol

Parchai farn ac arweiniad Dr Martyn Lloyd-Jones a ddeuai i gynhadledd
y gweinidogion yn y Bala yn gyson. Arddelid hefyd ddylanwad Pastor
George Griffiths a chwmni Cwm-twrch. Am flynyddoedd bu cwrdd
bob bore Gwener dan arweinyddiaeth y Pastor i weddïo am adfywiad.
Roedd Elwyn yn darllen llawer am ddiwygiadau'r gorffennol. Doedd y
pwyslais hwn byth yn mynd yn angof ganddo.

Undeb efengylaidd

Gweithiodd yn ddyfal i geisio sicrhau hyn. Ni ddylid gwahanu, meddai,
ar bethau eilbwys. Roedd bob amser yn deg iawn gyda brodyr iddo
yn yr eglwysi enwadol, ac yn eu plith roedd rhai o'i gyfeillion pennaf.
Roedd eisiau i bawb fod yn gytûn.

Teg a chymesur ei farn

Roedd yn meddwl a myfyrio'n ddi-baid, ac roedd yn ymresymwr clir
a rhesymegol. Hoffai gerddoriaeth, pêl droed a cherdded, ac i raddau
ymddiddorai mewn gwleidyddiaeth. Ond am ymlacio'n wirioneddol
gyda difyrrwch neu hobi, ni allai yn ei fyw. 'Dyn yr un Llyfr' ydoedd,
chwedl Daniel Owen am yr hen sant Dafydd Dafis.

Gwerthfawrogi cyd-weithwyr

Gwerthfawrogai ymdrechion pob un a roddai eu hysgwydd dan y baich, ac roedd yn arbennig o werthfawrogol o ymroddiad rhai fel Brenda Lewis a Mair Jones a lafuriodd gydag ef yn y swyddfa am flynyddoedd lawer.

*   *   *   *

E r ein tristwch ni fel teulu pan wynebai ei waeledd olaf, roedd yr amser a dreuliodd aelodau o'r teulu a chyfeillion yn ei gwmni yn werthfawr iawn. Mae'r cartref preswyl, Brynderwen (sydd ar gyrion Caerfyrddin) lle treuliodd rai wythnosau cyn croesi'r rhyd, yn adeilad tebyg i'r adeiladau a sicrhaodd ef a'i gyd-weithwyr ar gyfer gwaith y deyrnas yng Nghymru: Eryl Aran a Bryn-y-groes yn y Bala a Bryntirion ym Mhen-y-bont ar Ogwr. Roedd yn ddedwydd, felly, ym Mrynderwen ond, ar brydiau, teimlai'n isel ysbryd, ac ar adegau o'r fath nid oedd arlliw gwên ar ei wyneb. Ar un o'n hymweliadau olaf, ac yntau erbyn hynny'n methu siarad fawr ddim, ceisiais feddwl am rywbeth i godi ei galon. Meddyliais am yr ymgyrch efengylu y bu ef yn ei arwain ym mhentref Trefor yn Arfon yn niwedd y 1940au, cyn i mi gael fy ngeni. Yn ystod yr ymgyrch hwnnw y daeth fy nhad, Emyr Roberts (oedd yn weinidog yn Nhrefor ar y pryd) a fy mam i afael y cadw. Soniais am hynny, gwrandawodd yntau ac i'w enau daeth gwên fel pelydrau'r haul yn torri trwy gwmwl.

Rai dyddiau'n ddiweddarach, a ninnau'n sylweddoli bod diwedd y daith gerllaw, ymwelodd ffrind o weinidog, y Parch. Geraint Morse, a gweddïo gyda'i gyfaill. Er ei wendid mawr, gweddïodd Elwyn Davies yntau. Honno oedd ei weddi olaf, a gweddïo a wnaeth dros Gymru. Ar y prynhawn olaf, a Geraint Morse wrthi'n gweddïo a'i gyflwyno i ofal gosgordd y fuddugoliaeth, fe groesodd y ffin.

Oherwydd ei ddoniau cerddorol, yr addoliad yn ei enaid a'i faich dros ddiwygiad, roedd emynau Cymraeg a Saesneg yn rhoi cysur i Elwyn Davies. Arferai wrando arnynt ar derfyn dydd cyn mynd i gysgu.

Ac i gyfeiliant yr emynau mawr yr ymadawodd â'r byd hwn. Yn eu plith yr oedd un o'r emynau o ddeisyfiad a fu'n foddion bendith ar ddechrau ei yrfa yng nghwmni Mair a'r cwmni llawen a rannai ei frwdfrydedd a'i obaith yn nyddiau'r hafddydd yn Llanymawddwy. Dyma bennill cyntaf a phennill olaf yr emyn hwnnw:

Ddiddanydd anfonedig nef,
   fendigaid Ysbryd Glân,
hiraethwn am yr awel gref
   a'r tafod tân.

Rho'r hyder anorchfygol gynt
   ddilynai'r tafod tân;
chwyth dros y byd fel nerthol wynt,
   O Ysbryd Glân.

Ysgrifau

gan J. Elwyn Davies

Ymysg Adfeilion Berlin
Darlun o Drueni

O'r *Faner*, 10 Medi 1947[1]

Berlin, Dydd Mawrth

Rhyw chwe mis yn ôl, wrth ffarwelio â charcharor rhyfel a oedd yn dychwelyd i'r Almaen, dywedais wrtho am ei baratoi ei hun ar gyfer siom a gofid.

Yn yr un ysbryd y deuthum i yma i Berlin gan ddisgwyl ac ofni'r gwaethaf. Rai dyddiau'n ôl, cerddais drwy adfeilion Berlin yng nghwmni'r cyn-garcharor. Gwenu yn dawel a wnaeth pan gyfaddefais wrtho nad oeddwn erioed wedi dychmygu bod yr amgylchiadau cynddrwg, ac na wyddwn i yn fy myw sut y mae'r trigolion yn byw drwyddynt.

Gartref yng Nghymru tueddwn i gredu bod yr amgylchiadau yn prysur wella yn yr Almaen, ac os bu i ni erioed gynorthwyo ymgyrchoedd nodded i'r Cyfandir, wedi dwy flynedd o 'heddwch' dechreuwn laesu dwylo. Rhoddwn goel ar adroddiadau anwireddus sy'n dweud bod popeth yn iawn yn yr Almaen – 'gellir prynu unrhyw beth ar y farchnad ddu' – a pheidiwn mwyach ag anfon ein cyfraniad i Gronfa'r 'Faner', neu ein dillad i ryw gartref tlawd yn Hamburg neu Hannover. Os bu angen cynhorthwy o gwbl ar drigolion yr Almaen, y mae mwy o angen arnynt heddiw nag erioed o'r blaen.

Y Dogn Truenus

Er diwedd y rhyfel gorfu i'r boblogaeth fyw ar ryw fil a hanner o galorïau y dydd, gan amlaf ar ddim ond rhyw fil o galorïau y dydd; ambell dro wyth can calori a llai. Gallaf eich sicrhau bod hyn yn gwbl wir.

Fe ddichon nad yw'r ffigurau hyn yn cyfleu fawr ddim i chi, ddim

---

1 Defnyddiwyd drwy ganiatâd.

hyd yn oed os ychwanegir y ffaith ein bod ni gartref ym Mhrydain yn mwynhau ar gyfartaledd rhyw dair mil o galorïau o fwyd y dydd. Ond beth pe baem yn cyfieithu'r ffigur 'mil a hanner o galorïau y dydd' i'r bwydydd sy'n cyfateb iddo, a beth pe gofynnid i chi, fam neu wraig yng Nghymru, baratoi tri phryd y dydd â'r adnoddau a ganlyn:

Caniateir i bob Almaenwr bedwar can gram o fara y dydd, hynny yw, ychydig llai na phwys y dydd, a'r un faint o datws; deg gram o ymenyn neu fargarîn (bron yn ddieithriad, yr olaf), hynny yw, owns mewn tridiau, neu ychydig dros ddwy owns a chwarter mewn wythnos; rhyw ddeugain gram o gig, ychydig llai na phwys mewn deng niwrnod, a'r un cyflenwad o flawd; rhyw ugain gram o siwgr, sef pwys mewn ychydig dros dair wythnos.

A dyna'r cyfan, yn llythrennol, y cyfan.

Ni ellir prynu tuniau neu bysgod neu fwyd heb ei ddogni fel y gwneir gartref ym Mhrydain; ni chlywir sôn am y pethau a gymerwn ni yn ganiataol, jam neu facwn neu bast cig, na dim tebyg. Rhaid paratoi pob pryd bob dydd â'r adnoddau uchod. Yn unig gellir prynu deugain gram o bys yn lle'r deugain gram cig y dydd.

Ac i ychwanegu at y dioddef, nid yw'r boblogaeth gan amlaf yn derbyn eu dogn yn llawn, naill ai am fod y siopwr neu'r cigydd neu'r pobydd yn twyllo – gwn i sicrwydd bod hyn yn wir – neu am na ellir oherwydd prinder gyfarfod yr addewid.

Y Prydau

Fedrwch chi ddychmygu beth mae hyn yn ei olygu, i blant, i fyfyrwyr, i weithwyr, i bobl mewn oed? Un diwrnod, i frecwast fe geir darn neu ddau o fara sych, i ginio ychydig datws neu'r bara sych yn unig, ac i swper y 'cawl' bondigrybwyll. Ddiwrnod arall, tafell o fara i frecwast – os bydd digon ohono ar ôl wedi rhyw bum diwrnod o'r wythnos, y 'cawl' i ginio ac ychydig datws gyda'r nos. Ac felly ymlaen bob dydd, drwy'r ddwy flynedd a aeth heibio, heddiw a thrwy'r gaeaf sydd o'u blaen.

Caiff y gweithiwr ryw gymaint yn fwy o fara a chig, ond nid yw'r gwahaniaeth ddim gwerth sôn amdano – gyda'r canlyniad y gwelir gwragedd ifanc a hen yn eu lladd eu hunain yn clirio ac yn glanhau brics yng nghanol llwch yr adfeilion er ennill 'cerdyn bwyd y gweithiwr'. Y mae'n drueni eu gweld; gwariant gymaint o egni yn eu gwaith ag a enillant mewn calori am eu llafur. Ond pa beth a wna'r fam os yw ei phlentyn yn darfod o flaen ei llygaid?

Llwyddodd y rhan fwyaf o'r boblogaeth i ychwanegu at eu dogn wythnosol drwy brynu bwyd ar y farchnad ddu. Oni bai am hynny, ni fuasent yn fyw heddiw. Yn ôl y ffigurau swyddogol, y mae 87 y cant yn gwsmeriaid ffyddlon ar y farchnad ddu, ond y mae'n wir bod pawb, yn hwyr neu'n hwyrach, yn delio yn y farchnad ddu. Nid oes dim arall amdani ond marw. Dyna'r gwir: tra pery'r fath brinder bwyd a nwyddau, y mae'r farchnad ddu yn anorfod a delio ynddi yn rheidrwydd.

Yma ac acw yn Hamburg fel yn Berlin gwelir dau neu dri yn bargeinio yn nrws rhyw siop, a'r sigaréts yn newid dwylo; dro arall gwelir criw mwy a phrisiau uwch. Ambell dro daw'r plismyn i'r golwg; gorfodir y dorf i chwalu, ac fe'i gwelir yn hebrwng dau neu dri o'r masnachwyr mwyaf i'r ddalfa. Yn swyddogol, y mae'r farchnad ddu yn groes i'r gyfraith, ond nid yw hyn ond rhagrith noeth gan fod yr heddgeidwaid Almaenaidd eu hunain yn delio'n helaeth ynddi. 'Sut y gellir disgwyl iddynt beidio,' meddai swyddog milwrol o Sais wrthyf ddoe, 'pan yw eu cyflog mor isel a'u bwyd mor brin – yn rhy brin i fedru byw arno?'

Ond – a dyma'r trueni – y mae'r prisiau ar y farchnad ddu mor uchel fel na all y gweithiwr cyffredin, sy'n ennill ar gyfartaledd rhyw 200 'reichsmark' y mis, heb sôn am yr amddifad, yr hen, y dall a'r unig, brynu a gwerthu ynddi. Ac ni fedrant ychwaith fyw drwy'r trydydd gaeaf gerwin sy'n eu hwynebu ar 1,500 – 1,700 calori y dydd. Ar y farchnad swyddogol, hanner 'mark' ydyw pris torth dri phwys; ar y farchnad ddu rhaid talu hanner can 'mark' a mwy amdani (neu ddeg sigarét) – cyflog gweithiwr am wythnos. Y mae prynu bara, hyd yn oed, heb sôn am fwydydd eraill, y tu hwnt i gyrraedd cannoedd o unigolion ac amryw byd o deuluoedd. Drwy'r ddwy flynedd a aeth heibio gorfu iddynt gyfnewid eu nwyddau, eu dillad sbâr, eu llestri, eu dodrefn, ie, yn aml eu ffeirio eu hunain, er medru prynu'r dogn braidd-ddigon-i-fyw arno. Erbyn heddiw does ganddynt fawr ddim yn weddill i'w werthu am fwyd, ac y maent eu hunain gymaint gwannach wedi'r dioddef hir drwy ddau aeaf gerwin.

Bu farw rai cannoedd o drigolion Berlin y gaeaf diwethaf: ceir amryfal amcangyfrifon; amhosibl rhoi coel arnynt. Bob dydd yn y papurau newydd caed rhestr faith, 'bu farw o newyn'; rhestr arall, 'bu farw o oerfel'; a thrydedd restr, yr un mor faith bron â'r ddwy gyntaf, o bobl wedi cyflawni hunanladdiad.

Y gaeaf nesaf y mae mwy, llawer mwy, o bobl yn mynd i farw o newyn ac oerfel yn Berlin fel yn y rhan fwyaf o drefi'r Almaen. Amhosibl ydyw byw drwy aeaf caled y Cyfandir ar fil a hanner o galorïau y dydd, a chan fod prisiau afresymol y farchnad ddu ymhell y tu hwnt i'w cyrraedd, pa obaith sydd ganddynt?

Aeth y gwan yn wannach, y tlawd yn dlotach, yr hen yn hŷn, y dillad yn fwy prin, a'r esgidiau mewn llawer cartref yn ddiwerth. Pan ddaw'r glaw a'r eira a'r oerni, pa obaith sydd ganddynt? Yn ôl ffigurau swyddogol a roddwyd i'r wasg yn ddiweddar, nid oes gan un o bob deg o drigolion Hamburg ddillad isaf i'w newid; nid oes gan un rhan o dair o'r boblogaeth esgidiau a all wrthsefyll dŵr. Dim ond cant o lo a gafodd y cartrefi hynny yn Berlin sydd yn rhan o barth sydd o dan ofal y Ffrancwyr – drwy'r ddwy flynedd ddiwethaf; hyd yn hyn nid oes addewid am well cyflenwad na hanner can pwys ar gyfer y gaeaf nesaf. Nid yw hi fawr gwell yn y rhanbarthau eraill. Fedrwch chi ddychmygu'r dioddef a'r cyni sydd i ddod? Fe ddaw'r mwyafrif drwyddo, eraill – does ganddynt ddim gobaith. A'r dyddiau yma, y mae'r Crynwyr, yr IVSP a Byddin yr Iachawdwriaeth, yr unedau sy'n rhannu bwyd a dillad i'r Almaenwyr, yn gorfod cwtogi eu gwaith am fod llai o nwyddau yn dod o Loegr ac America nag o'r blaen.

Pe na baech ond yn gweld trigolion Berlin heddiw yn cerdded ei strydoedd, yn welw a swrth eu gwedd, pe na baech ond yn gweld y plant yn cerdded y stryd yn droednoeth, fel y'u gwelir hefyd pan ddaw'r glaw mewn llawer achos, a'u croen yn unig arwisg denau dros asgwrn, a'r ystumog ifanc yn barod yn dechrau chwyddo, yn arwydd bod y newyn dieflig yn bygwth. Pe na baech ond yn sefyll ar un o orsafoedd Es-Bahn Berlin a gweld y dorf yn tyrru am eu cartrefi a'r pwysau yn drwm ar eu cefn. Buont allan yn y wlad yn ceisio cyfnewid llestr neu sigaréts am ychydig o datws neu lysiau, ac y maent yn dychwelyd adref dan eu pwn a'u poen. Rhaid i chi eu gweld cyn y gallwch gredu'r olygfa. Gwraig drigain oed yn gwargrymu gan bwysau'r sach ar ei chefn; mam ifanc yn ei charpiau, yn ceisio cario tri neu bedwar pecyn a chadw golwg ar ei phlant. Hen ŵr yn methu symud bron gan bwysau'r sach y mae'n ei lusgo ar ei ôl, a'r ferch ifanc sy'n ymdrechu'n galed i wthio'r ferfa fregus lwythog o'i blaen.

A phawb yn rhuthro i'r cerbyd ac yna'n disgyn yn llipa, naill ai i'w sedd neu ar eu paciau; dim gwên, dim gair. Pob wynepryd yn llawn pryder a blinder. Unrhyw eiliad gall y plismyn gerdded i mewn a chipio'r cyfan oddi arnynt. Yn ôl y gyfraith gwaherddir dwyn bwyd o'r 'Russian Zone' o'r wlad i'r dref.

Y bore yma ymwelais â chartref mam ifanc a fu allan drwy'r nos neithiwr yn ceisio newid sigaréts am datws; llwyddodd, ond ar ei ffordd adref cymerodd rhyw blismon y tatws oddi arni, a'i gadael i gyrraedd adref yn waglaw. Cafodd yr heddgeidwad bryd da o fwyd, ond wyddai'r wraig ddim o ble y deuai'r pryd nesaf. Fe'i gadewais hi a'i phlentyn bach yn beichio crio ar ei braich.

'Dim glo, dim golau, dim bwyd . . .'

Mis Awst yw hi rŵan; er mai dim ond deubwys o lysiau a addewir fel dogn swyddogol yn yr haf, y mae modd mynd i'r wlad gan obeithio medru cludo rhywbeth gartref yn ddiogel, ac y mae'r gerddi yn gymorth mawr. Sut y bydd hi yma pan ddaw'r gaeaf ymhen ychydig fisoedd, a'r glaw a'r gwynt, heb do, heb olau, heb fwyd, heb ddim?

Ai dyna'r cwestiwn a oedd ym meddwl y wraig a luchiodd ei hun oddi tan olwynion y trên trydan tan y ddaear, pan oeddwn i'n sefyll ar orsaf Alexander Platz, Berlin, y dydd o'r blaen? Ai dyna'r cwestiwn a orfododd yr hogiau a'r dynion ifanc a welais i yn y carchar fore Sul diwethaf i herio cyfraith gwlad? Gwir bod nifer troseddau ymhlith yr ifanc yn cynyddu o ddydd i ddydd, ond nid yw trosedd a thor-cyfraith yma yn ddim ond rhan o'r ymdrech i fyw.

A'r un rheidrwydd yn union sy'n anfon merched ifainc i'r stryd gyda'r nos i werthu eu cyrff am sigarét neu ddwy – gall fod yn gymorth iddynt i brynu torth yfory!

Ymosodwyd ar dad y carcharor y soniais amdano ar y dechrau. Collodd arian a rhai o'i ddillad. Syrthiodd myfyriwr ifanc i gysgu ar un o orsafoedd Berlin ar ei ffordd adref wedi bod yn teithio drwy'r nos; diflannodd popeth a oedd ganddi ond yr hyn oedd amdani. A ellir beio'r troseddwyr pan ydynt yn ymdeithio i gadw newyn a marw draw?

Yn Berlin ac yn Hamburg ac, yn ôl pob tebyg, yn nhrefi eraill yr Almaen, codir cenhedlaeth o bobl ifanc sydd heb obaith na delfryd, dim ond gobaith byw os llwyddant i dwyllo a dwyn, a dyna'u delfryd. Pawb drosto ei hun, dyna'r egwyddor sylfaenol sy'n gwbl angenrheidiol o dan y fath amgylchiadau. A ellir disgwyl dim gwahanol?

Heddiw gwelir bai ar yr Almaenwyr am beidio â gwrthwynebu gwaith anfad eu harweinwyr yn ystod y pymtheng mlynedd a aeth heibio. Rhyw ddiwrnod fe'n condemnir ninnau, yn arbennig yr eglwys, am fod mor llwfr yn ein beirniadaeth ac mor ddiffrwyth yn ein gweithgarwch a'n haberth dros y newynog a'r anghenus – pasiwn 'o'r tua arall heibio'.

Pwy oedd yn gyfrifol am fywyd y wraig ar orsaf Alexander Patz y dydd o'r blaen? Yr Almaenwyr – 'y nhw sydd wedi dwyn hyn arnynt eu hunain, gadawn iddynt fwynhau'r canlyniadau'? Ai'r awdurdodau sy'n gyfrifol am y weinyddiaeth yma yn yr Almaen? Ynteu ai'r rhai hynny a allai gynorthwyo'r miloedd tebyg i'r wraig, pe dymunent hynny, ond sy'n rhy ddifraw i wneud hynny? Pwy sy'n gyfrifol – y chi?

Pobl yr Almaen yn Ofni Rhyfel Arall
Arswydo rhag gormes Rwsia

Nid oes rhaid aros yn Berlin yn hir cyn sylweddoli bod y boblogaeth yn byw mewn ofn. Nid yw'r dawnsio a'r tyrru i'r ychydig sinemâu a'r chwaraedai sy'n agored na'r holl gerdded strydoedd mewn gwisgoedd ffasiynol – rhywbeth fydd yn synnu dyn ambell waith wrth gofio am dlodi enbyd mwyafrif pobl y ddinas – nid yw hyn yn ddim ond ymgais egwan i ffoi oddi wrth bryder ac anobaith llwyr.

Garw yw'r dioddef corfforol ers dwy flynedd a mwy, ond nid lleiaf y dioddef meddyliol. Gofid am y sydd, pryder am a ddaw – dyna Berlin a'r holl randir sydd 'dan ofal' y Rwsiaid.

Yn ogystal â'r pryder beunyddiol am y pryd nesaf – am arian i dalu'r rhent, am ddillad i guddio noethni pan na ellir meddwl am ddillad i gadw'n gynnes, am amynedd i gyd-fyw â'r tri theulu sy'n rhannu'r un darn tŷ, am y plentyn sy'n magu dicáu, neu'r gŵr sy'n garcharor yn Rwsia – y mae pryder gwaeth i filoedd sy'n effro i'r hyn sy'n digwydd yn y rhan yma o'r byd.

Ychydig iawn o bobl Berlin sy'n credu heddiw bod gobaith heddwch parhaol i'r Almaen. Y maent yn argyhoeddedig bellach bod ffawd eu gwlad wedi ei phenderfynu. Naill ai fe rennir eu gwlad yn ddwy, a'r awdurdod yn yr hanner gorllewinol yn nwylo'r Cynghreiriaid gyda'r addewid y daw rhywdro fe ddichon i ddwylo'r Almaenwyr, a'r awdurdod yn yr hanner dwyreiniol yn nwylo'r Rwsiaid a'r Comiwnyddion Almaenaidd; neu yn fuan iawn fe welir rhyfel arall rhwng, ar y naill law, America a Phrydain a Rwsia ar y llaw arall.

Cofio Celt

O *Gorwelion*: Cylchgrawn Eglwys Efengylaidd
Llangefni, Gaeaf 1998

Safem gerllaw'r twmpath eithin heb fedru yngan gair. Hers ddu a'i harch ddiflodau oedd yn llithro'n dawel heibio ar hyd y ffordd darmac oedd yn arwain o ysbyty Eryri yng Nghaernarfon, ar hyd y Morfa, i gyfeiriad y dref. Gwyddem ei bod yn hebrwng corff ein cyfaill i'w gartref yn Nefyn i'w gladdu.

Doedd dim y gallem ei ddweud na'i wneud bellach ond troi'n ôl am y dref a chwblhau ein taith fore Sadwrn o Fawddwy i'r encil i fyfyrwyr Bangor a oedd i'w chynnal dros y Sul ym Mhlas-y-nant, Betws Garmon. Ac eto, cyn gadael, yr argyhoeddiad a feddiannodd Mair a minnau oedd y byddai llawer iawn gennym i'w wneud. Os oedd Celt [Hughes] wedi'n gadael, cyhyd ag y gallem, roedd gofyn i ni'n dau ein rhoi ein hunain yn llwyr i geisio diogelu 'y gwaith', neu'r 'fendith' fel y cyfeiriem ato, a ddechreuodd yn ein plith fel myfyrwyr ym Mangor a cholegau eraill yng Nghymru.

Dechrau Ionawr 1950 oedd hi. Yr oeddwn wedi cytuno â Celt, os na fyddai wedi cael adferiad gwyrthiol o'i afiechyd MS erbyn y bore Sadwrn hwnnw, y byddwn yn galw heibio i ysgrifennu drosto at Eglwys Calfaria, Aberdâr, i ddweud nad oedd yn dymuno iddynt aros yn hwy amdano fel eu darpar weinidog. Celt ei hun a awgrymodd hynny.

Un bore, ar ei gais, gyda gweinyddes y cafodd ei dystiolaeth ddylanwad mawr arni, fe'i heneiniais ag olew. Ond ni roddwyd i ni weddïo 'gweddi ffydd' y bore hwnnw, nac ar y troeon eraill pryd y bu myfyrwyr Bangor yn cwrdd yn nosweithiol i weddïo'n daer am ei adferiad. Yn yr un man y plygem bryd hynny. Ac yn yr un man y cefais y fraint o ysgrifennu drosto at yr eglwys yn Aberdâr a chael fy hun yn dal fy anadl droeon wrth ryfeddu at ei ysbryd tawel, ffyddiog.

Bûm yn pregethu ddwywaith ar ei ran yn yr eglwys honno, ac yntau ar y pryd o'r bron yn gwbl ddiymadferth i godi na llaw na dwylo, ond yn dal i obeithio y byddai Duw yn ateb ein gweddïau. Nid anghofiaf byth gael fy hysbysu ganddo, ychydig cyn i mi fynd i lawr am y tro olaf i bregethu ar ei ran, fod ganddo destunau i mi ar gyfer y ddwy oedfa, bore a hwyr. 'Canys nid fy meddyliau i yw eich meddyliau chwi ac nid eich ffyrdd chwi yw fy ffyrdd i, medd yr Arglwydd' oedd y testun cyntaf. Llwyddodd i ddechrau ar yr ail destun, 'Yr Arglwydd sydd yn teyrnasu', ond fe aeth yn ben arno. Wrth ei weld yn methu'n lân ag ynganu'r geiriau oedd i ddilyn, ceisiais ei gynorthwyo. 'Cryned y bobloedd', meddwn. 'Nage', meddai gan chwerthin yn braf am fy mhen, a'i ddau lygad glas yn pefrio – 'Gorfoledded y ddaear!'

Ar yr ymweliad olaf, eglurodd un o swyddogion hynaf yr eglwys i mi fod yna deimlad ymhlith rhai o do ieuenga'r eglwys y dylid awgrymu i Celt ei fod yn tynnu'i enw yn ôl fel eu darpar-weinidog gan fod yr amser yn mynd yn hir a'r eglwys yn dioddef. Pe digwyddai hynny, meddai'n ofidus, fe fyddai'n rhwygo'r eglwys. Yn nhrefn rhagluniaeth, bu Celt farw'n ddisyfyd y noson cyn ysgrifennu'r llythyr. Yn ddiarwybod, o leiaf i'w gyfeillion, roedd yr afiechyd wedi ymosod ar ei lwnc a pheri llid ar yr ysgyfaint.

Cefais gerdyn oddi wrth y weinyddes, fu mor garedig wrtho, ychydig ddyddiau ynghynt yn dweud nad oedd dim arwydd o welliant yn ei gyflwr hyd hynny ac y byddent yn fy nisgwyl ar y Sadwrn. Torrwyd y newydd i ni fel y disgynnem ein dau oddi ar y bws ar y Maes yng Nghaernarfon ar ein ffordd, fel y tybiem ni, i'r ysbyty i ysgrifennu'r llythyr.

Ychydig ddyddiau'n ddiweddarach, safwn gerllaw ei arch ym mharlwr bychan ei gartref yn Nefyn yn gwrando ar ei Brifathro'n talu teyrnged iddo. Yr oedd yn un o'r myfyrwyr mwyaf poblogaidd yn y Coleg, yn chwaraewr pêl-droed penigamp, yn canu gyda chriw y Noson Lawen ac yn selog ei gefnogaeth i fudiad yr SCM. Os oedd rhywun yn haeddu geirda, Celt oedd hwnnw. Ond fe aeth ei Brifathro yn rhy bell – o lawer. 'Dyma i chwi un,' meddai, 'nad oedd angen iddo gael ei aileni'. A ninnau'n gwybod bod Celt, wedi iddo geisio'n hir, wedi cael profiad ysbrydol ychydig cyn i'r afiechyd ei daro a newidiodd ei fywyd yn llwyr. O'r braidd nad oeddwn yn ofni gweld caead yr arch yn codi a Chelt ei hun yn protestio at y fath gyfeiliorni. Doedd o ddim yn wir. Fedr o ddim bod yn wir am neb ohonom. A Chelt fyddai'r cyntaf i ddweud hynny. Dyma'r hanes.

Dechrau tymor y gwanwyn, 1948, safai wrth un o ddesgiau ystafell ddarlithio Coleg y Bedyddwyr ym Mangor lle roedd nifer o fyfyrwyr a fu mewn encil, ym Mhlas-y-nant, wedi penderfynu cyfarfod â'i gilydd i adrodd hanes y penwythnos. Methodd Celt â bod yn bresennol am ei fod, yn ôl pob tebyg, yn pregethu i ffwrdd dros y Sul. Bu'n benwythnos hynod fendithiol. Wedi gwrando ar un ar ôl y llall o'i gyfeillion yn dweud eu hanes, cododd ar ei draed. 'Wel,' meddai, mor hawddgar ag erioed, 'dydi o ddim wedi digwydd i mi eto, ond rwy'n mawr hyderu y digwydd i mi cyn hir.'

Fe ddigwyddodd y tymor hwnnw. Galwodd arnaf i'w lety yn Ffordd y Coleg, fel y cerddwn heibio un prynhawn, i glywed am y modd y cafodd sicrwydd y noswaith cynt fod Duw wedi maddau ei bechodau a'i fod yn eiddo Iddo. Ychydig wythnosau'n ddiweddarach safwn wrth y bwrdd yn ei ystafell, yn darllen, ar ei gais, damaid o'r *Reader's Digest* y daeth ar ei draws. Yr oedd y meddygon wedi egluro iddo, ychydig cyn hynny, ei fod yn dioddef oddi wrth MS. Hynny oedd i gyfrif am y gwendid yn ei bengliniau a barodd iddo ddweud wrthyf ei fod yn cerdded o'i sedd at y pulpud y nos Sul y cafodd yr alwad 'Fel dyn ar weiren trapîs'.

Roedd yr erthygl yn ei gwneud hi'n greulon o glir nad oedd meddyginiaeth ar gael ar gyfer y cyflwr. 'Be wnei di hefo eglwys Calfaria rŵan?' gofynnais, yn teimlo'n rhy wan i fedru cynnig fawr o gysur iddo dan yr amgylchiadau. 'Fe garwn i fedru mynd yno', meddai, 'ond os na . . .'. Wedi saib byr, meddai, gan wenu'n annwyl, 'Ei adael o iddo Fo'. Fe fuasai myfyrwyr Bangor wedi gwneud byr waith o unrhyw ffug-dduwioldeb. Chafodd neb achos i wneud hynny gyda Celt.

Dirywiodd ei gyflwr yn gyflym. Bu yn Ysbyty Brenhinol Lerpwl am beth amser. Yno y cefais y profiad annisgwyl o gael fy hebrwng at ei wely gan nyrs ifanc a droes yn sydyn ar ei sawdl fel y dilynwn hi, ac meddai, braidd yn ffyrnig, gallech dybio, 'That boy! He's got something I haven't got'. Nid hi oedd yr olaf i ddweud hynny, yn enwedig wedi iddo gael ei symud i Ysbyty C&A Bangor a'i gyflwr wedi dirywio i'r fath raddau fel bod rhaid ei gynorthwyo i fwyta. Er hynny, pe beiddiech dynnu ei goes, ei ymateb cellweirus bob amser fyddai, 'Os gwylltia' i'. Ac yntau'n methu agor ei law heb sôn am godi ei fraich!

Fe fyddai'r myfyrwyr wrth ochr ei wely'n rheolaidd yn ei helpu gyda'i brydau bwyd. O bryd i'w gilydd byddai'n fy anfon at rywrai eraill yn y ward yr oedd wedi digwydd cael sgwrs gyda nhw. Un tro fe'm hanfonwyd at wely gŵr a oedd wedi cael ei gyffwrdd i'w waelodion wrth ddarllen yr adnod 'Gan hynny os oes neb yng Nghrist, y mae efe yn greadigaeth newydd: yr hen bethau a aethant heibio; wele, gwnaethpwyd pob peth yn newydd' oedd yn 'destun y dydd' yn un o bapurau Llundain. Hynny a'r ffaith iddo gael aml 'sgwrs dda' gyda Celt a'n perswadiodd ill dau ei fod wedi marw'n Gristion. Wedyn y clywsom mai 'pobl y clybiau' – oedd gryn dipyn yn llai derbyniol yng ngolwg y werin bryd hynny nag y maent erbyn hyn – oedd yn ei gladdu.

Ond y tro a erys byth yn fy nghof yw'r prynhawn yr euthum heibio i Celt pan oedd ei ddosbarth Beiblaidd yn cyfarfod. Welais i erioed na chynt nac wedyn ddim byd tebyg. Dyna lle roedd Celt yn eistedd yn ei gadair rhwng dau wely a'i Feibl yn agored o'i flaen, heb fedru symud na throed na dwylo ac yn cael trafferth anghyffredin i siarad. Yn araf gwelwn ei ddisgyblion yn ymgynnull o'r ddeutu iddo ar y ddau wely, a minnau erbyn hyn yn eistedd yn eu plith. Fel yr arhosem inni gael dechrau – er na wyddwn i ddim beth oedd yn mynd i ddigwydd, o gofio cyfyngiadau'r athro – gwelwn, ym mhen draw'r ward, griw o ddynion ifanc oedd wedi bod yn chwarae cardiau yn rhoi'r gorau iddi'n dawel ac yn mynd yn ôl i'w gwely.

Dull Celt o arwain ei ddosbarth oedd trwy ofyn cwestiwn ar y dechrau, a gwneud hynny trwy fawr ymdrech a chyda chymorth un neu ddau o'r rhai mwyaf hyddysg yn y maes, ac yna gadael i bawb gyfrannu. Yna, gyda'i wên neu ei wg, ei aeliau dyrchafedig neu ysgydwad ei ben, byddai'n arwain y drafodaeth. Prin y gallai gyfrannu ymhellach gan faint yr ymdrech. Yn fy ffolineb, ar yr unig dro yr ymunais â'i 'ddosbarth', ceisiais roi hwb yma ac acw i'r drafodaeth. Buan y sylweddolais fy mod yn cymryd lle Celt, a chydag ymdeimlad o ollyngdod a rhyfeddod gofynnais am gael fy esgusodi.

Aeth yn agos i hanner can mlynedd heibio ers colli Celt. Lawer gwaith, yn y cyfamser, wrth sefyll ar lan bedd rhai fel yntau a gymerwyd oddi wrthym ynghynt lawer nag a ddymunem ni, o gofio'r hyn y gallasent fod wedi ei gyflawni dros y Deyrnas, gofynnwyd y cwestiwn Paham? Chawn ni mo'r ateb yr ochr hon i'r bedd ond fe'i cawn rhyw ddiwrnod. A'r ddedfryd bryd hynny, yn sicr, fydd i Dduw wneuthur pob peth yn dda.

Yn y cyfamser, ein lle ni yw diolch am gael eu hadnabod a chael elwa cymaint ein hunain o gael bod yn gydweithwyr â hwy yng ngwaith y Deyrnas.

Atgofion am y Blaenau

O blith papurau J. Elwyn Davies. Bwriadwyd yr ysgrif ar gyfer llyfryn dathlu canmlwyddiant Eglwys Annibynnol Jerusalem, Blaenau Ffestiniog, yn 1969 ond ni chyhoeddwyd y llyfryn. Cynhaliwyd cyfarfodydd y dathlu.

Gorchwyl anodd yw ysgrifennu ynghylch y pethau sydd agosaf at galon dyn. Ar funudau mwyaf cysegredig bywyd gadewir ni'n fyr o eiriau os nad yn fud. Felly y teimlaf wrth geisio llunio'r ychydig eiriau hyn i lyfryn y dathlu. Ganwaith drosodd oddi ar pan fûm yn weinidog yn Jerusalem, y mae'r meddwl wedi mynnu hedfan yn ôl yno, a'r ysbryd wedi ail fyw y profiadau hyfryd a chysegredig a gafwyd yn ystod y blynyddoedd hynny. Gorchwyl anos o gryn dipyn yw costrelu a chyfleu rhin yr atgofion hynny o fewn terfynau'r ychydig linellau hyn.

Pan ddeuthum yn weinidog i'r Blaenau, yr un oedd stori'r holl drigolion a gyfarfyddwn. 'Mae'r Blaenau yn tyfu arnoch chi – po fwyaf y byddwch chi yma, anoddaf yn y byd fydd hi i chi feddwl am fynd oddi yma.' Clywais ddweud hyn mor aml ac mor bendant nes fy mod wedi mynd i'w lwyr gredu cyn diwedd fy mlwyddyn gyntaf yn y cylch. Ond nid ei gredu oherwydd i mi ei glywed yr oeddwn ar ben dwy neu dair blynedd, ond ei gredu am ei fod yn wir. Gwn y byddaf yn diolch ar hyd fy oes am i lwybr gras a rhaglunaieth Duw fy arwain i eglwys Jerusalem fel y man lle y rhoddwyd arnaf ofal bugeiliol gyntaf erioed a'r cyfrifoldeb gwiw o bregethu'r efengyl. Wrth edrych yn ôl, teimlaf yn sicr nad oedd unman gwell na chymhwysach yng Nghymru i weinidog o'r argyhoeddiadau a blannwyd ynof yn ystod dyddiau Coleg i ddechrau ei yrfa.

Cofiaf yn dda, wedi i mi glywed am alwad yr eglwys, fynd at y diweddar Brifathro Gwilym Bowyer, a dweud wrtho fy mod yn ofni cyfrifoldeb eglwys niferus fel Jerusalem. 'Na,' meddai, 'fe fydd y ffaith eich bod yn ifanc a dibrofiad o'ch plaid. Fe fydd yr eglwys yn barotach o gymaint â hynny i gydymdeimlo â chi yn eich ymdrechion, ac i faddau hefyd.' Dywedodd galon y gwir, ac y mae fy niolch innau yn ddwfn iawn i'r eglwys o'r herwydd.

Yn ystod blynyddoedd fy ngweinidogaeth yn Jerusalem, deuthum i werthfawrogi un wedd i fywyd yr eglwys yn fwy nag anad yr un arall, sef yr ymdrech bob amser – yn enwedig o du'r diaconiaid – i weinyddu ac i lywio bywyd yr eglwys yn y modd mwyaf urddasol a bonheddig. Er bod moelni'r bryniau ac ysgythredd cribog y mynyddoedd yn rhan o hanfod y lle, ac er bod y trigolion, fel eu hamgylchfyd, yn ddirodres, ddiweniaith agored tuag at ei gilydd, eto, ym mywyd yr eglwys, gwelid y parch at Dduw a'r ymdeimlad byw o gyfrifoldeb at ardal yn lefeinio pob sgwrs ac yn dwysáu'r garwaf. Nid unwaith na dwywaith chwaith, fel y gŵyr y cyfarwydd, y clywid y cyn-ysgrifennydd yn eiriol am nawdd arbennig y Nef gan ddadlau bod Jerusalem fel dinas wedi ei gosod ar fryn, yr hon ni ellir ei chuddio. Swyddog arall yn cyfaddef yn ei ddagrau, 'Ni allaf roddi fel y rhoddaist im; / 'rwy'n gweld, yng ngolau'r groes, fy ngorau'n ddim.' Uniongyrchedd ymadrodd, didwylledd ac urddas ysbrydol, erys naws y nodweddion hyn yn glir yn fy meddwl hyd heddiw – nodweddion a oedd yr un mor amlwg yng nghyfarfodydd y festri fach ag yng nghyfarfodydd mwy niferus y capel.

Un o brif nodweddion ymneilltuaeth Cymru yn y gorffennol fu'r pwyslais mawr a roddid ar bregethu'r efengyl. Er bod y traddodiad hwn yn prysur edwino yn y Gymru gyfoes, fe'i perchid yn Jerusalem. A phrofiad cysegredig iawn oedd esgyn grisiau'r pulpud i dorri'r bara o Sul i Sul. Nid er dim y gosodwyd y pulpud mewn man canolog yn ein haddoldai ac y rhoddwyd cymaint arbenigrwydd ar y bregeth. O gofio'r Gwrthrych mawr a'i neges, gorwedd cyfrifoldeb arswydus ar y cennad – cyfrifoldeb a bair i'r ffyddlonaf a'r dewraf gydnabod mai gweision anfuddiol fuom, o gofio'n cyfle, lawer tro. Gorwedd cyfrifoldeb mawr iawn hefyd ar ysgwyddau'r eglwys, ei bod yn ceisio'n gyson iddi ei hun ac i'w chennad yr eneiniad dwyfol ar bregethu'r Gair a rydd ystyr a gwefr eneidiol i'r gwirionedd. Nid anghofiaf drafodaethau'r seiat na'r gweddïo taer yng nghwrdd gweddi'r bobl ifanc brynhawn Sul ac yng nghyrddau'r wythnos. Newid a disgyn i ddifancoll a wna'r henwr o gyfnod i gyfnod. Yr had dwyfol a'r ffrwyth sydd i gyfrif. Gyda chywirdeb calon y diolchaf am gael bwrw fy mhrentisiaeth ym mhulpud Jerusalem ac wrth y bwrdd sgwâr a'i Feibl yn y festri fach.

Fel yn hanes pob gweinidog arall sy'n ymgymryd â gofal eglwys, yr oedd patrwm o gyfarfodydd wythnosol eisoes wedi ei sefydlu yn Jerusalem, a châi pob un ohonynt gefnogaeth dda ar y cyfan. Ychydig iawn oedd nifer yr aelodau hynny nad oeddynt yn cysylltu eu hunain â rhyw agwedd neu'i gilydd ar fywyd yr eglwys yn ei chyfarfodydd wythnosol. O gofio'r dirywiad enbyd a ddigwyddodd yn ystod y blynyddoedd olaf hyn, ni allwn lai na diolch am batrwm a thraddodiad o'r fath. Diolch am y rhieni a ddeuai i gefnogi'r plant yn y Gobeithlu – nid un rheng ond dwy a thair yn aml. Y festri fach yn gymharol lawn yn aml i seiat a chwrdd gweddi. A theyrngarwch hynod yr aelodau i'r gymdeithas lenyddol oedd â'i rhaglen mor chwaethus ac adeiladol ag a oedd modd. Ond 'y mae'r gwynt yn chwythu lle y mynno', a rhaid i ni fel meidrolion fod yn ddigon hyblyg a gostyngedig ein hysbryd i gofio hynny. O'u gwirfodd dechreuodd rhai o blant yr eglwys gwrdd â'i gilydd ar nos Wener. Rhoddwyd iddynt ryw sêl genhadol na welwyd ei thebyg yn yr un wedd arall i fywyd yr eglwys. O ganlyniad, tyfodd y cylch bach o 'blant y dosbarth derbyn' yn gymdeithas gref o blant yr ardal. Cyfarfyddent â'i gilydd, bugeilient ei gilydd. Cyn pob cwrdd, boed anerchiad neu ddosbarth Beiblaidd, cynhalient eu cwrdd gweddi eu hunain a'r mwyafrif ohonynt yn cymryd rhan. O'r nef y daeth, tarddle y peth byw erioed. Digwyddodd, darfu, eithr erys ei ffrwyth ym mywydau cysegredig a chenhadol llawer o blant yr eglwys heddiw. Nid chwiw dros dro ydoedd, nid ffrwyth chwaeth naturiol ychwaith. Chwa o'r nefoedd a ddaeth heibio – ac fel un a gafodd y fraint o fod yn bresennol, gwn yn awr yr hyn a gredwn bryd hynny, mai yn anadl pur a dihalog yr un awelon Dwyfol y gorwedd gobaith parhad tystiolaeth yr efengyl yn ein gwlad.

Ni allwn ddirwyn y sylwadau hyn i ben heb ychwanegu un gair olaf o ddiolch i aelodau Jerusalem am y fraint o gael croesi trothwy eu haelwydydd, ie, a chroesi trothwy cyfrin a sanctaidd eu profiadau a'u profedigaethau, y melys a'r chwerw'n gymysg yn ystod fy arhosiad yn eu plith. Bu'n fraint fawr i brofi'r fath garedigrwydd a'r fath ymddiriedaeth ar aelwydydd yr eglwys. Nid anghofiwn tra byddwn fyw y blynyddoedd hyn, oherwydd yn eu sgil, fe lwyddasom ninnau'n dau i godi'n haelwyd gyntaf a dysgu byw. Boed gwenau'r Nef yn helaeth ar bob aelwyd sydd yn eich plith a'i nawdd Dwyfol i'ch amddiffyn rhag bob drwg.

Daeth yn ddyddiau o brysur bwyso ar grefydd erbyn hyn. Gwelwn bellach nad oes hir ddyddiau'n aros i'r grefydd anghydffurfiol Gymraeg fel y cawsom ni ei hetifeddu yn hanner cyntaf y ganrif. Yn ddiamheuol y mae cyfnewidiadau mawr ac anochel ar y gorwel. O na ddeuai'r gwyntoedd cryfion i blygu ardaloedd eto i'w deulin ac i godi eglwysi a fydd yn llawn tân ac eiddgarwch dros Dduw a'i gariad rhyfeddol yn yr Arglwydd Iesu Grist. Ni allaf ddymuno'n well i Jerusalem na gweddïo Duw i'w defnyddio i'r diben hwn.

Gwrthgilwyr Diarwybod

O'r *Cylchgrawn Efengylaidd*, Gwanwyn/Haf 1956

Daw'r argyhoeddiad cynyddol i bawb sy'n cymryd cyflwr ein gwlad ar ei galon na all dim gyffwrdd â'r sefyllfa gyfoes ond adfywiad gwir oddi uchod. Unwaith y daw'r argyhoeddiad yna i feddiannu dyn, ni all, os ydyw'n blentyn Duw, beidio â deisyf ar i hynny ddigwydd a digwydd yn fuan. Y mae deubeth yn cyfrif am hyn. Ei ddymuniad ar y naill law ydyw gweld enw Duw yn cael ei ogoneddu a'i anrhydeddu. Gŵyr yn ei galon fod hynny'n digwydd mewn modd arbennig iawn ym mhob adfywiad. Yn ail, dymuna weld mwy a mwy yn dod i adnabod ei Waredwr ef a'i Arglwydd. Gŵyr yn ei galon fod hynny hefyd yn digwydd ar raddfa eang iawn mewn adfywiad. O'r herwydd, ni all beidio â deisyf.

Ond er bod yr amserau yn tystio'n hyglyw y dylai pob Cristion fod ar ei liniau yn erfyn am adfywiad, fe all y Cristion ei hun fod mor oer ei galon a'i sêl nes bod yn gwbl ddifraw a dihitio. Oerodd ei gariad at Dduw, ac o'r herwydd ni chaiff ei glwyfo o gwbl wrth feddwl am yr anwybyddu a'r difrïo sydd ar enw Duw yn ein dyddiau ni. Oerodd ei gariad at ei gyd-ddyn hefyd o'r herwydd, ac ni chyll ddeigryn nac ennyd o gwsg wrth feddwl bod cynifer o'i amgylch, oni ddigwydd yr ymyrryd oddi fry yn ein dyddiau ni, yn wynebu ar fywyd a thragwyddoldeb heb Dduw a heb obaith.

Mor hawdd yw llithro i gyflwr o oerni ysbrydol a chalongaledwch. Mae'n anodd credu hynny, ac yn anos ei gyfaddef, ond gallwn fod yn y cyflwr hwn am fisoedd onid blynyddoedd *heb sylweddoli hynny*. Ac mewn ystyr, y cyhuddiad olaf y gellid ei ddwyn yn ein herbyn ar adeg felly fuasai dweud ein bod wedi llithro'n ôl. Darllenwn ein Beibl, gweddïwn, ac ymddangoswn yn llawn eiddgarwch dros bethau'r Deyrnas. Ond y mae un peth sylfaenol ar goll. Hyd yn oed onid esgeuluswn y Beibl (fe'i darllenwn), gweddi (fe'i harferwn), a gwasanaeth (fe'i gwnawn), *yr ydym yn euog o esgeuluso Duw ei Hun*. Y mae'n bosibl gweddïo a darllen y Beibl a bod yn wasanaethgar, ac eto ganiatáu i'n cymdeithas â Duw edwino.

Gosodwn brawf arnom ein hunain. Ni all y Cristion sydd yn cymdeithasu'n feunyddiol â Duw beidio â'i garu; ni all chwaith, o'r herwydd, beidio â charu ei gyd-ddyn. Gosodwn y prawf cyntaf arnom ein hunain. A ydych chwi yn caru Duw *â'ch holl galon, â'ch holl enaid, â'ch holl nerth?* Cariad o'r ansawdd yna ydyw cariad y sawl a rydd flaenoriaeth i'w berthynas â Duw ar bopeth arall yn ei fywyd. Mae'n ymwybodol o Dduw drwy'r dydd ac yn *ymwybodol* ei fod yn ei garu. A wyddoch chwi a minnau rywbeth am y cariad yma at Dduw y dyddiau hyn? Dichon y gwyddem amdano yn nyddiau cynnar ein pererindod, ond a ydyw yr un mor wir (mewn gwirionedd, fe ddylai fod yn *fwy* gwir) amdanom heddiw? Ai rhywbeth ysbeidiol, egwan ac eiddil ei ddylanwad ydyw? Er i'n gweddïau fod yn ddigon eiddgar, a'n defosiwn yn gywir, gwyddom fod y wefr danbaid a'n rheolai gynt ar goll.

Gosodwn yr ail brawf arnom ein hunain. Nodwedd arall, ddieithriad, y Cristion sydd yn byw ym mhresenoldeb Duw ydyw cariad cynyddol at ei gyd-ddyn. Darllener rai o fywgraffiadau'r tadau i weld y gwresowgrwydd a nodweddai eu gweddïau hwy, y trylwyredd a nodweddai eu gofal dros un enaid, a'r hunanaberth anhygoel a nodweddai eu crefydd. Treulient oriau'r nos i weddïo, dros oedfa, *ac ni châi neb wybod hynny*, ymprydient yn rheolaidd, gweithient yn ddiarbed, a'r cyfan oherwydd cariad mynwesol at Dduw a chariad cywir at ddyn. A wyddoch chwi a minnau heddiw rywbeth am y cariad yma? Dichon y gwyddem amdano yn nyddiau cynnar ein tröedigaeth ac y cawn adflas ohono yn nyddiau twymgalon ymgyrch neu genhadaeth, ond ai dyna *ni*?

Y wefr sydd ar goll, a'r wefr yw cariad. Ond beth a all gyfrif am hynny? Dim ond un esboniad sydd. *Ein bod yn euog o esgeuluso ein perthynas â Duw ac â'i Fab Iesu Grist.* Na, nid cyflawni mân bechodau; gall hynny fod yn *achlysur* i'r cariad oeri ac i wedd ei wyneb Ef fod yn guddiedig oddi wrthym. Eithr fel y gwyddom yn burion, ni ddylai euogrwydd ein cadw oddi wrtho ennyd awr. Gwyddom fod maddeuant i'w gael. Y pechod sylfaenol ydyw esgeuluso Duw, a'r cyhuddiad sylfaenol y mae'n rhaid i ni ei wynebu ydyw hyn, *ein bod yn fodlon cael ein denu a'n cadw oddi wrth Dduw.*

Y mae tri math o Gristion i'w gael heddiw. Nid dau fath, fel y credwn yn aml, y rhai a lithrodd yn ôl, a'r rhai hynny sydd yn cerdded rhagddynt, eithr tri. Yn gyntaf, rhaid cyfaddef bod dosbarth helaeth o gredinwyr, ym mhob cyfnod, sydd i bob ymddangosiad wedi gwadu eu proffes ac wedi dychwelyd i'r byd. Dyna ddosbarth y gwrthgilwyr agored; credinwyr, ond gwrthgilwyr. Yna y mae dosbarth arall o wrthgilwyr, y gwrthgilwyr diarwybod: yn allanol y mae aelodau'r dosbarth yma uwchlaw beirniadaeth ond o'u cyferbynnu â'r trydydd dosbarth, gwelir mai gwrthgilwyr ydynt. *Pobl ydynt hwythau a wrthgiliodd oddi wrth Dduw.* Cadwasant allanolion eu crefydd – ac wrth hynny golygaf ddarllen y Beibl, gweddïo, tystiolaethu, degymu, mynychu cyfarfodydd yn rheolaidd. Ni ellir am eiliad amau dilysrwydd eu tröedigaeth, y maent yn blant i Dduw, *ond gwrthgiliasant oddi wrtho.*

I weld hyn yn glir a gawn ni eu cymharu – a'n cymharu ein hunain – ag aelodau'r trydydd ddosbarth? Y mae aelodau'r dosbarth yma o gredinwyr yn rhoi Duw yn gyntaf. Protestia aelodau'r ail ddosbarth yn syth eu bod hwythau yn gwneud hynny, ond cymerwn bwyll ac ystyriwn. Ni chaiff pwysau gwaith, gofynion y dydd, gweithgarwch efengylaidd, *na dim arall* beri bod credinwyr y trydydd dosbarth yn esgeuluso'r awr weddi. Beth bynnag arall sydd i ddioddef fel y bo pwysau'r gwaith a'r gofynion yn amlhau, gofalant yn ddieithriad ganiatáu cymaint os nad mwy o amser nag o'r blaen i Dduw. Rhoddant Dduw ei Hun yn gyntaf.

Ac y mae dau beth pwysig dros ben yn wir am yr awr weddi honno. Yn gyntaf, gall yn hawdd *fod* yn awr neu yn wir ddwy neu ragor. Peidied neb ag ysgwyd ei ben mewn protest neu amheuaeth; bu hyn yn llythrennol wir am y bobl a wnaeth fwyaf dros Dduw ym mhob cyfnod. Rhoddant Dduw *ei Hun* yn gyntaf. Yna, yr ail beth sy'n nodweddu'r awr weddi ydyw fod Duw ei Hun yn dod yn gyntaf *ynddi hi.* Gweddïant fel y dysgodd Iesu Grist i'w ddisgyblion weddïo, am bethau Duw yn gyntaf, ei Enw, ei Deyrnas, ei Ewyllys, ac yna, yn ail, am eu hanghenion eu hunain.

Ond beth am yr ail ddosbarth o'i gyferbynnu â'r bobl hyn – y dosbarth y mae lle cryf i ofni y gall fod mwyafrif o gredinwyr ein gwlad yn perthyn iddo. Y ddyletswydd *gyntaf* a gaiff ei hesgeuluso gan y dosbarth hwn ydyw gweddi a myfyrdod. Rheswm dros ddyblu diwydrwydd ac ar yr un pryd ddyblu'r awr weddi yw prysurdeb i'r dosbarth arall; esgus dros ei hanwybyddu a'i rhoi o'r neilltu ydyw i'r rhain. Rhoddant flaenoriaeth i weithgareddau, i fân ddyletswyddau, i ruthro di-baid o sgwrs i oedfa ac o oedfa i sgwrs. Gwrthgilwyr ydynt yn gwrthgilio oddi wrth Dduw – yn esgeuluso cymdeithas â Duw. A ydych chwi a minnau yn eu plith? Os ydym, cyfaddefwn hynny.

A beth am yr 'awr weddi' ei hun? Fel y cyfaddefwyd eisoes, droeon, y mae aelodau'r dosbarth hwn yn gweddïo. Eithr y cyhuddiad cyntaf sydd i'w nodi yn eu herbyn ydyw hwn, prin ei bod fyth yn 'awr' weddi. Gweddïant yn union fel yr ysgrifennant lythyr, 'Annwyl Dad, yr hwn wyt yn y nefoedd,' ac yna ânt ati'n syth i restru eu gofynion. Wedi hynny ânt rhagddynt i wynebu'r dydd a'i ofynion, yn falch bod y llythyr (y gweddïau) wedi ei ddanfon. Maent ar frys yn gweddïo ac ar gymaint brys i godi i'w traed wedi gweddïo. Mewn gair, y mae lle cryf i gredu na wyddant ddim am weddïo. Hanfod a diben gweddi ydyw cymdeithasu â Duw. A thystiolaeth ei saint Ef ar hyd y canrifoedd ydyw hyn. Yn gyntaf ânt o'u ffordd i'n sicrhau y cymer amser – yn llythrennol felly – i'ch tebyg chwi a minnau, yn enwedig pan ydym yn anghyfarwydd â'r llwybrau hyn, i ddod i bresenoldeb Duw, a hefyd y cymer ymdrech – yn llythrennol felly eto – wedi dod, i aros yno. Yn ail, sicrhânt ni fod y gweddïo hwn yn gyfan gwbl wahanol i'r gweddïo-gofyn-yn-unig – nid yw yn yr un byd, meddant. Faint tybed a wyddom ni amdano? A wyddom ni beth yw oedi'n gymharol fud gerbron gorsedd gras nes mynnu ein cael ein hunain, drwy'r Ysbryd, yn ei bresenoldeb Ef, ac aros yno pan fo diafol, cnawd, a byd yn ein tynnu i'n traed? Ai ynteu ildio a wnawn ni i'r demtasiwn daer i godi'n ddifendith? Os felly, cyfaddefwn hynny, a mynnwn yn hytrach roi'r flaenoriaeth i hyn yn ein bywyd ysbrydol, y ceisiwn Dduw ei Hun nes ei gael, a hynny'n feunyddiol, ac na chodwn o'n gliniau heb weld ei wedd.

Tuedd arall sy'n nodweddu ein gweddïau yn y cyfnod dirywiedig hwn ydyw meddwl yn gyntaf ac yn olaf, o'r bron, amdanom ein hunain. Nid ceisio Duw yr ydym, ond ceisio arweiniad, ceisio cenadwri, ceisio esmwythyd meddwl, ceisio heddwch cydwybod. Gwrthgilwyr ydym oddi wrth Dduw ond awn ato i geisio'r breintiau a'r grasusau hyn, ac yna awn ymaith. Nid er dim y bu i'r Arglwydd Iesu yn y Pader roddi'n bedwerydd, yn bumed, ac yn chweched y gweddïau am faddeuant, am fara beunyddiol, am waredigaeth rhag y drwg. Duw a faddeuo i ni os rhuthro a wnawn ni wedi'r cyfarchiad swta heibio i'r tair gweddi gyntaf a gofyn yn unig am y bendithion hyn i ni ein hunain. Nid er dim yn wir y bu i'r Arglwydd Iesu beri i ni yn gyntaf gyfarch Duw, a'i gyfarch fel Tad; pe gwnaem hynny yn ystyriol, fe ddilynai'r gweddïau eraill yn eu tro *ac yn eu trefn*.

Ai yn nosbarth y gwrthgilwyr diarwybod y'n ceir ni? Yn ddiarwybod i ni, llithrasom i fodloni ar grefydd nad oedd Duw ei Hun yn ei chanol. Ychydig iawn ar gyfartaledd o'n hamser a ganiatawn ni iddo, i gymdeithasu ag Ef yn ei Air ac mewn gweddi. Daethom i gynefino â bodloni ar hynny, yn ddiarwybod. Ac eto, yn ein calonnau, gwyddom fod rhywbeth mawr ar goll: ni chawn flas ar y Gair, ni wyddom am oruchafiaeth ar bechodau, nid oes asbri a hoen yn nodweddu'n tystiolaeth fel cynt ac ni ddigwydd bendith pan weddïom. Yn ddiarwybod i ni, ie; ac eto gwyddom yn burion, ond ni fynnwn ei gyfaddef a'i wynebu. A'r rheswm sylfaenol dros y dirywiad, fel y gwelsom, ydoedd ddarfod inni esgeuluso Duw ei Hun.

Dychwelwn ato, ynteu, i'n rhoddi'n hunain yn gyfan gwbl iddo Ef, nid i'w wasanaeth yn y lle cyntaf, ond iddo Ef, i'w gymdeithas. Fe ddilyna'r gwasanaeth wedyn. Mynnwn roddi blaenoriaeth ar bopeth arall i'n perthynas â Duw, ac fe gawn y bydd ein bywyd ysbrydol yn adnewyddu drwyddo draw. Fe ddychwel ein *cariad* tuag ato, fe ddychwel hefyd ein cariad at ddynion. Nid dadlau dros y cariad hwnnw a wnawn; fe fyddwn ni ein hunain yn dystion byw ohono. Deuwn i ddymuno gweld enw Duw yn cael ei ogoneddu, daw'r dymuno yn faich. Deuwn i ddymuno gweld dynion yn dod i fendith ac fe dry'r dymuno hwnnw yn faich ac yn fyrdwn. Byddwn yn caru Duw â'n holl galon, â'n holl feddwl, â'n holl enaid, ac yn caru'n cyd-ddyn fel ni ein hunain; bydd ein bywyd dan lywodraeth y wefr sylfaenol unwaith eto. Byddwn yn gweddïo am adfywiad, *ni allwn lai*, ac y mae addewidion mawr a gwerthfawr ar ein cyfer: 'Os fy mhobl, y rhai y gelwir fy enw arnynt, a ymostyngant, ac a weddïant, ac a *geisiant fy wyneb*, ac a droant o'u ffyrdd drygionus: yna y gwrandawaf o'r nefoedd, ac y maddeuaf iddynt eu pechodau, ac yr iachâf eu gwlad hwynt' (2 Cron. 7:14).

Rhodd Duw i Genedl

O'r *Cylchgrawn Efengylaidd*, 1981

Mae'r gorchwyl o lunio gwerthfawrogiad o weinidogaeth Dr Martyn Lloyd-Jones – ac yn arbennig felly ei ddylanwad ar fywyd eglwysig yng Nghymru – a hynny mor fuan ar ôl ei ymadawiad, bron â bod yn dasg amhosibl. Gadawodd ei fywyd a'i weinidogaeth, a ymestynnodd dros hanner canrif a rhagor, y fath argraff ddofn ar gynifer fel ei bod yn wirioneddol anodd gwybod ymhle i ddechrau. Mor wir yw geiriau cyfarwydd yr emyn Cymraeg a ganwyd gyda chymaint angerdd gan y cwmni o berthnasau a chyfeillion a safai'n gylch o amgylch ei fedd yng Nghastellnewydd Emlyn. 'O fryniau Caersalem' yn unig 'ceir gweled holl daith yr anialwch i gyd'.

Ac eto mae'n rhwymedigaeth arnom i geisio gwneud hynny, petai'n unig er mwyn i hynny ein galluogi i roi diolch i Dduw am y cyfan a gyflawnodd Ef trwy weinidogaeth ei was.

Mae'n deg dweud y byddem yn gwneud cam dirfawr â'r stori honno pe baem yn esgeuluso rhoi'r sylw dyladwy i gyfnod rhyfeddol ei weinidogaeth yn Sandfields, Aberafan. Ni fyddai'n ormod dweud mai yr un mlynedd ar ddeg a dreuliodd yno fu'n foddion i osod ffurf a threfn ar ei argyhoeddiadau dyfnaf. Ac fe allai'r weinidogaeth a ddilynodd yng Nghapel Westminster, Llundain, gyda'i goblygiadau byd-eang – trwy'r pregethau a gyhoeddwyd a'r miloedd o fyfyrwyr ac eraill o wledydd tramor fu'n addoli yno ar hyd y blynyddoedd – yn hawdd ddallu ein llygaid i ryfeddod ei gyfnod cyntaf yn y weinidogaeth. Yn sicr ddigon, ni allai'r un ymgais i werthfawrogi grym ei ddylanwad ar y sefyllfa grefyddol yng Nghymru anwybyddu'r cyfnod allweddol hwn yn ei fywyd.

Ni allai neb a adnabu Dr Lloyd-Jones fod mewn unrhyw amheuaeth ynghylch ei gariad at Gymru a'i phobl. Pan ddaeth yn ymwybodol o'r alwad i adael byd meddygaeth ac i gysegru ei fywyd i waith y weinidogaeth, cam cwbl naturiol iddo ef oedd cynnig ei wasanaeth i Symudiad Ymosodol Eglwys Bresbyteraidd Cymru. Ond yr oedd un rheswm arall paham y dewisodd wneud hyn. Mewn sgwrs ar y teledu gyda'r diweddar Aneirin Talfan Davies, cyfeiriodd at yr effaith a gafodd argyhoeddiadau radicalaidd ei dad, gyda'i ofal dros y tlawd ac aelodau llai breintiedig cymdeithas, arno yntau'n ŵr ifanc. Dyna paham, meddai, yr oedd mor awyddus i weinidogaethu yn y math o ardaloedd a wasanaethid bryd hynny gan y Symudiad Ymosodol.

Gwelwyd yn fuan mai llaw Duw oedd yn ei dueddu i'r cyfeiriad a oedd i'w ddwyn yn y man i'r eglwys yn Sandfields, Aberafan. Cyn pen dim o amser dilynwyd ei weinidogaeth yno gan arwyddion amlwg o ffafr a bendith y nefoedd. O blith dosbarth gweithfaol y dref honno, trwy wasanaeth eneiniedig ei was, ychwanegwyd sawl enw annisgwyl i lyfrau'r nef – cymeriadau brith a drodd yn Gristnogion gloyw. Yn fuan gwelwyd cynulleidfa helaeth o ddynion yn ymgasglu'n rheolaidd bob nos Sadwrn i gylch trafod y brodyr dan arweiniad y Doctor. Pan ymadawodd â Sandfields un mlynedd ar ddeg yn ddiweddarach, roedd y gynulleidfa wedi tyfu i'r fath raddau fel y bu'n rhaid adeiladu ystafell ychwanegol ochr yn ochr â'r capel fel y gallai'r gorlifiad ddilyn y gwasanaethau trwy ffenestri agored y capel.

Lledodd y newydd am alwad Dr Lloyd-Jones i'r weinidogaeth a'i enwogrwydd fel pregethwr i bob rhan o'r wlad, ac o'r dref hon – a leolwyd mewn man mor fanteisiol yn Ne Cymru – danfonodd Duw ei was ar yr hyn a ddatblygodd i fod yn weinidogaeth ganol-wythnos reolaidd i bob rhan o Gymru i gludo'r genadwri am iachawdwriaeth. Dyma'r dyddiau yng Nghymru pan oedd capeli'r wlad yn llawn a'r holl boblogaeth fel pe baent yn aelodau mewn rhyw gapel neu'i gilydd. I fachgen ifanc yn ei arddegau cynnar, edrychai fel pe byddai pawb am gael clywed y Doctor pa le bynnag yr elai i bregethu.

Wrth edrych yn ôl dros y blynyddoedd hyn roedd Dr Martyn yn ymwybodol iawn fod yna Gristnogion yng Nghymru ar y pryd yn dra siomedig am na allai weld ei ffordd yn glir i'w uniaethu ei hun yn llwyr â'u tystiolaeth hwy. Ac fe fyddai'n wir dweud na allai'r Doctor ei hun bryd hynny egluro'n llawn pam na allai ganiatáu iddo'i hun gael ei gysylltu, dyweder, â rhai o'r traddodiadau pentecostalaidd neu â thraddodiad Keswick a ddaeth i'r amlwg yng Nghymru yn dilyn Diwygiad 1904–05.

Dyma'r blynyddoedd pryd y meddiannwyd y Doctor ag un dyhead angerddol, sef dweud wrth ddynion y gallent ddod i adnabyddiaeth o Dduw trwy yr Arglwydd Iesu Grist. Dyma'r blynyddoedd hefyd, yn dilyn ar ei yrfa feddygol ddisglair, pryd y galluogwyd ef am y tro cyntaf erioed i ymroi gydag afiaith i astudio diwinyddiaeth ac athrawiaeth Gristnogol. Fe gofir yr hanes am y gweinidog hwnnw ar ddiwedd oedfa ym Mhen-y-bont ar Ogwr a ddywedodd wrtho braidd yn bryfoclyd, 'Rwy'n methu'n glir â phenderfynu beth ydych chi – Uchel-Galfinydd neu Grynwr.' Pan ofynnodd y Doctor iddo paham ei fod yn gofyn y cwestiwn atebodd yr ymholwr, 'Rydych chi'n siarad am Dduw yn gweithredu ac am benarglwyddiaeth Duw fel Uchel-Galfinydd, ac am brofiad ysbrydol fel Crynwr, ond hyd y gwela' i ychydig iawn o le sydd i'r Groes ac i waith Crist yn eich pregethu.' Wedi ei sicrhau nad oedd yn Uchel-Galfinydd, ymateb y Doctor oedd gofyn i'r Parch. Vernon Lewis (a ddaeth yn ddiweddarach yn brifathro Coleg Coffa Aberhonddu) pan alwodd i'w weld yn Aberafan y bore Llun canlynol, pa lyfrau allai eu darllen ar yr Iawn. Fe'i cyfeiriwyd at waith R. W. Dale ar yr Iawn, *The Death of Christ* James Denney a gweithiau P. T. Forsyth – gymaint oedd y prinder o lenyddiaeth gwir efengylaidd ar y pryd. Yn ôl esboniad y Doctor ei hun rai blynyddoedd yn ddiweddarach, yr oedd yntau fel Whitefield yn ei bregethu cynnar. Pregethai yn gyntaf oll yr angen am ailenedigaeth, fod holl ymdrechion dyn yn ofer ac mai ei angen oedd rhyw allu y tu allan iddo ef ei hun. 'Nid oeddwn yn pregethu'r Iawn na chyfiawnhad trwy ffydd fel y cyfryw yn glir; fe'u cymerwn yn ganiataol. Gwnaeth y dyn yma i mi ddechrau meddwl, a dechreuais ddarllen diwinyddiaeth yn llawnach.' Er mawr lawenydd iddo ychydig yn ddiweddarach daeth y Doctor ar draws dwy gyfrol gweithiau Jonathan Edwards mewn siop ail-law yng Nghaerdydd ac ar ymweliad â'r Unol Daleithiau yr oedd i ymgolli'n llwyr yng ngweithiau B. B. Warfield. Flynyddoedd yn ddiweddarach gallai'r Doctor egluro mai'r hyn a'i cadwodd rhag uniaethu ei hun â'r traddodiadau y cyfeiriwyd atynt yn barod oedd yr hyn a wyddai am y gwaith a gyflawnodd Duw yn y gorffennol trwy ddynion fel Daniel Rowland, Llangeitho; Howel Harris ac eraill. Edrych yr oedd am rai o'r un perswâd athrawiaethol â hwy, ac yn bwysicach fyth eu golygwedd hwy ar grefydd brofiadol ac ar ddiwygiad.

Ac yr oedd pobl felly yn brin yn yr enwad y perthynai'r Doctor a hwythau iddo. Ymddengys yn beth gofidus iawn i ni heddiw fod y Doctor wedi ei ordeinio yn weinidog gyda'r Eglwys Bresbyteraidd yng Nghymru pan oedd yn rhy ddiweddar hyd yn oed i ŵr o'i ddoniau a'i argyhoeddiadau ef i ddylanwadu ar y ddadl bwysig a ddylai'r enwad fabwysiadu'r Gyffes Fer, a thrwy hynny i bob pwrpas ddarostwng yr hen Gyffes Ffydd i statws dogfen hanesyddol. Felly y digwyddodd fodd bynnag, ac er i'r Doctor gael lle i obeithio ar un adeg y buasai'r werin bobl, o ganlyniad i'w bregethu, yn gwrthod daliadau ffroenuchel y mwyafrif o bregethwyr modernaidd a rhyddfrydol a lenwai bulpudau'r wlad, nid felly y bu.

Ar un achlysur rhoddwyd iddo yr hyn a ymddangosai ar y pryd fel argoel o ddyddiau gwell i ddyfod. Fe'i gwahoddwyd i bregethu yn yr un Sasiwn â'r Parch. Tom Nefyn Williams – o bosibl y mwyaf radical o holl bregethwyr rhyddfrydol y dydd, ond gŵr o ddawn a chyfaredd nid bychan. Adroddai'r Doctor yr hanes fel y daeth i lawr i frecwast y diwrnod hwnnw gan synhwyro gynted ag yr agorodd ddrws yr ystafell fwyta fod rhyw ddistawrwydd anniddig wedi dod dros y rhai a eisteddai wrth y byrddau. Wedi gofyn yn ochelgar beth oedd yn bod, gofynnwyd iddo'n ddifrifol onid oedd yn sylweddoli beth oedd yn digwydd, fod pawb yn ceisio dyfalu pwy gâi'r gynulleidfa fwyaf, Tom Nefyn neu'r Doctor. Yn yr oedfaon cyntaf roedd cynulleidfaoedd y ddau bregethwr yn weddol gyfartal. Ond yn y gwasanaeth cyntaf hwn fe gafodd Dr Lloyd-Jones y fath ryddid wrth bregethu fel bod ei ail oedfa yn orlawn tra oedd cynulleidfa Tom Nefyn gryn dipyn yn llai.

Ond nid felly roedd hi i fod. Ychydig flynyddoedd yn ddiweddarach cafodd y Doctor brawf digamsyniol, os oedd y werin bobl yn barod i'w wrando'n ewyllysgar, fod nifer helaeth o arweinwyr crefyddol ei enwad wedi eu cythruddo'n ddwfn gan ei ymlyniad digymrodedd wrth y ffydd efengylaidd.

Daeth hyn i'r amlwg pan sylweddolwyd bod rhai o'r cyfryw yn barod i wrthwynebu'n agored gynnig a fuasai wedi golygu ehangu cylch dylanwad y Doctor o fewn ei enwad yn sylweddol iawn. Wedi un mlynedd ar ddeg o lafur ymroddedig yn Aberafan, awgrymwyd y dylid penodi'r Doctor ymhen y flwyddyn yn athro yng Ngholeg y Bala, lle roedd y Parch. David Phillips yn brifathro. Er i'r cynnig ennill cefnogaeth Sasiynau'r De a'r Dwyrain, mynnai Sasiwn y Gogledd ohirio'r penderfyniad – cynllwyn bwriadol ar ran rhai, o leiaf, i'w galluogi i osgoi'r gwaradwydd a ddilynai gwrthodiad llwyr, gan ei gwneud yn gwbl amlwg i'r Doctor ac i eraill nad oeddynt yn croesawu ei wasanaeth.

Yn y cyfamser tra oedd ef ei hun yn tueddu'n gryf tuag at y swydd yn y Bala, gwahoddwyd ef i gynorthwyo'r Dr Campbell Morgan dros dro yng Nghapel Westminster. O fewn chwe wythnos fe'i gwahoddwyd i aros yno fel cynorthwywr parhaol. Ond o fis Hydref 1938 hyd wedi'r Pasg 1939 gwrthododd y Doctor ymrwymo ei hun gan ddal i ddisgwyl am y gwahoddiad i Goleg y Bala – gwahoddiad nas cyrhaeddodd.

Llwyddodd y Doctor i berswadio'r cyfeillion yng Nghapel Westminster i aros dedfryd Sasiwn y Gogledd a oedd i'w chynnal yng Nghaer. Yr oedd tri gweinidog wedi llwyr fwriadu mynd i'r cyfarfodydd hynny i bwyso am ymateb ffafriol o blaid y Doctor. Am resymau gwahanol methodd y tri â bod yn bresennol a gadawyd y mater unwaith eto 'ar y bwrdd'. Bellach nid oedd gan Dr Lloyd-Jones ddewis and derbyn y gwahoddiad i ddod yn gyd-weinidog â'r Dr Campbell Morgan ac felly ddechrau ei ddeng mlynedd ar hugain o weinidogaeth yng Nghapel Westminster.

Fel y dywedir mor aml ar achlysuron tebyg, 'Colled Cymru oedd ennill Lloegr'. Wrth edrych yn ôl dros ysgwydd yr hanner can mlynedd o'r bron a aeth heibio, gwyddom bellach fod y cam hwn, a ymddangosai mor resynus ar y pryd, wedi bod o bosibl y datblygiad mwyaf pellgyrhaeddgar a sylweddol ei ddylanwad y ganrif hon yn hanes yr achos efengylaidd ym Mhrydain, os nad trwy'r byd i gyd. Pa mor ddylanwadol bynnag fuasai gweinidogaeth y Doctor mewn coleg blwyddyn olaf fel Coleg y Bala – coleg a neilltuwyd yn fwyaf arbennig i waith bugeiliol – nid oes modd mesur dylanwad er daioni y pendefig hwn ymhlith pregethwyr, y cynghorydd doeth a'r arweinydd ysbrydol, trwy ei weinidogaeth o'r pulpud yn Llundain, ei ddarlithiau nos Wener,

ei gyfarfodydd i weinidogion, Cynhadledd Westminster, ei bregethu ar
hyd a lled y wlad, a'r ffaith ei fod ar gael bob amser i roi gair o gyngor –
gweinidogaeth sy'n dal i fynd rhagddi trwy'r gweithiau a gyhoeddwyd
a thrwy'r drefn garedig a ganiataodd fod ei eiriau wedi eu diogelu yn
y gweithiau hynny, fel ein bod fel petaem yn gwrando ar y Doctor ac
yntau'n llefaru eto. Gwyddom erbyn hyn fod y pethau yma i gyd yn
ganlyniad ei weinidogaeth yng Nghapel Westminster. Ni allwn ond
dweud gyda'r Apostol, 'Mor anchwiliadwy yw ei farnau ef! a'i ffyrdd,
mor anolrheinadwy ydynt!'

Fe fu'n ennill i Gymru hefyd, a hynny ar waetha'r ffaith fod
anghydffurfiaeth wedi Rhyfel 1939–45 yn colli ei gafael ar y bobl a
bod rhai yn beirniadu'r Doctor o bryd i'w gilydd am droi ei gefn ar
Gymru yn awr ei hangen. Aeth un gŵr mor bell ag awgrymu iddo
wneud hynny er mwyn mwynhau gweinidogaeth fras a chyfforddus
yn un o eglwysi mawr Llundain. Ni allai dim fod yn fwy anghywir. Ni
phallodd ei ddiddordeb dwfn yn y sefyllfa grefyddol yng Nghymru,
ac ni ddangosodd unrhyw arwydd o ddrwgdeimlad na chwerwedd o
ganlyniad i'r hyn a ddigwyddodd. Daliodd i bregethu i gynulleidfaoedd
mawrion mewn gwahanol ganolfannau yng Nghymru. Gwelid ef
ym 1977, er enghraifft, yn dathlu'r hanner canfed waith y bu iddo
bregethu'n flynyddol yng Nghaerfyrddin. Roedd llawer enghraifft arall
debyg, a chafodd ei bregethau ysgrifenedig hefyd gylchrediad eang.

Ond yn y blynyddoedd yn union wedi'r rhyfel rhoid i'w
gysylltiadau â Chymru gymeriad ac arwyddocâd cwbl wahanol.
Cyn hyn ei weinidogaeth oedd dod fel pregethwr ar ymweliad, i
bregethu i gynulleidfaoedd mawrion. Bellach tyfodd yn ogystal i fod
yn weinidogaeth cyfaill a chynghorydd i do o wŷr ifanc, y rhan fwyaf
ohonynt â'u bryd ar y weinidogaeth, a'u llafur hwy i arwain yn ei dro
at weinidogaeth ffyddlon efengylaidd mewn eglwysi yn perthyn i'r holl
enwadau yng Nghymru: i'r hyn y daethpwyd i'w adnabod – ar awgrym
y Doctor ei hun yn y Gynhadledd Gymraeg a gynhaliwyd yn Ninbych
ym 1955 – fel 'Mudiad Efengylaidd Cymru': ac yn ddiweddarach, at
sefydlu achosion newydd efengylaidd, rhydd oddi wrth bob cysylltiad
enwadol.

Enynnwyd diddordeb y Doctor gyntaf pan glywodd am y don o

fendith a ddigwyddodd yng ngholegau Cymru yn y blynyddoedd 1945-50. Roedd dau ganolbwynt megis i'r fendith newydd – un yn y De, a oedd yn fwy athrawiaethol ei bwyslais oherwydd y cefndir Presbyteraidd cryf oedd iddo; a'r llall yn y Gogledd, a oedd yn fwy profiadol ei osgo. Daeth Dr Lloyd-Jones o'r cychwyn cyntaf i gysylltiad agos â'r ddwy ffrwd, ac mewn ffyrdd y gallwn weld yn glir heddiw a oedd wedi eu hordeinio'n rasol gan Dduw, fe'i galluogwyd o'r cychwyniadau cynnar hyn i ddylanwadu mewn ffordd gwir allweddol er adeiladu ac uno'r gwaith.

O ganlyniad i'w weinidogaeth rymus a'i bregethu nerthol yng Nghapel Westminster, defnyddid y Doctor yn helaeth erbyn hyn gan yr UCCF (neu'r IVF fel y gelwid y mudiad Cristnogol ymhlith myfyrwyr bryd hynny). Yn ei eiriau ef ei hun, 'Deuthum i fod yn ddiwinydd yr IVF'. Felly pan awgrymwyd y byddai'n fantais i'r Undebau Cristnogol yng Nghymru – a oedd newydd brofi mesur helaeth o adnewyddiad yn y blynyddoedd hynny – pe baent yn cwrdd gyda'i gilydd mewn Cynhadledd Flynyddol, Dr Lloyd-Jones oedd y dewis amlwg fel siaradwr. Fe'i gwahoddwyd i draddodi prif anerchiadau'r Gynhadledd am y tair blynedd cyntaf, a'i arfer bob blwyddyn oedd cymryd un o begynnau'r ffydd fel ei destun. Cafodd ei weinidogaeth effaith a dylanwad mawr ar y myfyrwyr. Yn wir, tystiai un myfyriwr, a oedd yn ddiweddarach i fod yn un o'i olynwyr yn y pulpud yn Sandfields, Aberafan (y diweddar Barch. J. B. E. Thomas) iddo ddysgu mwy am ddiwinyddiaeth trwy'r anerchiadau hynny nag yn yr holl ddarlithoedd a gafodd yn ei Goleg Diwinyddol.

Nid cynt nag y torrodd y fendith allan yn y Gogledd nag y gwahoddwyd Dr Martyn Lloyd-Jones i bregethu mewn cenhadaeth i'r myfyrwyr yng Ngholeg y Brifysgol, Bangor. Yno, er mawr foddhad iddo, clywodd am waith uniongyrchol a digymell yr Ysbryd Glân ymhlith y myfyrwyr. Yn ddiweddarach yr oedd i ategu yn llawn brofiad o dywalltiad pellach o'r Ysbryd a wybu rhai o'r myfyrwyr – ategiad a oedd yn cyd-ddigwydd â'i ddiddordeb adnewyddol ar y pryd ym mhwnc seliad yr Ysbryd a diwygiad.

Pan sylweddolodd rhai o'r myfyrwyr hyn ychydig yn ddiweddarach nad oedd yr un cyhoeddiad yn Gymraeg wedi ei ymrwymo i'r ffydd efengylaidd, gofynnwyd i Dr Lloyd-Jones ysgrifennu i rifyn cyntaf cylchgrawn newydd a gyhoeddasant – *Y Cylchgrawn Efengylaidd*. Yn ddiweddarach, pan benderfynwyd galw darllenwyr y Cylchgrawn hwnnw i Gynhadledd, roedd Elizabeth, merch hyna'r Doctor, yn bresennol yn y Gynhadledd gyntaf a gynhaliwyd yn y Bala, a Dr Lloyd-Jones ei hun oedd y prif siaradwr yn yr ail Gynhadledd a gynhaliwyd yng Nghaernarfon ym 1953. Yn ddiweddarach, pan deimlwyd bod angen darpariaeth gyfatebol yn Saesneg, Dr Lloyd-Jones oedd y prif siaradwr unwaith eto, y tro hwn yn dychwelyd i'w hen bulpud yn Sandfields er mawr lawenydd i'w lu cyfeillion yno. Pan benderfynodd rhai o'r myfyrwyr o Dde a Gogledd Cymru fynd gyda'i gilydd i'r Eisteddfod Genedlaethol yn Nolgellau am y tro cyntaf i werthu'r *Cylchgrawn Efengylaidd* newydd ac i dystiolaethu i'w cyd-genedl, cyfarfu Dr Lloyd-Jones (a oedd ar ei wyliau yn y Parc gerllaw'r Bala ar y pryd), â hwy ddwywaith, ac ef a roes yr anerchiad yn y Noson Lawen a gynhaliwyd yn un o gapeli'r dre.

Ac yn olaf, wedi i rai o'r myfyrwyr hyn ddod yn weinidogion, yr oedd Dr Lloyd-Jones wrth law i gynnig cyngor amhrisiadwy werthfawr, cyngor a oedd i arwain yn y diwedd at sefydlu'r cymdeithasau gweinidogion sy'n gysylltiedig â'r Mudiad Efengylaidd, a'r Gynhadledd Gweinidogion flynyddol – cynhadledd, ac eithrio'r blynyddoedd pan y'i rhwystrwyd gan afiechyd, y bu i'r Doctor ddod iddi'n ffyddlon bob blwyddyn. Yn ei ddull dihafal ei hun, byddai'n arwain y trafodaethau ac yn traddodi anerchiadau bythgofiadwy i gloi.

Oni bai fod y Doctor ar gael bryd hynny buasai cymeriad gwaith yr efengyl yng Nghymru wedi bod yn dra gwahanol i'r hyn a fu yn y blynyddoedd canlynol. Ar y pryd yr oedd rhai o'r gweinidogion efengylaidd yn Ne Cymru yn awyddus i gyfarfod mewn cyfarfodydd misol a gyfyngid i weinidogion o argyhoeddiadau diwygiedig. Roeddynt hefyd yn awyddus i wahodd y Doctor i'r cynulliad blynyddol cyntaf o weinidogion o'r un perswad o bob rhan o Gymru. Cytunodd Dr Lloyd-Jones i fod yn bresennol ar yr amod eu bod yn lledu sylfaen y gymdeithas – cam a oedd i olygu ennill a budd anfesurol fawr i achos yr efengyl yng Nghymru yn y blynyddoedd a ddilynodd, ac i'r ffydd ddiwygiedig yn arbennig felly.

Ac felly y bu'r hanes trwy'r deng mlynedd ar hugain a ddilynodd, gyda diddordeb a chefnogaeth y Doctor yn gyfan gwbl at wasanaeth y sawl a geisiai ei gyngor, a'i bresenoldeb a'i weinidogaeth yn ffynhonnell nerth ac anogaeth i bawb a'i hadnabu. Yn wir, mor glòs ac agos oedd ei gysylltiad â'r sefyllfa fel y datblygai yng Nghymru fel y bydd yn anodd iawn derbyn y ffaith anochel a thrist nad yw bellach yn ein plith.

Ein cysur yn sicr yw eiddo'r wraig gweinidog honno a sylwodd, wrth godi ei phen i edrych ar y gynulleidfa a ganai'r emyn ar lan ei fedd, gynifer o weinidogion oedd yn bresennol. Bu'r Doctor yn fugail ac yn gyfaill iddynt oll. Gyda chefnogaeth ac anogaeth gyson ei annwyl wraig a'i gymar, Mrs Lloyd-Jones, tra parhaodd ei nerth corfforol pregethodd yn eu pulpudau, mynychodd eu holl gynadleddau. Ynddo ef gwireddwyd geiriau ein Harglwydd, 'Pwy bynnag a fynno fod yn fawr yn eich plith chwi, bydded yn was i chwi.' Rhagorodd mewn llawer peth, ond yn hyn yn anad dim.

Ni chollodd Cymru un o'i meibion galluocaf wedi'r cwbl. Trwy iddo gael gweinidogaethu'n rhydd mewn eglwys heb fod arni lyffethair na chyfaddawd nac apostasi, parhaodd i wasanaethu ei phobl. Ac yn awr, wedi ei gymryd i fod gyda'i Arglwydd ar Ddydd Gŵyl Dewi 1981, daeth gartref unwaith eto i orffwys dro, 'hyd oni ddelo'.

Cyfrinach ei Chryfder

O'r *Cylchgrawn Efengylaidd*, 1989. Sylwedd pregeth a draddodwyd yng nghyrddau corffori Eglwys Efengylaidd Caerfyrddin, 25 Mawrth 1989

Yn rhyfeddol iawn, ddwywaith yn unig yr ymddengys y gair 'eglwys' yn yr efengylau a'r ddeudro hynny oddi ar enau'r Arglwydd Iesu Grist ei hun. Mae'r hyn a ddadlennir ganddo, fodd bynnag, ynghylch ei eglwys yng nghyd-destun y ddau ddefnydd yma'n bwysig dros ben. Cyfeiriwn at Efengyl Mathew 16:18, 'Ac yr ydwyf finnau yn dywedyd i ti mai ti yw Pedr, ac ar y graig hon yr adeiladaf fy eglwys', a'i eiriau pellach yn yr un Efengyl, 'Ac os efe ni wrendy arnynt hwy, dywed i'r eglwys' (Mathew 18:17).

Fe fydd yn ofynnol inni ganolbwyntio'n sylw ar y defnydd allweddol cyntaf yng Nghesarea Philipi. O wneud hynny, fodd bynnag, buan y canfyddwn fod cysylltiad uniongyrchol rhwng y defnydd cyntaf a chyd-destun yr ail.

Y ffordd orau i drafod geiriau'r Arglwydd Iesu Grist ym Mathew 16:18 fydd trwy geisio ateb i ddau gwestiwn: (1) Pwy neu beth yw'r graig yma y mae'n adeiladu ei eglwys arni? (2) Beth mae'n ei olygu wrth ddweud ei fod yn mynd i adeiladu eglwys ar y graig honno? Un peth yw cael craig; peth arall, mae'n ymddangos, yw adeiladu eglwys ar y graig honno. Rhaid cyfaddef, wrth geisio atebion i'r cwestiynau hyn fe fydd ei eiriau cadarn ond cyfrifol – 'a phyrth uffern nis gorchfygant hi' – yn goglais yng nghefn y meddwl. Yn y Gymru sydd ohoni heddiw, nid oes neb sy'n uwch eu braint na'r sawl a berthyn i'r eglwys hon ac a brofodd gyfrinach ei chryfder hi.

1. Pwy neu beth a olygir, felly, wrth 'y graig hon'?

Does dim angen atgoffa neb bod dadlau mawr wedi bod trwy'r oesau ynghylch arwyddocâd yr ymadrodd hwn. Rhai yn mynnu dweud – a dweud hyd heddiw – mai Pedr ei hun yw'r graig. Ond nid Pedr ei hun chwaith, ond Pedr ynghyd â dilyniant o ddisgynyddion uniongyrchol iddo a apwyntir gan goleg o gardinaliaid yn Rhufain.

Fuasai neb yn gwadu am eiliad fod i Pedr ei hun le blaenllaw iawn yn hanes sefydlu'r eglwys fore, ond prin y buasai'r Arglwydd Iesu Grist yn golygu i neb gredu bod ei eglwys ef yn mynd i bwyso'n gyfan gwbl ar feidrolyn o ddyn pa mor allweddol bynnag fuasai ei weinidogaeth ar y cychwyn. A chyda golwg ar yr olyniaeth, ychydig funudau wedi llefaru'r geiriau hyn yr oedd y cyntaf a'r godidocaf yn yr olyniaeth ysblennydd hon yn enau cyhoeddus i Satan ei hun (Math. 16:23)! Ac nid ef oedd yr olaf yn yr olyniaeth honno, fel y mae hanes yn profi.

Myn eraill nad Pedr ei hun yw'r graig ond cyffes Pedr. A does dim angen atgoffa neb chwaith fod y dehongliad hwn yn llawer nes at y traddodiad y'n magwyd ni ynddo. Ond prin y gallwn fod yn fodlon arno fel esboniad. Mae'r diafol yn credu, medd yr Ysgrythur, ac yn crynu. A bu miliynau o bobl yng Nghymru, mewn blynyddoedd a fu, fuasai'n barod iawn i arddel y gyffes hon fel cyffes foel heb i'r peth byw, deinamig, dwyfol-ei-darddiad, a oedd yn nodweddu profiad Pedr fod yn wir yn eu bywyd hwy. Yn wir, fel y daw hi'n fwy poblogaidd i honni uniongrededd yn nyddiau machlud rhyddfrydiaeth, fe all yr un peth ddigwydd eto ym Mhrydain Fawr ac yng Nghymru fel y mae wedi digwydd yn barod, yn ddiamheuol, yn yr Unol Daleithiau. Mae digonedd o bobl ar gael heddiw fel erioed fydd yn amharod iawn i wynebu'r dasg anodd o geisio nithio'r gau o blith y gwir – tasg a wynebodd ein tadau anghydffurfiol yn eofn a hynny er mawr les eglwys Iesu Grist a'n cenedl yn y gorffennol. Nid er dim y bu i'r Arglwydd Iesu Grist wasgu ar ei ddisgyblion i wylio rhag proffeswyr gau.

Na, rhaid plymio'n ddyfnach a chraffu'n fwy gofalus ar eiriau Iesu Grist. Ac os gwnawn hynny fe welwn fod tair elfen bwysig yn brigo i'r wyneb yn ei ddisgrifiad o'r hyn oedd wedi digwydd ym mywyd Pedr. Mae yma:

Yn gyntaf, cyfarfyddiad rhwng dau berson a chyfarch o'r ddeutu – Pedr yn cyfarch Iesu Grist, 'Ti yw y Crist, Mab y Duw byw', a'r Arglwydd Iesu Grist yn cyfarch Pedr, 'Gwyn dy fyd di, Simon mab Jona'.

Yn ail, gweithgarwch dwyfol, gweithgarwch a flaenorodd ac a fu'n gyfrifol am y gyffes.

Yn *drydydd*, cadarnhad dwyfol hefyd sy'n dilyn ac yn ategu'r gyffes, 'Gwyn dy fyd di, Simon mab Jona: canys nid cig a gwaed a ddatguddiodd hyn i ti, ond fy Nhad yr hwn sydd yn y nefoedd.'

Heb gymryd yr elfennau hyn i gyd i ystyriaeth, wnawn ni byth gyfiawnder â'r 'graig' oedd ym meddwl Iesu Grist pan edrychodd ar Pedr a'i gyfarch. A dyna paham y byddai'n gywirach dweud nad cyffes Pedr yw'r graig ond *adnabyddiaeth Pedr o'r Arglwydd Iesu Grist* – adnabyddiaeth yr oedd y Tad yn gyfrifol amdani, a'r Arglwydd Iesu Grist ei hun, o'r herwydd, mewn ffordd i'w hategu.

Ar ddiwedd ei weinidogaeth gosododd yr Arglwydd Iesu yr elfennau hyn i gyd yn gryno gyda'i gilydd mewn adroddiad ar weddi i'w Dad nefol. Sôn yr oedd am yr hyn yr oedd y Tad ac yntau rhyngddynt wedi ei gyflawni, nid ym mywyd Pedr yn unig ond ym mywydau'r disgyblion i gyd: 'Mi a eglurais dy enw i'r dynion a roddaist i mi allan o'r byd: eiddot ti oeddynt, a thi a'u rhoddaist hwynt i mi; a hwy a gadwasant dy air di. Yr awron y gwybuant mai oddi wrthyt ti y mae'r holl bethau a roddaist i mi: canys y geiriau a roddaist i mi, a roddais iddynt hwy; a hwy a'u derbyniasant, ac a wybuant yn wir mai oddi wrthyt ti y deuthum i allan, ac a gredasant mai tydi a'm hanfonaist i' (Ioan 17:6-8). *Dyna'r graig y mae'r Arglwydd Iesu Grist yn adeiladu ei eglwys arni*. A'r cysur cryf i'r sawl sydd o'r herwydd yn ymgorfforiad o'r graig honno trwy'r oesau yw, na all holl bwerau'r Fall lorio'r eglwys a adeiledir arni hi. Daw hyn â ni at ein hail gwestiwn.

2. Beth mae Iesu Grist yn ei olygu wrth ddweud ei fod yn mynd i adeiladu eglwys ar y graig hon?

Nid craig sy'n gwneud eglwys. Rhaid wrth y graig, ond cyn y bydd eglwys rhaid wrth rywbeth arall yn ogystal. 'Ar y graig hon yr adeiladaf fy eglwys.' Rhywbeth y mae Iesu Grist yn ei adeiladu ar y graig hon – ac ar y graig hon yn unig – yw ei eglwys. At ba weithgarwch o'i eiddo y mae'n cyfeirio? Fe gawn yr ateb yn yr adnod nesaf. Er mwyn cloriannu'i eiriau'n ofalus, fe'u rhannwn yn ddwy ran. Mae'r ateb i'r cwestiwn yn oblygedig yn yr hyn a ddywed yn rhan gyntaf yr adnod. I'r sawl sydd â llygaid i weld, mae'n gwbl amlwg yn yr ail.

a) 'A rhoddaf i ti agoriadau teyrnas nefoedd.'

Pa ddigwyddiad, yn ddiweddarach ym mywyd Pedr, oedd ym meddwl Iesu Grist pan wnaeth yr addewid eithriadol yma? Cyfeirio yr oedd at y fraint fawr a ddeuai i ran yr apostol ddydd y pentecost o bregethu'r efengyl am y tro cyntaf, neu, a chadw at symboliaeth Iesu Grist, o ddefnyddio 'agoriadau teyrnas nefoedd' am y tro cyntaf, a thrwy hynny agor drws y deyrnas honno led y pen i'r sawl a fyddai'n ymateb. Ond sylwch pwy sy'n mynd i drefnu'r cyfan. Pwy sy'n mynd i estyn iddo'r fraint a chyflawni'r fath broffwydoliaeth? Fe wnaf i eu rhoi i ti', medd Iesu Grist. Ni wnaeth eu trosglwyddo yn y fan a'r lle. Ond fe fyddaf yno i'w rhoi i ti pan ddaw'r awr. Ac yr oedd; ni thorrodd mo'i air i neb erioed. 'Efe a dywalltodd y peth yma yr ydych chwi yr awron yn ei weled ac yn ei glywed' oedd esboniad Pedr ei hun. Gadewch inni droi at yr ail addewid.

b) 'A pha beth bynnag a rwymech ar y ddaear, a fydd rhwymedig yn y nefoedd; a pha beth bynnag a ryddhaech ar y ddaear, a fydd wedi ei ryddhau yn y nefoedd.'

Ar yr olwg gyntaf, mae'n ymddangos fod Iesu Grist yn proffwydo y bydd rhyw allu anghyffredin, unigryw, yn nodweddu Pedr, ar ei ben ei hun bach. Yn fwy na hynny, ymddengys hefyd nad yw Iesu Grist yn bwriadu cynnig gair o esboniad ar y gallu hwnnw! A dyna fan cychwyn y gred yn anffaeledigrwydd Pedr a'i olynwyr honedig – mae'n deg ychwanegu, pan fyddant yn llefaru yn rhinwedd eu swydd a'u hurddas tybiedig.

Ond arhoswch eiliad, mae'r un gallu yn hollol yn cael ei addo i'r disgyblion gyda'i gilydd yng nghyd-destun yr ail dro y defnyddiodd Iesu Grist y gair eglwys a hynny yn yr adnod sy'n dilyn y defnydd hwnnw. Dyma'i eiriau: 'Yn wir meddaf i chwi, Pa bethau bynnag a rwymoch ar y ddaear, fyddant wedi eu rhwymo yn y nef: a pha bethau bynnag a ryddhaoch ar y ddaear, a fyddant wedi eu rhyddhau yn y nef' (Math. 18:18). A'r tro hwn mae Iesu Grist yn mynd yn ei flaen i esbonio sut y byddai'r fath beth yn bosibl yn achos Pedr ei hun yn ogystal ag ym mhrofiad y disgyblion gyda'i gilydd: beth fyddai'n peri bod eu dedfryd hwy ar y ddaear yn un â dedfryd y nefoedd. A'r hyn sy'n hollbwysig inni sylwi arno yw bod Iesu Grist, wrth roi'r esboniad hwnnw i'w ddisgyblion – a Phedr yn eu plith cofier – yn rhoi'r ateb hefyd, i'w ddisgyblion ac i ninnau, i'r cwestiwn yr ydym ninnau'n ei ofyn ar hyn o bryd, sef, Beth yw'r gwahaniaeth rhwng cael y 'graig' yn ei lle ac adeiladu eglwys ar y 'graig' honno.

Ond cyn rhoi'r esboniad mae Iesu Grist yn cyfeirio at ffenomen arall sydd yr un mor rhyfeddol â'r ffaith ei fod yn proffwydo y byddai penderfyniadau ei bobl ar y ddaear – mewn materion astrus disgyblaeth eglwysig –yn un â phenderfyniadau'r nef. Dyma'i eiriau: 'Trachefn meddaf i chwi, Os cydsynia dau ohonoch ar y ddaear am ddim oll, beth bynnag a'r a ofynnant, efe a wneir iddynt gan fy Nhad yr hwn sydd yn y nefoedd' (Math. 18:19). Cyfatebiaeth hollol cydrhwng deisyfiadau yn ogystal â phenderfyniadau nef a daear! Sut yn y byd (hwn) y gallasai'r fath beth fod yn bosibl?' Mae yna esboniad, medd Iesu Grist. 'Canys lle mae dau neu dri wedi ymgynnull yn fy enw i, yno yr ydwyf yn eu canol hwynt (Math. 18:20). Dyna'r esboniad.

A dyna hefyd yr hyn y mae Iesu Grist yn ei olygu wrth ddweud ei fod yn adeiladu eglwys ar graig profiad a bywyd y sawl a ddaeth i'w adnabod. Nid casgliad o bobl yw eglwys Iesu Grist. Nid adeilad yn sicr. Yn hytrach, *corff o bobl y mae'r Arglwydd Iesu Grist yn feunyddiol bresennol yn eu plith, yn eu harwain a'u rheoli*. Dyna'r hyn mae ef yn ei adeiladu unwaith y mae'r graig yn ei lle. Fe gawn yr un darlun yn hollol o'i enau yn yr oruwchystafell yn union wedi'r atgyfodiad: 'Yna y dywedodd yr Iesu wrthynt drachefn, Tangnefedd i chwi: megis y danfonodd y Tad fi, yr wyf finnau yn eich danfon chwi. Ac wedi iddo ddywedyd hyn, efe a anadlodd arnynt, ac a ddywedodd wrthynt, Derbyniwch yr Ysbryd Glân. Pwy bynnag y maddeuoch eu pechodau, maddeuir iddynt; a'r eiddo pwy bynnag a ataliloch, hwy a ataliwyd' (Ioan 20:21–23). Pa ryfedd, a'r Ysbryd Glân – sef Ysbryd Crist – yn eu plith!

Ni allai neb ei osod yn well na Phedr ei hun. 'At yr hwn yr ydych yn dyfod, megis at faen bywiol, a wrthodwyd gan ddynion, eithr etholedig gan Dduw, a gwerthfawr. A chwithau, megis meini bywiol, ydych wedi eich adeiladu yn dŷ ysbrydol, yn offeiriadaeth sanctaidd, i offrymu aberthau ysbrydol, cymeradwy gan Dduw *trwy Iesu Grist* (1 Pedr 2:4).

Beth ddylai ein hymateb fod i'r pethau hyn? Dau beth yn sicr.

1. Os ydym yn aelodau o eglwys Iesu Grist mewn gwirionedd, *ymdeimlad o ryfeddod* ac o ddiolchgarwch mawr. Rŷm ni'n perthyn i achos mawr iawn a phwysig – achos sy'n dal i fynd rhagddo ar hyn o bryd – yng Nghymru fach a thrwy'r byd. Y Tad, neb llai, yn rhoi dynion i'w Fab yn ôl telerau'r Cyfamod bore. Yntau'n caniatáu i'r cyfryw gael ei adnabod a thrwy hynny adnabod y Tad. (Gweler Luc 10:22; Ioan 17:1–3; 1 Ioan 5:11–12; 2 Cor. 4:6.) Y Mab, fel yng Nghesarea Philipi gynt, yn cadarnhau'r cyfryw, ac yn eu corffori'n bobl iddo'i hun gan ymwneud â hwy, yn ddi-rwystr fel bo'r gofyn, yn bersonol yn ogystal â chyda'i gilydd, ac yntau bellach wedi ei bresenoli ei hun ynddynt – un ac oll yn ddiwahân!

2. *Penderfyniad diwyro i barchu'r Arglwydd Iesu Grist fel ein hunig arweinydd.* Fe all ein harwain. Fe wnaiff ein harwain. Gall capeli gau ac adeiladau gwerthfawr gwympo'n garnedd i'r llaw. *'Pyrth uffern nis gorchfygant hi.'*

Credwch y Derbyniwch

O blith papurau J. Elwyn Davies

Yn nameg y weddw daer dysgodd Iesu Grist ei ddisgyblion i fod yn ddi-ildio yn eu taerineb am gael gweld y deisyfiadau a farnent yn ddeisyfiadau cyfiawn a da yn cael eu hateb. Y cymorth gorau i wneud hynny fyddai meithrin yr arfer o feddwl yn dda am eu Tad nefol. Yn nameg y Pharisead a'r casglwr trethi dysgodd hwy i fod ar eu gwyliadwriaeth rhag gostwng eu safonau a lleihau gofyn Duw fel eu bod yn dibrisio'r pechod a fyddai'n glynu wrthynt o hyd. Y ffordd orau y gwnaent hwythau hynny fyddai trwy feithrin yr arfer o wynebu a chyfaddef eu pechadurusrwydd a'u tlodi ysbrydol, yn wyneb y safonau hynny.

Yn yr oruwchystafell ychydig yn ddiweddarach, dysgodd Iesu Grist y disgyblion sut y deuent i wybod beth fyddai'n ei gyflawni fel y gallent hwythau ei gyflawni. Fe fyddai ei orchmynion a'i air ganddynt yn barod; byddai yntau, trwy ei Ysbryd, yn bresennol gyda hwy ym mhob man ac yn barod i roi gwybod iddynt beth fyddai'n ei wneud fel y gallent ofyn am hynny ganddo, yn ei enw!

Ychydig ddyddiau cyn iddo roi'r fath arbenigrwydd ar weddïo 'yn ei enw', fe roes Iesu Grist addewid rhyfeddol i'w ddisgyblion mewn perthynas â gweddi. 'A pha beth bynnag a ofynnoch mewn gweddi, gan gredu, chwi a'i derbyniwch' (Math. 21:22). 'Credwch y derbyniwch, ac efe a fydd i chwi' (Marc 11:24). Dyma'r hanes:

'A'r bore, fel yr oedd yn dychwelyd i'r ddinas (o Fethania) yr oedd arno chwant bwyd. A phan welodd ef ffigysbren ar ymyl y ffordd, efe a ddaeth ato, ac ni chafodd ddim arno, ond dail yn unig; ac efe a ddywedodd wrtho, "Na thyfed ffrwyth arnat byth mwyach". Ac yn ebrwydd y crinodd y ffigysbren. A phan welodd y disgyblion, hwy a ryfeddasant, gan ddywedyd, "Mor ddisymwth y crinodd y ffigysbren!" A'r Iesu a atebodd ac a ddywedodd wrthynt, "Yn wir

meddaf i chwi, os bydd gennych ffydd, a heb amau, nid yn unig
y gwnewch yr hyn a wnaethpwyd i'r ffigysbren, eithr hefyd, os
dywedwch wrth y mynydd hwn, "Coder di i fyny a bwrier di i'r
môr", hynny a fydd. *A pha beth bynnag a ofynnoch mewn gweddi, gan
gredu, chwi a'i derbyniwch.'*

Mae'r addewid hwn mor debyg o ran ei ffurf i'r addewidion eraill a roes
Iesu Grist yn yr oruwchystafell ychydig yn ddiweddarach (ac amseriad
eu rhoi i'r disgyblion mor agos at ei gilydd), ni allwn lai na chredu bod
rhyw reswm da yn cyfrif am hynny.

'A pha beth bynnag a ofynnoch mewn gweddi, gan gredu, chwi a'i
derbyniwch.'

'A pha beth bynnag a ofynnoch yn fy enw i, hynny a wnaf.'

Beth allasai'r rheswm hwnnw fod, tybed? Doedd dim yn digwydd yn
ddamweiniol ym mywyd Iesu Grist.

Gallwn ddechrau trwy ddweud y byddai'r disgyblion eu hunain yn
sicr ynghylch deubeth. Yn gyntaf, fe fyddent yn sicr bod yr Arglwydd
Iesu Grist yn golygu pob gair a ddywedodd. Nid gwamalu yr oedd. Yn
ail, gwyddent y byddai'n annhebygol y byddai Iesu Grist yn awgrymu y
gallent gynhyrchu'r ffydd y cyfeiriai ati, ohonynt hwy eu hunain.

Gweddi ffydd

Yr unig ffordd y gallwn wneud synnwyr o'i eiriau yw trwy sylweddoli
bod Iesu Grist yn y fan hyn yn dysgu'i ddisgyblion un o'r gwirioneddau
mwyaf sylfaenol ynghylch gweddi. *Pe byddai Duw yn rhoi'r ffydd i gredu
y byddai unrhyw un o'u deisyfiadau yn cael ei ganiatáu, fe'i caniateid.* Os
oedd Duw yn rhoi'r ffydd i gredu y digwyddai, fe ddigwyddai. Y wers
oedd, y dylent fod yn agored bob amser i'r posibilrwydd y gallai Duw
roi iddynt y ffydd i gredu y digwyddai rhywbeth arbennig, cyn i hynny
ddigwydd. *Ffordd Duw fyddai hyn o fynegi ymlaen llaw yr hyn a fwriadai
ei gyflawni.*

Ni chynigiodd Iesu Grist yr un gair o esboniad ar ei eiriau ar y
pryd. Does dim sôn chwaith bod y disgyblion wedi holi dim arno. Fel
mae'n digwydd, fu dim rhaid iddynt aros yn hir, cyn bod Iesu Grist yn

taflu goleuni ar y cyfan yn yr oruwchystafell. Fe gaent wybod ganddo beth a fwriadai ei wneud trwy iddo roi ar ddeall iddynt beth oeddent i weddïo amdano 'yn ei enw'. (Byddent yn abl i weddïo gweddïau 'yn ei enw ef' oherwydd y berthynas fyddai rhyngddynt ac ef ac a'r Tad. Mewn perthynas â'r gweddïau hynny, gallent dderbyn sicrwydd yn eu calonnau, wrth weddïo, eu bod wedi gweddïo yr hyn a ddymunai ef iddynt weddïo amdano.

Nid ffrwyth hunan berswâd a fyddai. Nid ffrwyth ymdrech fawr ar eu rhan i berswadio'u hunain fod rhywbeth yn saff o gael ei ganiatáu a fyddai chwaith. Rhodd fyddai, heb arlliw o amheuaeth yn perthyn iddo.

Gall Duw roi'r argyhoeddiad hwn i'w blant heb iddynt fod wedi gofyn am y peth hwnnw 'yn ei enw'. At hynny'n digwydd y cyfeiria'r apostol yn Rhufeiniaid 12:3: 'Canys yr wyf yn dywedyd, trwy y gras a roddwyd i mi, wrth bob un sydd yn eich plith, na byddo i neb uchel synied, eithr synied yn sobr, *fel y rhannodd Duw i bob un fesur ffydd*'. Ac at y ffydd honno, yn gweithio'n dawel ac yn gyson yng nghalon y sawl sy'n rhodio gyda Duw, y cyfeiria yn Rhufeiniaid 14:23: '*A pheth bynnag nid yw o ffydd, pechod yw*'.

Egluro a wnaeth Iesu Grist yn yr oruwchystafell y ffordd y deuai ei ddisgyblion o hyd i'w ewyllys *pryd na wyddent beth ydoedd*. Lle bo gennym y ffydd i gredu ein bod yn gwybod beth yw ei ewyllys, gallwn weithredu yn yr hyder y bydd yntau yn ein galluogi i wneud yr ewyllys honno. Pan na wyddom beth yw ei ewyllys, ar lwybr gweddi, a'i Air o'n blaen, y mae angen ceisio'r arweiniad hwnnw. Y cysur a fwriadodd wrth roi'r addewidion hyn mor agos at ei gilydd ac mewn ffurf mor debyg i'w gilydd oedd galluogi'r disgyblion i weld sut y gallai'r ddwy wedd i brofiad y Cristion ymdoddi i'w gilydd.

Os yw hyn i fod yn rhan o brofiad y Cristion cyffredin o ddydd i ddydd – gweithredu yn yr hyder eu bod yn gwneud yr hyn sy'n unol ag ewyllys Duw – mae'n dilyn y dylai ceisio gwybod beth yw ei ewyllys fod yn rhywbeth sydd i ddigwydd yn naturiol yn eu bywydau bob dydd. Gan fod adnabod y weddi y gallwn ei gweddïo 'yn ei enw' yn rhan mor bwysig o'r profiad o ddod o hyd i'w ewyllys, mae'n dilyn ymhellach bod medru adnabod y weddi honno, o blith yr holl weddïau posibl eraill y gallem fod yn eu gweddïo, yn hollbwysig.

Ond sut y deuwn i'w hadnabod? Mae'r ateb yn eithaf syml. Fe fydd tair nodwedd i'r gweddïau hynny.

Yn gyntaf, gan mai Iesu Grist trwy'r Ysbryd Glân fyddai'r ffynhonnell, fe fyddem yn disgwyl iddi adlewyrchu hynny mewn cywirdeb ysbryd, dyfnder teimlad ac angerdd yn y gofyn. Dyna paham y dywedodd yr apostol y byddai'r Ysbryd Glân yn cynorthwyo gwendid y saint (pryd na wyddent beth i'w weddïo megis y dylent) *ag ocheneidiau anhraethadwy* (Rhuf. 8:26). Nid gweddïau arwynebol fyddai'r gweddïau hynny ond gweddïau taer y byddwn yn dyheu am gael eu gweld yn cael eu cyflawni.

Yn ail, fe fyddem yn disgwyl i'r weddi honno gydweddu'n llwyr â'i orchmynion oll ac â'i 'air' yn ei gyfanrwydd.

Yn drydydd, fe fyddem yn disgwyl i'r tangnefedd a ddywedodd Iesu Grist fyddai'n ganlyniad dilyn ei ddysgeidiaeth ef ar weddïo fod yn brofiad i ninnau mewn perthynas â'r weddi honno (Ioan 14:27). Yr un tangnefedd a fyddai â'r tangnefedd y cyfeiriai'r apostol Paul ato yn Philipiaid 4:7: 'A thangnefedd Duw, yr hwn sydd uwchlaw pob deall, a geidw eich calonnau a'ch meddyliau yng Nghrist Iesu.'

Rhai enghreifftiau

Gall hyn i gyd ddigwydd ar fyr dro. Cof da gennyf am ddau ddigwyddiad pryd y cefais fy hun yn wynebu dwy sefyllfa ddigon anodd a minnau, gan nad oeddwn wedi rhoi'r amser a ddylaswn i geisio'r weddi, angen arweiniad ar fyrder. Yn yr achos cyntaf, yr oeddwn ar fy ffordd i gyfarfod â nifer o athrawon yn ardal Caerdydd gyda'r bwriad o'u cael i gytuno i ffurfio Cymdeithas o Athrawon Cristnogol i'r cylch hwnnw. Teimlwn yn ddigon anghyffordddus yn mynd ar fy mhen fy hun i gyfarfod yr oeddwn wedi ei alw fy hun, heb neb yno i'm cyflwyno, a minnau'n siŵr o fod yn ddieithr i amryw ohonynt. Ar y ffordd gofynnais am gael gwybod beth oedd y weddi y gallwn ei gweddïo yn enw Iesu Grist a fyddai'n cyfateb i'r hyn a wnâi ar ein rhan. Am y tro cyntaf a'r tro olaf yn fy mywyd, cefais fy hun yn eiriol arno i wneud y cyfarfod 'yn un hapus'. Felly y bu. Digwyddodd fod yn un o'r cyfarfodydd hapusaf y bûm ynddo erioed. Ychydig wythnosau'n ddiweddarach yr oedd un o'r athrawon oedd yn bresennol yn aros ar ein haelwyd. Meddai ohoni ei hun, 'Onid oedd o'n gyfarfod hapus.'

Ychydig wythnosau'n ddiweddarach yr oeddwn yn sefyll yng nghyntedd capel mewn rhan arall o Gymru yn disgwyl i gyfarfod wythnosol ddod i ben fel y gallwn gynnal cyfarfod i'r un diben ag athrawon o'r ardal honno. Gweddïais am arweiniad unwaith eto, a'r canlyniad fu i mi gael fy hun yn gweddïo gweddi nad wyf yn cofio i mi ei gweddïo na chynt nac wedyn fel y bu i mi ei gweddïo y noswaith honno. Plediwn ar i Dduw fy ngwneud yn gryf ac yn gadarn. Yn ystod y cyfarfod gorfu imi wynebu un o'r ymosodiadau ffyrnicaf arnaf i yn bersonol a brofais erioed. Trwy'r cyfan yr oeddwn yn hollol dawel a boneddigaidd (rwy'n mawr hyderu). Cofiwn y weddi a roddwyd imi ymlaen llaw i'w gweddïo.

Dro arall gall gymryd cryn amser cyn dod i fesur o argyhoeddiad beth fyddai'r weddi honno. Ond fe ddigwydd. Dim ond aros yn weddigar a gostyngedig ger ei fron, fe ddigwydd. 'Nid ydwyf mwyach yn eich galw yn weision, oblegid y gwas ni ŵyr beth y mae ei feistr yn ei wneuthur,' meddai Iesu Grist. Fe gaent hwy wybod. Yr hyn sy'n hollbwysig yw bod y disgybl yn cydnabod y ffaith bod Atebwr y weddi yn bresennol gydag ef ar y pryd a'i fod yn barod i'w oleuo ynghylch ei ewyllys a'i fwriadau. Does dim sy'n fwy trist na meddwl am Gristnogion, pan fyddont yn gweddïo ar eu pennau eu hunain neu gydag eraill, yn ymddwyn mewn ffordd mor anfoesgar tuag at y sawl y maent yn gobeithio derbyn atebion i'w gweddïau ganddo. Y peth olaf a fwriadant yw bod yn anfoesgar tuag ato. Ond onid bod yn anfoesgar yw iddynt ddiystyru'r ffaith ei fod yn bresennol gyda hwy, yn y man a'r lle, ac yn barod i'w cynorthwyo i ddod o hyd i'r gweddïau hynny?

Canllawiau pellach

Oes yna ganllawiau eraill i'n cynorthwyo i adnabod y weddi yr ydym i'w gweddïo 'yn enw Iesu Grist'? Oes y mae. Gan fod Iesu Grist wedi addo i'w ddisgyblion 'pa bethau bynnag' a ofynnent amdano 'yn ei enw', hynny a wnâi, fe fyddai'r Cristion cywir yn disgwyl cael cadarnhad eu bod ar y trywydd hwnnw *pan fyddai hynny'n wir am eu gweddiau.*

Fe gymer y cadarnhad hwnnw ddwy ffurf – negyddol a chadarnhaol. Y ffurf gyntaf yw teimlo mesur sylweddol o rwystredigaeth i weddïo i gyfeiriad arbennig ond mesur o ryddid i weddïo i gyfeiriad arall. Yr ail ffurf yw profi bodlonrwydd yn ein heneidiau ein bod yn cael gwrandawiad yn y nefoedd wrth inni weddïo. Hyn oedd profiad Iesu Grist bob tro y gweddïai. 'O Dad, yr wyf yn diolch i ti am i ti wrando arnaf. *A myfi a wyddwn dy fod di yn fy ngwrando bob amser:* eithr er mwyn y bobl sydd yn sefyll o amgylch y dywedais fel y credont mai tydi a'm hanfonaist i' (Ioan 11:41-42). Yr esboniad am hynny oedd ei fod ef yn ei holl ddeisyfiadau yn dymuno'r hyn y byddai ei Dad yn ei ddymuno a'i fod yn ei ddarostwng ei hun yn llwyr i'r hyn a ewyllysiai ei Dad ei gyflawni trwyddo. Dwyn ei ddisgyblion i'r un fan ag yntau oedd nod a diben ei ddysgeidiaeth ar weddi yn yr oruwchystafell.

Fe roes Ioan ddisgrifiad godidog o'r profiad hwn ar ddiwedd ei epistol cyntaf. Meddai yn gyntaf am weddïo: 'A hyn yw'r hyder sydd gennym ger ei fron ef, ei fod ef yn ein gwrando ni, os gofynnwn ddim yn ôl ei ewyllys ef'. Fe fyddai pob Cristion yn cytuno â'r gosodiad hwnnw. Ond fe aeth yr apostol yn ei flaen i gyfeirio at rywbeth ychwanegol a all ddigwydd pan weddïwn. '*Ac os gwyddom ei fod ef yn ein gwrando ni, pa beth bynnag a ddeisyfom, ni a wyddom ein bod yn cael y deisyfiadau a ddeisyfasom ganddo*' (1 Ioan 5:15-15). Mae'r ymdeimlad o ryddid i ofyn yn troi i fod yn sicrwydd ein bod 'yn cael y deisyfiadau' hynny. Fe fyddwn wedi cyrraedd y man y cyfeiriodd Iesu Grist ato – 'credwch y derbyniwch ac efe a fydd i chwi' – yr hyn y byddai'n tadau'n ei alw yn 'weddïo trwodd' neu 'weddïo gweddi ffydd' neu 'gael sicrwydd' bod eu gweddïau wedi eu gwrando. 'Credwch y derbyniwch' oedd y term a ddefnyddiodd Iesu Grist.

C. T. Studd

Mae ambell hanesyn, yn arbennig o'r meysydd cenhadol, yn ein cynorthwyo i amgyffred hyn. Dywed Norman Grubb yn ei lyfr ar C. T. Studd yr hanes fel y bu iddo ef a'i wraig, yn gynnar wedi iddynt gyrraedd China, benderfynu y treulient y nos yn gyfan i weddïo ar eu Tad nefol i anfon arian iddynt o rywle, gymaint oedd eu hargyfwng ariannol ar

y pryd. Aeth y ddau i'w gliniau. Ymhen ugain munud, agorodd C. T.
Studd ei lygaid. Doedd dim angen iddo weddïo drwy'r nos gan iddo
gael ymdeimlad cryf o ollyngdod a rhyddhad bod ei weddi wedi cael
gwrandawiad yn y nefoedd. A'r peth cyntaf a welodd oedd ei wraig
hithau a'i llygaid yn agored am yr un rheswm ag yntau.

Pan gyrhaeddodd y postman ymhen pythefnos, gallwn ddychmygu
siom y ddau o ganfod nad oedd dim llythyr yn y bag post yn cynnwys
yr arian disgwyliedig. Gymaint oedd argyhoeddiad C. T. Studd fod ei
Dad nefol wedi clywed eu gweddi, trodd y bag post tu chwith allan.
Disgynnodd llythyr i'r llawr ac arno'r neges 'Fe fyddwch chi'n deall
pam y mae Duw wedi rhwystro imi fynd i gysgu heno heb imi ufuddhau
iddo ac anfon y £100 yma i chwi. Ni wn i paham.' Newidiodd y llythyr
hwnnw fywyd C. T. Sudd yn llwyr. (Norman Grubb, *C. T. Studd*,
Lutterworth Press, 1978, tt. 98–99).

J. O. Fraser

Yr un mor rhyfeddol yw hanes J. O. Fraser yn fuan wedi iddo yntau
gyrraedd Lisuland, lle bu'n genhadwr am rai blynyddoedd, a lle y
gwelodd gynhaeaf sylweddol o ddychweledigion. O ganlyniad i roi
amser i geisio wyneb Duw mewn gweddi, cafodd ei hun yn cael ei
gyfyngu i'r un deisyfiad y byddai Duw yn achub cannoedd o deuluoedd.
Ymhen amser cafodd yntau sicrwydd bod Duw wedi gwrando ar ei
ddeisyfiad. O ganlyniad aeth ati i ddosbarthu llenyddiaeth dros dalaith
helaeth o dir yn yr hyder y deuai'r dydd pryd y gwerthfawrogid eu
cynnwys. A dyna ddigwyddodd. Wrth adrodd yr hanes am y weddi a
'roddwyd' iddo i'w gweddïo, gofynnodd un cyfaill iddo (gan fradychu
ei anwybodaeth am y pethau hyn) pam na fyddai wedi gweddïo am
filoedd o deuluoedd! A'i ateb? 'Fedrwn i ddim.'

Gwilym Humphreys (1920–2010)

I ddod yn nes gartref, nid anghofiaf yn fuan Gwilym Humphreys
[Harlech], yn troi ataf wedi imi ofyn iddo gymryd dyletswydd ar ein
haelwyd yn Eryl Aran, y Bala, un nos Sul. Yr oedd yr hyn oedd ganddo
i'w ddweud yn annisgwyl ac eto'n hynod galonogol. Fel y gweddïai,
meddai, cafodd sicrwydd fod Duw wedi gwrando ein gweddi ddyddiol

ers misoedd lawer, y byddai modd i'r Mudiad berchenogi'r tŷ drws nesaf, Bryn-y-groes, ar gyfer gwaith y Deyrnas yng Nghymru. Er imi ei osod yn y lluosog, ac i hynny fod yn wir am ein gweddi foreol, Gwilym oedd â'r baich. O'r noswaith honno ymlaen daliai i ofyn fel y gwnaeth yn gyson o'r blaen, ond hawdd oedd gweld fod natur y gofyn yn dra gwahanol.

Doedd dim argoel fod y perchnogion ar y pryd yn bwriadu symud. Ond yn sydyn un bore, wrth dalu'r dreth yn swyddfa'r Cyngor, clywodd Gwilym bod Cyngor Lerpwl yn ei brynu fel math o bencadlys i'r gwaith o foddi Llyn Tryweryn. Wedi'n harfogi â'r wybodaeth fod ein Tad nefol wedi gwrando ar ei weddi, aethom ar ein hunion i weld gwraig y tŷ. A'r canlyniad – medru prynu Bryn-y-groes am y pris cyntaf a gynigiodd Cyngor Lerpwl heb fargeinio dim ymhellach, a hynny er mawr foddhad i bawb, gan gynnwys y sawl oedd yn gwerthu. Mae hanes y cartref byth oddi ar hynny wedi profi'n helaeth fod llaw Duw wedi bod ar y cyfan, gan gynnwys yr eiriolaeth a'r sicrwydd a roddwyd ymlaen llaw.

Fel cadarnhad mai fel hyn y mae deall addewidion Iesu Grist mewn perthynas â gweddïo 'yn ei enw' a chael sicrwydd ymlaen llaw yn eu heneidiau eu bod wedi gwneud hynny, gallai'r disgyblion yn ddiau gofio'r addewid tebyg a roes Iesu Grist iddynt, y tro hwnnw mewn perthynas â chydweddïo ag eraill: 'Os cydsynia dau ohonoch ar y ddaear am ddim oll, beth bynnag a ofynnant, efe a wneir iddynt gan fy Nhad yr hwn sydd yn y nefoedd.'

'Credwch y derbyniwch' fyddai'r arwydd eu bod wedi gweddïo 'yn enw Iesu Grist' ac y byddai'r hyn a geisient yn digwydd, pan fyddent yn gweddïo ar eu pennau eu hunain. Cael eu hunain yn cydsynio'n ddwfn ag eraill ynghylch un deisyfiad arbennig wrth weddïo amdano fyddai'r arwydd fod hynny wedi digwydd, pan fyddent yn gweddïo gydag eraill.

Yn yr adnod nesaf cawsant esboniad llawn Iesu Grist ei hun beth fyddai'n cyfrif am yr unfrydedd: *'Canys lle mae dau neu dri wedi ymgynnull yn fy enw i, yno yr ydwyf yn eu canol hwynt'* (Math. 18:19–20). Yn y ddau achos, yr Arglwydd Iesu Grist yn trigo yng nghalonnau'r saint trwy ei Lân Ysbryd fyddai'n gyfrifol am roi'r weddi iddynt. A'i nodwedd yn y ddau achos fyddai teimladau dwfn o daerineb a didwylledd ac yna rhyddhad tangnefeddus.

Yr hyn a fwriadodd Iesu Grist oedd i'w ddisgyblion fod yn meddwl yn y termau hyn pryd bynnag y byddent yn gweddïo arno i gyfarfod eu hangen, beth bynnag fyddai'r angen hwnnw. Nid eu bod yn gofyn am yr hyn a fyddai'n ymddangos iddynt hwy y peth amlwg oedd ei angen arnynt ond yn hytrach eu bod trwy ei fawr drugaredd yn cael eu harwain ganddo i ofyn am yr hyn fyddai'n unol â'i ewyllys ef.

Mae'n wir y gallwn fethu. Mae'n wybyddus iawn y gallwn ein perswadio ein hunain ei fod wedi'n gwrando – yn arbennig pan fyddwn yn gweddïo am adferiad iechyd i ni'n hunain neu i eraill a thros faterion eraill tebyg o ran eu dwyster – ac i hynny beidio â bod yn wir. Rhag dwyn anfri ar enw Duw ac ar yr Ysgrythur, gwell yw bod yn ochelgar ac ymatal rhag dweud gair am ein disgwyliadau wrth eraill (ac eithrio ein cyfeillion agosaf) hyd nes bod y disgwyliadau hynny wedi eu cyflawni. Yna dwyn tystiolaeth i'w ogoniant.

Croesawu'r athrawiaeth

Y mae nifer o resymau da dros ddweud y dylai'r Cristion wneud yn fawr o'r ddysgeidiaeth a roes Iesu Grist i'w ddisgyblion ar weddi. *Yn gyntaf, fe'n gosodir dan y fath fantais wrth wynebu ein cyfrifoldebau gyda'n Harglwydd o ddydd i ddydd pan gawn ein harfogi â'r sicrwydd ymlaen llaw fod ein gweddi wedi ei gwrando.* Mae un enghraifft o hyn yn digwydd i gwmni ohonom yn nyddiau cynnar gwersylloedd y Mudiad Efengylaidd yn sefyll allan o hyd yn y cof. Mae'n werth ei rhoi ar gof a chadw yn y fan hyn.

Gwersyll Glynllifon

Yr oeddwn dan addewid i fynd ar y nos Wener i roi 'neges efengylaidd' olaf y Gwersyll a gynhelid y flwyddyn honno yng Nglynllifon, ger Caernarfon. Ganol dydd cefais alwad ffôn. Doedd dim angen imi ddod yno i efengylu. Roedd nifer wedi dod i brofiad yng nghyfarfod y bore. Yr oeddwn i ddod ar bob cyfrif, ond a ddeuwn i â neges bwrpasol i gredinwyr newydd-anedig! Cefais ryw syniad ar y ffôn bod rhywbeth pur syfrdanol wedi digwydd yn oedfa'r bore.

Rhoddwyd y genadwri imi wrth imi gwblhau fy ngwaith yn y prynhawn, a chefais ryddid anghyffredin i siarad. Er mawr syndod imi, penderfynodd y sawl oedd yn arwain y cwrdd roi cyfle i unrhyw rai a ddymunai i weddïo'n gyhoeddus. Am y tro cyntaf yn fy mywyd clywais bobl ifanc yn diolch yn wresog i Dduw am anfon yr Ysbryd Glân yng nghyfarfod y bore! Yn ddiweddarach y noson honno, cefais yr hanes yn llawn o enau y sawl oedd yn rhoi'r cenadwrïau yng nghyrddau'r bore yr wythnos honno – y Parch. Arthur Pritchard.

Doedd o ddim yn newydd i mi ei glywed yn dweud nad oedd wedi cysgu fawr ddim trwy'r wythnos yn poeni bob nos am ei genadwri y bore trannoeth. (Un gwael oedd o am gysgu oddi cartref, ar y gorau). Y noson flaenorol (nos Iau) digwyddodd fynd heibio i un o ystafelloedd y swyddogion a chlywed sŵn rhai yn gweddïo. Cilagorodd y drws a gwrando. Buan y sylweddolodd fod rhywbeth gwahanol yn nodweddu'r gweddïau. Ymunodd â'r cwmni. Buont yn gweddïo un ar ôl y llall am beth amser. Yna meddai, rhoddwyd i bob un ohonynt sicrwydd bod Duw wedi gwrando'u gweddi am iddo anfon yr Ysbryd Glân ar y cwrdd yn y bore. Roedd yr argyhoeddiad mor gadarn, cysgodd yn drwm drwy'r nos. Cyn iddo annerch yn y bore cytunodd â'r sawl oedd yn arwain mai'r emyn fyddai'n addas i'w ganu wedi'r genadwri fyddai un o emynau Nantlais, 'Fe ddaeth yr Ysbryd Glân, mae'n gweithio yma'n awr'. A dyna ddigwyddodd. Mae rhai o'r ysgubau a gasglwyd i'r Deyrnas y bore hwnnw gyda ni o hyd yn dwyn tystiolaeth i'w gariad a'i ras.

Yr ail reswm paham y dylem wneud yn fawr o'r ddysgeidiaeth a roes Iesu Grist ar weddi yw hyn. *Gwelodd Duw yn dda i baratoi ei bobl ar gyfer yr hyn y bwriada ef ei wneud trwy eu harwain i ofyn amdano ymlaen llaw.*

Y Cynadleddau Blynyddol

Un o nodweddion cysegredicaf Cynadleddau blynyddol Mudiad Efengylaidd Cymru y cefais y fraint o'u mynychu yn y ddwy iaith dros flynyddoedd lawer oedd profi dro a thrachefn y rhoddid gwybod i ni'n ddi-feth sut oedfa a geid am un ar ddeg y bore yn ôl y mesur o ryddid a gaed mewn gweddi yn y cwrdd gweddi am hanner awr wedi naw. Cofiaf un Gynhadledd lle roedd y siaradwr yn annerch yn feistrolgar ryfeddol ond eto heb gyffwrdd dim â'r gynulleidfa. Cafwyd rhyddid anghyffredin i weddïo dros yr oedfa oedd yn dilyn, un bore. Cyffes y pregethwr ar ei diwedd oedd na wyddai yn y byd beth oedd wedi digwydd iddo yn y pulpud, gymaint oedd yr eneiniad a oedd arno a'r fendith a ddilynodd.

Oedfaon efengylu

Cofiaf dro arall pan arferai pedwar neu bump ohonom fel gweinidogion fynd i Sir Aberteifi i gynnal rhyngom ddwy oedfa i efengylu yn y gwahanol ardaloedd, gan aros am y deuddydd ar aelwyd y Parch. a Mrs Vernon Higham yn Llanddewibrefi. Tra byddai'r Parch. Gwilym Humphreys a minnau oddi cartref, cynhaliai ein gwragedd a dau arall, oedd yn aros yn Eryl Aran y Bala ar y pryd, gwrdd gweddi dros amser yr oedfaon i weddïo trosom. Y noson arbennig honno, cawsom ein caethiwo'n llwyr wrth geisio gweinidogaethu, a daethom i'r casgliad na allem fyth eto ddangos ein hwynebau yn y capel y buom ynddo y noswaith honno – heb sôn am fynd yno trannoeth yn ôl y cyhoeddiad. Fe fyddai'n rhaid i'r brodyr eraill lanw'r bwlch. Ein bwriad ni oedd troi am adref ar ein hunion. Dyma benderfynu ffonio gartref i'w paratoi i'n disgwyl. Wedi adrodd yr hanes a dweud am ein penderfyniad, daeth llais o'r pen arall yn ymateb yn dawel a digyffro. 'Dyna ryfedd,' meddai, 'chawson ni ddim rhyddid o gwbl i weddïo drosoch chi heno ond rhyddid anghyffredin i weddïo drosoch chi nos yfory.' Gorfu i ni aros. Gwireddwyd eu disgwyliadau drannoeth.

Rheswm arall dros wneud yn fawr o ddysgeidiaeth Iesu Grist ar weddi yn yr oruwchystafell yw hyn. *Trwy 'roi' gweddi, cyn digwyddiad, neu yn annibynnol ar y digwyddiad, y gofala Duw am ei ogoniant.* Pan ddeuir i wybod am y gweddïo, wedi'r digwyddiad, gwneir yn amlwg i bawb mai ohono Ef yr oedd y cyfan. Ffordd Duw ydyw o ychwanegu ei lofnod at y weithred.

D. Eryl Davies

Mentrwn ychwanegu atgof cysegredig arall o hyn yn digwydd. Yr oedd swydd bwysig mewn sefydliad Cristnogol yn cael ei chynnig i ŵr arbennig [y Parch. Ddr D. Eryl Davies]. Yr oedd yntau yn barod i'w derbyn ond yn methu oherwydd anawsterau y buasai un o'i gydweithwyr yn eu codi. Gofynnwyd i mi fod yn bresennol tra byddai'r ddau yn gweld a ellid dod i ryw ddealltwriaeth ynghylch yr anawsterau hynny. Ymddangosai yn dywyll iawn arnom am beth amser. Yna'n sydyn sylweddolodd y ddau arall fod newid rhyfeddol wedi digwydd yn agwedd y sawl oedd yn codi'r anawsterau. Yr oeddem yn trafod y cyfan bellach â gŵr tra gwahanol i'r gŵr a oedd gyda ni'n flaenorol. Yn wyneb yr hyn a ddigwyddodd, derbyniwyd y swydd.

Y noswaith honno cafodd y sawl a benodwyd alwad ffôn gan gyfaill iddo oedd yn awyddus i wybod beth oedd yn digwydd iddo ar adeg arbennig y bore hwnnw. 'Cefais fy ngorfodi,' meddai, 'i fynd o'r neilltu i weddïo trosoch nes cael sicrwydd bod fy ngweddi wedi ei hateb ac y byddai bendith yn dilyn.' Yr union adeg honno y digwyddodd y cyfnewidiad na allem ni yn ein byw gyfrif amdano.

Y mae'r Cristion i rodio gyda Duw 'yn y goleuni' bob amser. 'Os rhodiwn yn y goleuni, y mae i ni gymdeithas â'n gilydd (hynny yw, â'r Tad ac â'r Mab), a gwaed Iesu Grist ei Fab ef sydd yn ein glanhau ni oddi wrth bob pechod', meddai Ioan (1 Ioan 1:7). Golyga hyn ein bod yn wastadol eisiau gwybod beth yw ewyllys Duw a beth a fwriada Iesu Grist ei gyflawni ynom a thrwom. O gofio'r holl sefyllfaoedd a'r holl anghenion sy'n ei amgylchynu yn ôl ac ymlaen, y mae'r credadun angen gwybod hefyd dros beth a phwy y dylai eiriol ac yna weithredu os bydd galw am hynny.

Ym mhob achos, yr un yw'r ateb: rhaid ceisio'r weddi a chofio mai'r ffordd i'w hadnabod yw trwy bwysau'r dyheu a fydd ynom a'r rhyddid a gawn i'w gweddïo. Y ffordd y cawn ein bodloni y caniateir ein deisyfiad fydd trwy gael ein hargyhoeddi'n ddigwestiwn y derbyniwn yr hyn a ofynnwn amdano.